*Anna Ehrlich*

# Heiden, Christen, Juden und Muslime

Eine Geschichte der Religionen in Österreich

Anna Ehrlich

# Heiden, Christen, Juden und Muslime

*Eine Geschichte der Religionen in Österreich*

Mit 72 Abbildungen

AMALTHEA

Besuchen Sie uns im Internet unter
www.amalthea.at

Führungen in Wien zu diesem Thema
buchen Sie unter http://www.wienfuehrung.at


Umschlaggestaltung: Kurt Hamtil, verlagsbüro wien
Umschlagfoto: Wien von Osten, im Vordergrund orientalisch gekleidete
Figurengruppe am Donaukanal auf der Leopoldstädter Seite.
Aquarell von Isidor Thurner. 1812. © IMAGNO/Austrian Archives
Herstellung: studio e, Josef Embacher
Gesetzt aus der 11,5/15 pt New Caledonia
Gedruckt in der EU

ISBN 978-3-85002-682-6

# Inhaltsverzeichnis:

## III. Der lange Weg zur Toleranz



## IV. Kirche und Republik



## V. Anlagen

*Wien 1782: Papst Pius VI. verlässt den Platz Am Hof nach dem Ostersegen*

# Einführung

*»Wie sich doch die Zeit geändert hat!*
*Die Apostel machten Krumme g'rad,*
*doch Pius kehrt die Ordnung um*
*und macht Gerade krumm.«*

So spotteten die Wiener anno 1782, als im allgemeinen Getümmel beim Ostersegen von **Papst Pius VI.** (Giovanni Angelo Graf Braschi, 1717–1799) einer alten Frau beide Beine gebrochen worden waren. Die Gläubigen hatten sich in Massen in die Nähe des Heiligen Vaters gedrängt, und sehr rücksichtsvoll gingen sie dabei nicht miteinander um. Hochgestellte Herrschaften hatten es besser, denn sie wurden zum Fußkuss zugelassen. Es meldeten sich allerdings so viele dazu an, dass man sie nicht alle berücksichtigen konnte. So ersuchte man den Papst zu erlauben, wenigstens seinen Pantoffel verehren zu dürfen. Der Heilige Vater lachte zwar über diese Albernheit der Frommen, gewährte ihnen jedoch die Bitte. So soll dann ein Pantoffel in seinem Vorzimmer zum Küssen bereitgestanden haben und ein zweiter in verschiedene Häuser getragen worden sein: *»Ach, wie der Pantoffel auf goldenen Tassen, unter Vortretung aller Hauslivreyen, mit Fakeln, begleitet, von Zimmer zu Zimmer herumtransportiret, bekueßt, beleckt, – und Gott weiß was alles ward!«*, berichtet ein Zeitgenosse.

Das Gepränge, das der gut aussehende Besucher rund um das Osterfest entfaltete, war zwar für das Wiener Christenvolk schön und sehr erhebend, den Zweck seiner Reise erreichte er aber nicht. Kaiser Joseph II. ließ sich nicht von seiner durchgreifenden Kirchenreform abhalten. Er war dem hohen Gast bis in die Gegend von Neunkirchen entgegengereist. *»Um jede feierliche Begrüßung zu vermeiden, bin ich auf dem großen Wege, nur in Gegenwart der Postillione, mit ihm zusammengetroffen. Ich habe ihn sofort aussteigen lassen, in meinen Wagen gesetzt und ihn geradewegs nach Wien in die Burg geführt«*, schrieb er an seinen Bruder Leopold. Er hatte auf diese Art das übliche höfische Zeremoniell einfach umgangen. Zwar brachte er den Heiligen Vater voller Hochachtung in Maria Theresias früherem Schlafzimmer in der Hofburg unter, das eigens mit einem Altar versehen worden war, von den öffentlichen Auftritten seines Gastes in Wien, ja sogar vom Pontifikalamt am Ostersonntag, hielt er sich aber fern und schützte Krankheit vor (siehe S. 196).

Josephs Kirchenreformen waren schmerzhafte Eingriffe in die althergebrachten Rechte der katholischen Kirche, denn sie beschränkten deren Macht, enteigneten einen Teil deren Besitzes und stellten diese unter die Kontrolle des Staates. Was war die Ursache für sein Vorgehen? Waren die Vorrechte der Kirche untragbar geworden? Oder war ganz einfach eine neue Zeit mit neuen Ideen angebrochen?

Um diese Fragen beantworten zu können, ist es nötig, sich ein wenig mit der Religionsgeschichte dieses Landes zu beschäftigen, die aber in ihrem europäischen Zusammenhang gesehen werden muss. Sie erzählt, wie die katholische Kirche nach weltlicher Macht strebte, welche religiösen Strömungen es neben ihr gab, wie diese grausam unterdrückt wurden, und wie sie sich zur Herrschaft über den Staat aufschwingen konnte, bis Kaiser Joseph II. ihr die Flügel beschnitt.

Seit Josephs Toleranzgesetzgebung wird – mit Ausnahme der nationalsozialistischen Ära – in unserem Land niemand mehr vom Staat wegen seiner Religion verfolgt oder zu einem bestimmten Glauben gezwungen, wenn es auch immer wieder zu Benachteiligungen einzelner Gruppen aus religiösen Gründen kam. Heute ist das Menschenrecht auf freie Religionsausübung verfassungsmäßig jedem Bewohner dieses Landes garantiert und notfalls mit Hilfe des Europäischen Gerichtshofes für Menschenrechte (EGMR) in Straßburg durchsetzbar.

# I.

# VON DEN ANFÄNGEN
# BIS ZUR REFORMATION

# 1. Das Heidentum

## *Die alten Götter*

Vom Glauben der Ur-Österreicher wissen wir wenig. Funde wie Grabbeigaben und Idole lassen darauf schließen, dass man bereits seit der Altsteinzeit an ein Leben im Jenseits glaubte und dass **Muttergottheiten** besonders verehrt wurden. Ob es sich um eine matriarchalische Gesellschaftsform handelte, kann nur vermutet, nicht bewiesen werden. Um 1800 v. Chr. begann man Kupfer abzubauen und Bronze zu erzeugen, die ersten größeren Siedlungen entstanden. Als um 800 v. Chr. neue Völker (Zugehörigkeit nicht restlos geklärt, Illyrer? oder frühe Kelten?) aus dem Norden in unseren Raum eindrangen, vermischten sie sich mit den Ureinwohnern zu einer neuen Kultur, der »Hallstatt-Kultur«, von der wir uns ein recht gutes Bild machen können.

Als aus dem Osten um 400 v. Chr. verschiedene Stämme der norischen Kelten eindrangen, nahmen sie die religiösen Bräuche der Urbevölkerung und deren Glauben an die Große Mutter an, verhalfen daneben aber auch ihren männlichen Stammesgöttern zu Ansehen. Stand bei ihnen der Stammvater oder doch noch die weibliche Schöpfungskraft im Vordergrund, oder ist das nur das Wunschdenken einiger Autoren?

*Der im Jahre 1851 gefundene Kultwagen aus Strettweg/Judenburg stammt aus der Zeit von 600 v. Chr. und gehört der Hallstatt-Kultur an. Der Figurenschmuck stellt vermutlich eine Opferprozession dar. Der Wagen ist im Joanneum in Graz ausgestellt*

Drei keltische Göttinnen namens Wilbeth, Ambeth und Worbeth (die drei Bethen oder Matronen) entsprachen den drei Aspekten der Großen Mutter: jungfräuliches, weißes Licht und Leben, rote Fruchtbarkeit, schwarze Ruhe und Heil. Diese weibliche Trinität lässt sich in den »Heiligen Drei Madln« Katharina, Margaretha und Barbara wieder erkennen, die im Volksglauben des Ostalpenraums bis heute eine Rolle spielen und deren Symbole Rad, Lindwurm und Turm recht gut zu den drei Bethen passen. Beim Entstehen und Vergehen des Menschen im Kreislauf der Natur spielte das männliche Element keine Rolle: Nach dem Tod des Körpers zieht sich die Seele zur Erholung in die Anderswelt in einen markanten Berg wie den Untersberg, Kahlenberg oder Ulrichsberg zurück, bis es Zeit für ihre irdische Wiedergeburt wird. Dann lässt sie sich mit Quellwasser, dem Element des Lebens und Milch der Urmutter, an die Erdoberfläche spülen. Trinkt nun eine gebärfähige Frau das Wasser, so nistet sich die Seele in ihr ein und wird bald als neuer Mensch geboren. Es dürfte also bei den Norikern ursprünglich keinen allmächtigen Göttervater gegeben haben, die zahlreichen männlichen Gottheiten stammen von der Großen Mutter ab und haben ihre Macht von und mit ihr.

Männliche Priester, die Druiden, und die zahlreichen Menschenopfer lassen allerdings vermuten, dass das Patriarchat bei unseren keltischen Vorfahren zumindest auf dem Vormarsch war. Sie verehrten besonders den Kriegsgott **Belenus**, den glänzenden Gott des Lichts, den sie für ihren Stammvater hielten. In Aquileia erinnert noch heute der Stadtteil Beligna an seinen Namen. Sowohl in Salzburg (St. Peter) als auch in Grado (Barbana) gab es offenbar große Kultstätten zu seinen Ehren. Im Jahre 582 wurden – so will es die Überlieferung – dann zeitgleich an beiden Orten christliche Klöster gegründet. Der Wilde Mann oder Schimmelreiter, der in unseren Sagen die Wilde Jagd anführt, ist wohl **Cerunnos**, der Gehörnte. Dessen Sommergestalt **Esus** – Sohn der großen Mutter – bereitete durch die Namensähnlichkeit die Aufnahme von Jesus bei den Kelten vor. Cerunnos wird zu seinem Gegenspieler, dem Teufel. Gut dazu passen Sagen, die von Frau Holle oder Perchta (Berta) berichten, die vermutlich die große Muttergöttin der Steinzeit war und als Noreia, Tana, Frigg und Maria weiterlebte. Wenn in den Raunächten (um die Jahreswende) ihr wildes Gefolge beim Perchtenlauf neu erweckt wird, so schließt man damit an alte Volksbräuche an, deren vorkeltische, keltische, slawische und germanische Wurzeln nicht mehr zu unterscheiden sind.

Die Religion der Noriker ist trotz der Bemühungen der Keltologen aber nicht wirklich greifbar und bleibt weitgehend Vermutung. Was wir darüber wissen,

*Vor der Wallfahrtskirche in Maria Taferl hat sich ein heidnischer Opferstein erhalten*

verdanken wir neben der Archäologie und unseren Sagen den griechischen und römischen Autoren, die nur leider keine Namen der einheimischen Götter überliefern. Nur Lucan nennt in seiner »Pharsalia« die drei keltischen Götter Teutates, Esus und Taranis. Die Römer setzten die einheimischen Götter mit ihren eigenen gleich, was zwar naheliegend, aber falsch war. Diese »Interpretatio Romana« macht sich auch in der bildlichen Darstellung einheimischer Götter bemerkbar. So erhielt Jupiter optimus maximus in Ansfelden einen Altar, das darauf dargestellte Rad zeigt aber, dass es sich um den keltischen Donnergott Taranis handelt.

## *Austria Romana*

Das Königreich Norikum wurde dem Römischen Reich nach über einhundert Bündnisjahren im Jahre 15 v. Chr. einverleibt. Grundsätzlich pflegten die Römer ihre Soldaten stets möglichst weit von deren Heimat einzusetzen. Sofern nur jeder Einzelne von ihnen den **Kaiserkult** anerkannte, konnte er ansonsten

*Weihestein der Isis Noreia über dem Kirchenportal auf dem Ulrichsberg*

glauben, was er wollte. So kamen sämtliche Götter, die irgendwo im Imperium Romanum verehrt wurden, auch nach Österreich. Manche verschmolzen[1] mit römischen, keltischen oder vorkeltischen Gottheiten, wie z.B. Isis mit der Großen Mutter Noreia. Wir kennen zwei ihrer Heiligtümer, in Hohenstein im Glantal und auf dem Ulrichsberg, sie sind durch Inschriften bezeugt.

Der Ulrichsberg, als Mons Carantanius namensgebend für Kärnten, ist einer der vier Berge, die das Zollfeld, das seinen Namen von Solium ableitet, umschließen. Auf ihnen befanden sich in vorrömischer Zeit Heiligtümer, und noch heute verbindet sie ein uralter Kultlauf, der **Vier-Berge-Lauf**, der vermutlich auf einen vorchristlichen Frühlingskult zurückgeht. Am »Dreinagelfreitag« (dem zweiten Freitag nach Ostern) wird um Mitternacht auf dem Magdalensberg eine Messe gefeiert. Der Chor der Kirche steht auf einem alten keltischen Vierecktempel, und der Weihwasserkessel ist in ein heidnisches Dreikopfbecken eingesetzt. Solche Dreiköpfe stellen keltische Gottheiten dar, sie sind ein Symbol der Sonne und der Jahreszeiten. Der Priester besprengt die Läufer, deren Hüte mit Wacholder geschmückt sind, mit Weihwasser, dann laufen sie auf den Ulrichsberg, wo der zweite Gottesdienst gefeiert und Efeu zum Wacholder gesteckt wird. Beim

Aufstieg auf den Veitsberg kommt Immergrün dazu. Nach der Andacht in der kleinen Bergkirche laufen die Teilnehmer über Gradenegg und Sörg, wo zuletzt Buchsbaum auf die Hüte kommt, und treffen sich auf dem Lorenziberg zum Abschlusssegen.

Das vermutlich größte Heiligtum der Isis außerhalb Ägyptens befand sich im Ort Frauenberg bei Leibnitz, 500 Meter neben dem Schloss Seggau. In römischer Zeit galt **Isis-Noreia** als Herrin des Schicksals, des Lebensglücks, der Fruchtbarkeit, des Bergsegens und der heilenden Kraft, insbesondere des Wassers. Einige ihrer Züge übertrug man später auf die heilige Hemma von Gurk, Gräfin von Friesach und Zeltschach, die im 11. Jahrhundert lebte: Man pilgerte zu ihr, um nie mehr Mangel an Brot zu leiden[2], und Frauen mit Kinderwunsch setzten sich auf den Stein, der neben ihrer Gruft steht.

Wie in Rom und im gesamten Reich bauten die Römer in den Provinzen Rätien, Norikum und Pannonien, auf deren Gebiet der größte Teil von Österreich liegt, in jeder Stadt ein Kapitol. Es war der **kapitolinischen Trias** Jupiter – Juno – Minerva geweiht, außerdem diente es dem obligaten Kaiserkult. Aber auch Statuen und Bronzestatuetten vieler anderer römischer Gottheiten und mythologischer Helden fanden sich in den Lagerresten: Merkur, Venus, Fortuna,

*Vierbergeläufer auf dem Ulrichsberg*

Victoria, Apollo, Mars, Asklepios, Hygieia, die Dioskuren, Dionysos, Herkules und sogar Hermaphrodit. Aus Ägypten kam außer Isis noch Osiris, aus dem Orient Baal und Kybele, und sie galten bald als einheimische Gottheiten. Im Bereich von Mautern rief ein Liebeszauber Eracura, die keltische Göttin der Unterwelt, um Hilfe an, in Bregenz wird sie mit dem keltischen Ogmios verbunden, und anderswo erscheint sie als Juno, weil die erste Hälfte ihres Namens wie Hera klingt, oder als Diana-Hekate. Andere Inschriften nennen Dis Smertius, den Gott des Reichtums, und setzen ihn dem glänzenden Gott der Kelten, Belenus, gleich. Bei Carnuntum gab es einen Tempelbezirk auf dem Pfaffenberg. Neben Sirona wurde auch Jupiter Dolichänus (von Doliche in Kleinasien) verehrt. Im Amphitheater hatte Fortuna oder auch Diana Nemesis ihren Altar. Niemand konnte sich bei so vielen Göttern einen Durchblick verschaffen. Wollte man es allen recht machen, so setzte man am besten gleich Jovi optimo maximo (dem besten größten Jupiter) und Diis Deabusque omnibus (allen Göttern und Göttinnen) einen gemeinsamen Altar.

Das alles war nicht sehr zufriedenstellend, daher wuchs in der Spätantike die Sehnsucht nach einem einzigen Gott, nach Mysterien, dem Elysium, der Erlösung und dem Weiterleben nach dem Tode. Die Mysterienkulte um Dionysos, Herkules und Orpheus fanden viele Anhänger. Der Boden für das Christentum war damit gut vorbereitet.

## *Mithras, der Stiertöter*

Aber noch war es nicht so weit, denn seit dem ersten nachchristlichen Jahrhundert gab es eine neue Religion, den Mithras-Kult, einen geistigen Kriegsdienst (militia), der so recht für harte Männer und Soldaten geeignet war und der patriarchalischen Gesellschaftsordnung der Römer entsprach. Es handelte sich dabei um eine sehr weit entwickelte Religion mit stark ethisch-moralischer Ausrichtung, der jedoch das weibliche Element völlig fehlte. Mithras ist nicht der oberste Gott, über ihm stehen die ewig dahinfließende Zeit und der göttliche Herrscher Jupiter-Oromazdes, der Herr des Himmels und des Guten, dem Ahriman, der Geist der Finsternis, gegenübersteht. Mithras steigt aus dem Felsen empor und erleuchtet die dunkle Nacht. Durch die Tötung des göttlichen weißen Stiers

*Der Mithrasstein von Sterzing (Vipiteno)*

als Schöpfungsakt wird er zum Urheber des irdischen Lebens. Die Tötung und das Festmahl, das Mithras danach zusammen mit Sol einnahm, waren die zentralen Kultinhalte und sind auf allen Mithrasreliefs dargestellt. Die Anhänger des Kultes mussten sich bei der Einweihung ungefähr achtzig körperlichen und seelischen Prüfungen unterziehen und einen Eid (sacramentum) ablegen, dann folgte ein feierliches Mahl als Abbild der himmlischen Glückseligkeit. Die Eingeweihten bemühten sich, im Kampf des Guten gegen das Böse ihrem Gott über sieben Weihegrade (corax/Rabe, nymphus/Bräutigam, leo/Löwe, miles/Soldat, perses/Perser, heliodromus/Sonnenläufer und pater/Vater) immer näher zu kommen. Nach dem Tod stiegen ihre Seelen durch die Planetensphären zur Unsterblichkeit auf. Der Titel ihres höchsten Priesters war »pater patrum« (abgekürzt papa). Wie verbreitet der Kult war – er wurde von etlichen Kaisern gefördert, vor allem von Diocletian – zeigt sich an den zahlreichen Mithräen, die man gefunden hat. Anlässlich des Kaisertreffens von Carnuntum im Jahre 308 ließen die dort versammelten vier Herrscher ein Mithräum restaurieren, was dessen Wichtigkeit beweist.

# 2. Die Christianisierung

## *Christus gibt sich kämpferisch*

Mithras und Sol invictus, der unbesiegte Sonnengott, sollten jedoch bald besiegt werden, und das ausgerechnet durch eine Religion, die von ihrem ursprünglichen Wesen her so gar nichts Kämpferisches an sich hatte, dem Christentum. Doch der christliche Gott trat bei uns zuerst einmal militärisch auf und sorgte für ein **Regenwunder** im Quadenland: Als Kaiser Marc Aurel im Jahre 173 mit seinen Legionen verzweifelt gegen die Quaden kämpfte, waren sie aus Wassermangel fast verdurstet. Da betete eine Legion, die aus lauter Christen bestand, zu ihrem Gott um Hilfe. Dieser schickte sofort einen heftigen Gewitterregen, die Soldaten wurden erfrischt, und die Quaden liefen aus Angst vor dem Donner davon. Auf der Marc-Aurel-Säule ist dieses rettende Gewitter dargestellt, es wird allerdings »Jupiter Pluvius« zugeschrieben. Während Marc Aurels Regierung lebten die Christen zumindest ungestört, unter vielen seiner Nachfolger hingegen nicht. Diese sahen in ihnen Aufrührer und Hochverräter, da sie dem Kaiser die vorgesehenen Opfer verweigerten und ihm daher nicht den nötigen Respekt erwiesen.

*Das Regenwunder im Quadenland, Ausschnitt aus der Marc-Aurel Säule (nach Pietro Bellori)*

## Einen Mühlstein um den Hals

Der aus Zeiselmauer stammende **heilige Florian** war der erste christliche Blutzeuge in unserem Raum. Als bekennender Christ wurde der Römer unter Kaiser Diocletian zwangspensioniert und lebte unbehelligt im heutigen St. Pölten. Da kam im April 304 sein ehemaliger Vorgesetzter Aquilinus, der zivile Statthalter von Ufer-Norikum, nach Lauriacum (Lorch-Enns), um auf Befehl des Kaisers Christen auszuforschen, und nahm vierzig von ihnen fest. Die verschüttete Zisterne im aufgelösten Minoriten-Kloster neben der jetzigen Stadtpfarrkirche von Enns soll ihr Kerker gewesen sein, den sie nicht lebend verlassen sollten. Florian, der frühere Kanzleileiter des Statthalters, kam den Gefangenen sofort zu Hilfe. Aber Aquilinus hörte ihm erst gar nicht zu, sondern forderte ihn sofort auf, dem Kaiser zu opfern. Florian weigerte sich und nahm seine Weigerung auch nach schlimmen Martern nicht zurück. So wurde er zum Tod verurteilt, doch war zunächst niemand bereit, die Hinrichtung zu vollziehen. Schließlich stieß ihn am 4. Mai 304 ein Soldat mit einem Mühlstein um den Hals in die Enns.

Hier setzt nun die Legende ein: Als der Soldat dem Ertrinkenden nachsah, erblindete er. Florians Leiche tauchte mit dem Stein wieder auf, wurde von den Wellen auf einen Felsen geworfen und von einem Adler bewacht. In der Nacht erschien Florian einer gewissen Valeria, einer frommen Witwe, mit der Bitte, ihn zu bestatten. Als die Ochsen seinen Leichnam von Enns zu ihrem Landgut (dem heutigen Ort St. Florian) zogen, ermatteten sie auf dem langen Weg. Da begann auf Valerias Gebet plötzlich eine Quelle zu sprudeln – das »Floriani-Bründl«, das sich in St. Florian neben der später erbauten Johanneskirche befindet. Viele Wunder sind schon dort geschehen: Böse Geister wurden ausgetrieben, Kranke geheilt

*Abbildungen des Schutzpatrons Florian wie in Gumpoldskirchen sind in vielen Ortschaften zu finden*

und Hoffnungen erfüllt. Florian wurde zu einem Wasserheiligen und – in logischer Folge – im Laufe der Jahrhunderte zum Patron gegen Feuergefahren.

Der Mühlstein befindet sich in der Krypta der Stiftskirche von St. Florian. Dort wurde Florian vermutlich begraben, seine Gebeine wurden trotz mehrfacher Suche aber nie gefunden. Möglicherweise nahmen die Römer sie bei ihrem von Odoaker befohlenen Abzug nach Italien in die Diözese Aquileia und/oder in die Kirche San Lorenzo in Rom mit. In Vicenza und San Floriano al Valpolicella gibt es Reliquien. Von Rom aus dürften sein rechter Unterarm und die Hand im Jahre 1184 nach Krakau gelangt sein, Partikel davon kamen später nach Zeiselmauer und 1968 in die St. Laurenzkirche von Lorch. Dort befinden sich im Hochaltar in einem Steintrog die Gebeine der vierzig anderen Märtyrer.

Florian ist ein volkstümlicher Heiliger. Nach altem Brauch soll am Florianitag kein Feuer entzündet werden, man soll kalt essen. Nach einer Bauernregel hofft man an dem Tag auf Regen, damit es im folgenden Sommer keine Brände gibt. Seit 2003 ist Florian offiziell neben Markgraf Leopold Landespatron von Oberösterreich. Im selben Jahr wie Florian starb als Märtyrer auch der früheste nachweisbare Bischof von Binnennorikum, Victorinus von Poetovio (Pettau), ein sehr gebildeter Mann, von dem sich Bibelkommentare erhalten haben.

## *Der Sieg des Christentums*

Nur elf Jahr nach Florians Tod wurde das **Mailänder Toleranzedikt** im Jahre 313 von Kaiser **Konstantin** (272–337) erlassen, und die Zeit der Verfolgungen war vorbei. Die Missionierung der einheimischen, keltisch-römischen Mischbevölkerung erfolgte zuerst von Italien, vor allem von **Aquileia**, aus. Diözesen wurden gemäß der römischen Verwaltungsstruktur aufgebaut, Aguntum (bei Lienz), Lauriacum (Lorch), Teurnia (bei Spittal an der Drau) und Virunum (bei Klagenfurt) wurden zu Bischofssitzen. Weitere werden in Carnuntum (bei Petronell), Iuvavum (Salzburg), Ovilava (Wels) und Vindobona (Wien) mit einer bischöflichen Fliehburg in Klosterneuburg vermutet. Für die Existenz eines Bischofssitzes spricht, wenn an einem Ort Kirchenfamilien, je zwei Kirchen und ein Taufhaus, gefunden werden. Falsch ist sicher die Annahme, die gesamte Bevölkerung wäre innerhalb kürzester Zeit nicht nur in den Städten, sondern auch im ländlichen Raum durchgehend christlich geworden.

Unter Kaiser **Theodosius I.** (347–396) wurde das Christentum nach seinem »wundersamen« Sieg am Frigidus (dem Fluss Vipava im heutigen Slowenien) zur einzig erlaubten Religion. Waren die Christen zuerst der Meinung gewesen, an den mit Sünde behafteten Geschäften des Staates nicht teilnehmen zu können, so herrschte seit Augustinus ein anderes Verständnis: Der Staat, der als Machtinstitution eigentlich aus teuflischem Herrschaftsbereich stammt, kann, wenn er der Kirche dienstbar wird und ihren Forderungen nachkommt, einen höheren sittlichen Wert erlangen. Zum Garanten der kirchlichen Wahrheit wurde das apostolische Amt des Bischofs, also die ununterbrochene Amtsübertragung von einem Bischof zum anderen (apostolische Sukzession). Die katholische Priesterkirche galt als Vermittlerin zwischen Gott und den Menschen, sie wurde zur Heilsanstalt. Den unmündigen Laien (Laos = Volk) stand der berufsmäßige Klerus (Kleros = Erbteil, Gott als Erbteil der Priester) gegenüber. Die Kirchenhierarchie bildete sich aus, die Stufen waren die Ämter der Patriarchen, Bischöfe, Presbyter, Diakone, Subdiakone, Lektoren und Türsteher. Bald begannen die Kirche, ihre Macht zu zeigen und Forderungen zu stellen. Eine davon war die Verfolgung Andersgläubiger, der Heiden und der Häretiker.

*Der Dom von Aquileia*

Nach einem Gesetz Kaiser Theodosius' I. von 391 waren alle heidnischen Tempel zu schließen, und sein Sohn, Kaiser Flavius Honorius (384–423), ordnete im Jahre 408 an: *»Wenn irgendwelche Bildnisse noch in Tempeln oder Schreinen stehen, und wenn sie heute oder jemals zuvor Verehrung von Heiden irgendwo erhielten, so sollen sie herunter gerissen werden.«* Die Zerstörung der heidnischen Kultstätten im Namen des christlichen Gottes erfolgte mit großer

Begeisterung. Der Heide Libanios schildert schon um das Jahr 380 in seinem Brief an Kaiser Theodosius I. die extreme Zerstörungswut von *»Banden schwarz gekleideter Mönche«*. Von den heidnischen Blutzeugen, die für die alten Götter starben, berichtet die christliche Überlieferung natürlich nichts. Auch ein Großteil der Mithräen wurde zerstört, der Rest verfiel unbeachtet. Die ersten Irrgläubigen, die blutig verfolgt wurden, waren die halbchristlichen Manichäer, zu denen der Kirchenvater Augustinus vor seiner Taufe durch Ambrosius gehört hatte, und die Donatisten. Letztere behaupteten, die Gültigkeit der Sakramente hinge von der Würdigkeit des Spenders ab.

Die Gnostiker vertraten den Dualismus: Die Welt und jede Materie sei das Werk des Demiurgen (δημιουργός = Handwerker, für Marcion war auch das Alte Testament dessen Werk) und nicht eine Schöpfung Gottes. Christus hingegen verkünde in seiner menschlichen Erscheinung den unbekannten Gott, mit ihm beginne die Erlösung. Für die Gnostiker gab es drei Arten von Menschen, diejenigen, die ganz aus Materie bestünden; dann diejenigen, die aus Materie und Geist bestünden und wenigstens in der Lage wären, geoffenbarte Wahrheiten aufzunehmen; und schließlich die Gnostiker selbst, die Wissenden, die der Offenbarung gar nicht bedürften, da sie ganz vom göttlichen Geist durchformt wären. Das Gedankengut all dieser von der Kirche abgelehnten Lehren überlebte, wurde von den Bogomilen übernommen und findet sich bei den Ketzerbewegungen des Mittelalters, den Katharern, Waldensern und Hussiten, in der Neuzeit und sogar bei modernen Religionsgemeinschaften wieder.

Parallel zur fortschreitenden Christianisierung verfiel nun auch im Oströmischen Reich die römische Militärmacht. Zuerst übernahmen einzelne Germanen hohe militärische und politische Funktionen, dann wurden ganze Völker innerhalb der Reichsgrenzen angesiedelt, und weitere drängten nach. Eines dieser Völker waren die Goten. Im Jahre 341 wurde der Gote **Wulfila** (311–383) in Antiochia vom arianischen Reichsbischof von Konstantinopel, Eusebios von Nikomedia, zum »Bischof der Christen im gotischen Land« geweiht, die nächsten Jahre verbrachte er als Missionar bei den Westgoten an der unteren Donau und stieß dabei auf Widerstand seitens der Oberschicht. Mit etlichen Anhängern floh er zu den Römern, die Gruppe wurde unter kaiserlichem Schutz bei Nikopolis angesiedelt. Dort übersetzte er die Bibel[3] ins Gotische, wofür er eine eigene Schrift erfand. Er legte damit den Grundstein zur Christianisierung der Goten und der anderen Ostgermanenstämme. Sie brachten während der Völkerwanderung den Arianismus in unser Gebiet, in Pannonien scheint er die vorherrschende Religion geworden zu sein. Auch in Norikum finden sich mancherorts Reste von Kirchen nebeneinander, von denen eine für die Arianer und eine für die Katholiken bestimmt war. Vermutlich benutzten sie aber oft auch eine Kirche gemeinsam.

Der Arianismus verursachte die erste große Kirchenspaltung[4]. Der heftige Streit zwischen **Arianern** und **Trinitariern**, der bereits unter Kaiser Konstantin ausgebrochen war, erfasste das ganze Reich, die kaiserliche Familie und alle Untertanen in Ost und West. Es ging dabei in erster Linie um die grundlegende Frage nach der wahren Natur von Jesus und ob er Teil der Dreieinigkeit oder Teil der Schöpfung sei; also um die Frage, ob der historische Jesus Gott, gottgleich, von Gott adoptiert oder ein erleuchteter Mensch gewesen sei. Die Auseinandersetzung wurde – nach etlichen Konzilien – im Jahre 381 auf dem 1. Konzil von Konstantinopel im Sinne der Trinitarier beigelegt: Jesus war Teil der Dreieinigkeit, Arius († 336), der dies geleugnet hatte, war daher ein Häretiker. Bischof Ambrosius von Mailand (†397), der zu den Kirchenvätern zählt, war einer seiner schärfsten Gegner. Der Arianismus hatte noch bis ins 7. Jahrhundert[5] hinein Anhänger, vor allem Ostgermanen, die ja zur Zeit seiner Vorherrschaft zum Christentum übergetreten waren. Es ist aber durchaus möglich, dass ihre Bräuche in entlegenen Gebieten des Tolosanischen und Toledanischen Reiches nie ganz vergessen wurden und ebenfalls in die großen Ketzerbewegungen mündeten.

Die Arianer lasen die Bibel in ihrer Volkssprache und feierten ein Brudermahl nach urchristlichem Vorbild, sie verehrten weder Heilige noch Reliquien, es gab keinen Mutter-Gottes-Kult, keine Ohrenbeichte, keine Kindertaufe. Ihre Priester und Bischöfe gingen einem Beruf nach und waren verheiratet, und es gab zwar Klöster, jedoch mit Mönchen und Nonnen auf Zeit. In Glaubensdingen waren sie tolerant, sie machten keine Versuche, die römisch-katholische Bevölkerung in den eroberten Gebieten mit Gewalt zu ihrem Glauben zu bekehren. *»Religion kann man nicht anbefehlen«*, befand der in Italien regierende Ostgotenkönig **Theoderich** (454–526). In den Unterschieden zwischen katholischem und arianischem Christentum liegt der Grund, weshalb sich die arianischen Germanen bei uns nicht mit der keltisch-römischen, trinitarisch gesinnten Bevölkerung vermischten. Im heutigen Frankreich lagen die Dinge anders, da die Franken die katholische Religion annahmen.

## *Severin und Odoaker*

Als die römischen Truppen Ufernorikum verlassen hatten, verfiel auch die römische Verwaltung. Die romanische Bevölkerung zog sich zum Schutze vor feindlichen Angriffen in die ehemaligen Legionslager zurück, aus denen befestigte Siedlungen wurden. Im Gebirge verlegte man die Ortschaften von den Tälern weiter hinauf in leichter zu verteidigendes Gelände und errichtete Fliehburgen. Der Hunnenkönig **Attila** († 453) gründete sein kurzlebiges Großreich und konnte das Völkergemisch an der Donau mit starker Hand zusammenhalten, nach seinem Tod machten sich die einzelnen Stämme selbstständig und versuchten, günstiges Siedlungsland zu erobern oder auf Raubzügen leichte Beute zu machen. Aus dieser Zeit existiert eine interessante Quelle, die einen Einblick in die sozialen, politischen und religiösen Verhältnisse liefert: die »Vita Sancti Severini«, die Lebensbeschreibung des **heiligen Severin**, die von Eugippius, einem Schüler Severins, einige Jahrzehnte nach dessen Tod verfasst wurde.

*Blick auf Mautern, das römische Favianis und Wirkstätte Severins*

Es war der katholische Klerus, der nach dem Zusammenbruch der römischen Behördenstruktur bei den Romanen die nötigen Verwaltungsaufgaben übernahm, und so dürfte auch Severins Wirken weniger in der Seelsorge als in der Verwaltung und der Koexistenz mit den Arianern zu suchen sein. Nach einem kurzen Aufenthalt in Asturis (Klosterneuburg) und in Comagena (Tulln) wurde Favianis (Mautern) mit dem von ihm gegründeten Kloster zum Zentrum seiner Tätigkeit. Die Stadt lag im Einflussbereich der arianischen Rugier, zu deren Königshaus er ausgezeichnete Verbindungen hatte. Er kümmerte sich um die Aufrechterhaltung der öffentlichen Ordnung, organisierte Lebensmittel- und Kleiderlieferungen und kaufte von den Alemannen Verschleppte frei. Zur Beschaffung der notwendigen Mittel hob er einen Zehent ein. Dem jungen **Odoaker**, der an Attilas Hof aufgewachsen war, prophezeite er bei dessen Besuch die künftige Herrschaft. Severin kümmerte sich aber auch um das religiöse Leben der Romanen, tröstete und beruhigte sie. Er evakuierte die Städte an der oberen Donau und brachte ihre romanischen Bewohner in den rugischen Einflussbereich. Obwohl selbst von vornehmer Abkunft, führte er ein asketisches Leben und lehnte bis zu seinem im Jahre 482 in Favianis erfolgten Tod alle geistlichen Würden ab. Als die Romanen von Odoaker nach dessen Sieg über die Rugier im Jahre 488 zum Abzug gezwungen wurden, nahmen die Mönche des Klosters seine sterblichen Überreste mit, zuerst vielleicht nach Wien-Heiligenstadt, wo man unter der Jakobskirche sein Grab zeigt, und schließlich nach Neapel, dem Wohnsitz des abgesetzten letzten weströmischen Kaisers. Heute ruhen die Gebeine in der Kirche von Frattamaggiore.

## *Die religionsgeschichtliche Rolle der Franken*

Nach der erfolgten Reichsteilung von 395 gingen Ost- und Westteil des römischen Imperiums verschiedene Wege. Die Beziehungen von Staat und Kirche entwickelten sich sehr unterschiedlich. Im Osten entstand eine Einheit von Staat und Kirche unter dem Kaiser als dem Träger des höchsten Amtes (**Cäsaropapismus**). Die Kaiserwürde war ein heiliges Amt, verbunden mit kirchlicher Regierungsgewalt, und galt als oberste kirchliche Gerichtsinstanz. Die Kirche war zu einer staatlichen Rechtsinstitution geworden und Häresie galt daher als Staatsverbrechen.

Im Westen gab es hingegen seit dem Zerfall des Römischen Reiches keine eigentliche staatliche oder politische Autorität mehr. Der oströmische Kaiser gab allerdings seinen Anspruch auf Italien noch lange nicht auf, obwohl er ihn meist nicht durchsetzen konnte. An seiner Stelle wurde der Bischof der Ewigen Stadt Rom, an deren Bedeutung als »Nabel der Welt« sich die Völker jahrhundertelang gewöhnt hatten, allmählich zur ersten Autorität, ähnlich einem geheimen weströmischen Kaiser. Papst **Gelasius** I. (†496) sah Staat und Kirche zwar als zwei gleichberechtigte Gewalten, jede auf ihrem Gebiet Gott verantwortlich. Doch meinte er, dass der Papst vor Gott auch für die Könige verantwortlich, ja ihnen als Spender der Sakramente sogar überlegen sei. Um diesen Anspruch durchsetzen zu können, brauchte er daher machtvolle Unterstützung gegen byzantinische und gotische Forderungen.

Er fand sie bei den Franken, denn der Merowinger **Chlodwig** benötigte nach der siegreichen Schlacht von Soissons im Jahre 486 dringend die Anerkennung durch seine neuen römisch-katholischen Untertanen und die Vergebung für seine vergangenen und zukünftigen Gräueltaten. Man ging also ein Zweckbündnis ein: Die Franken nahmen das römisch-katholische Christentum an und stärkten dem Papst gegen Arianer und Byzantiner den Rücken, dieser motivierte seinerseits die wohlhabende, römisch-katholische Geistlichkeit in Gallien, den neuen Herrscher Chlodwig und seine Nachfolger zu stützen. Das heilige Salböl für Chlodwigs Taufe brachte eine Taube direkt vom Himmel (eine Phiole davon existierte bis zur Revolution in Reims). Der Papst sollte weiterhin eine wichtige Rolle bei den Franken spielen, unter anderem bei der Übertragung der Königswürde von den Merowingern auf die karolingischen Hausmeier. Dafür stand bei sämtlichen Kriegszügen der fränkischen Könige neben der Unterwerfung der Völker deren mehr oder weniger (Sachsen!) friedliche Bekehrung zur römisch-katholischen Kirche im Vordergrund, war sie doch ein Garant für die völlige Machtkontrolle in den eroberten Gebieten, zu denen bald auch der Donauraum gehören sollte. Auf die Arianer nahm man dabei keine Rücksicht, ihre Kirchen wurden enteignet, ihre Bischöfe und Anführer vertrieben oder umgebracht.

Im 6. Jahrhundert bildete sich westlich der Enns aus Nachkommen der Markomannen und anderer Stämme ein neuer Volksstamm, die damals noch meist heidnischen **Bajuwaren**, die aber bald von den Franken abhängig und christianisiert wurden. Von Osten her waren die arianischen Langobarden in den Donauraum vorgedrungen, und hinter ihnen erschienen die **Awaren** mit ihren slawischen Gefolgsleuten. Selbst wenn in entlegenen Gebieten romanische Siedlungen bestehen blieben, verschwanden im Ansturm der Reitervölker doch die meisten christlichen Spuren. Es gibt aber eine Nachricht von »clerici illiterati«, schriftunkundigen Geistlichen, aus dem Jahre 797, die auch Arianer gewesen sein könnten. Möglicherweise wurde christliches Gedankengut nach 488 durch dreihundert Jahre mündlich weitergegeben, was bei der religiösen Toleranz der Awaren zumindest denkbar wäre. Mit der starken awarischen Macht im Hintergrund besiedelten die Slawen Kärnten, Steiermark und Niederösterreich. Die Grenze zwischen Ost und West, zwischen Heiden- und Christentum, verlief also quer durch Österreich, die Enns wurde zum Grenzfluss.

## *Das Papsttum in seinen Anfängen*

Zwischen der neuen Autorität im Westen, dem Papst, und den Franken sollte es bald zu Machtkämpfen kommen. Die Franken übernahmen aus der Antike das **Eigenkirchenwesen**: Dem Stifter eines Kirchengebäudes oder eines Klosters standen Patronatsrechte darüber zu, die ziemlich weit gingen. Der fränkische König sah als Schutzherr Italiens gleich die ganze römische Kirche als seine Eigenkirche an. Erst **Papst Gregor I.** (um 600) konnte das Ansehen des Papsttums heben, an ihn erinnert bis heute übrigens der Gregorianische Kirchengesang. Für **Karl den Großen** (768–814) war der Papst ein fränkischer Untertan wie alle anderen. Sein Vater Pippin hatte die Schutzherrschaft über Rom übernommen und die vormals langobardischen Gebiete in Italien, die zu Byzanz gehörten, dem Papst geschenkt (wozu er gar kein Recht hatte). Karl führte durch die Erneuerung

*Papst Gregor der Große, Detail der Kanzel im Stefansdom*

des Kaisertums am Weihnachtstag 800 die Lösung dieser Gebiete von Byzanz herbei und fühlte sich ganz als Herr der Kirche, er griff durch seine Hoftheologen sogar in Lehrstreitigkeiten der Kirche, den »Filioque-Disput«, ein. Dabei geht es um die wesentliche Frage, ob der Heilige Geist von Gott Vater oder aber von Gott Vater und Gott Sohn (= filioque) ausgehe, was mit der Trinitätslehre zu tun hat. Die Ostkirchen lehnen den Filioque-Zusatz im Glaubensbekenntnis bis heute ab, die katholische Kirche erhob ihn (ganz im Sinne Karls des Großen) jedoch 1215 zum Dogma. Bis heute ist das Filioque neben dem Primat des Papstes der wichtigste Punkt, in dem sich die orthodoxe und die katholische Kirche nicht einigen können.

Karl setzte Äbte und Bischöfe nach Gutdünken ein, sorgte für die Ausbildung der Geistlichen, die Errichtung von Schulen in Klöstern und Pfarren und veranlasste die Abfassung eines Katechismus. Jeder Untertan sollte zumindest das Vaterunser und das Glaubensbekenntnis lateinisch oder wenigstens in der Muttersprache beherrschen. Die Predigt sollte in der Muttersprache gehalten werden, als Muster ließ der Kaiser sogar eine Predigtsammlung herausgeben. Und als der Papst sich auf die Seite der Bilderverehrer stellte, wies er ihn zurecht.

An der Spitze der abendländischen Christenheit standen somit zwei Herren, die beide ihre Macht auf Gottes Auftrag zurückführten und deren Aufgabenbereiche miteinander verwoben waren. Solange einer davon den Ton angab und der andere sich unterordnete, konnte das problemlos funktionieren. Standen aber einmal zwei gleich starke Persönlichkeiten einander als Kaiser und Papst gegenüber, und das war nach Karls Tod recht bald der Fall, musste es zum Konflikt kommen. Dieser zog die gesamte Christenheit in Mitleidenschaft (siehe S. 50).

## *Iroschottische und angelsächsische Mission*

Die römische Provinz Britannien war bereits im 4. Jahrhundert christlich geworden. Durch den Abzug der römischen Truppen und die Eroberungszüge der Angelsachsen waren die keltischen Briten ins Gebirge gedrängt und ebenso wie die um 400 von Britannien aus christianisierten Iren von Rom isoliert worden. In den Rückzugsgebieten der keltischen Bevölkerung gab es somit eine romfreie iroschottische Kirche. Sie war um die Klöster organisiert, jeder Abt lei-

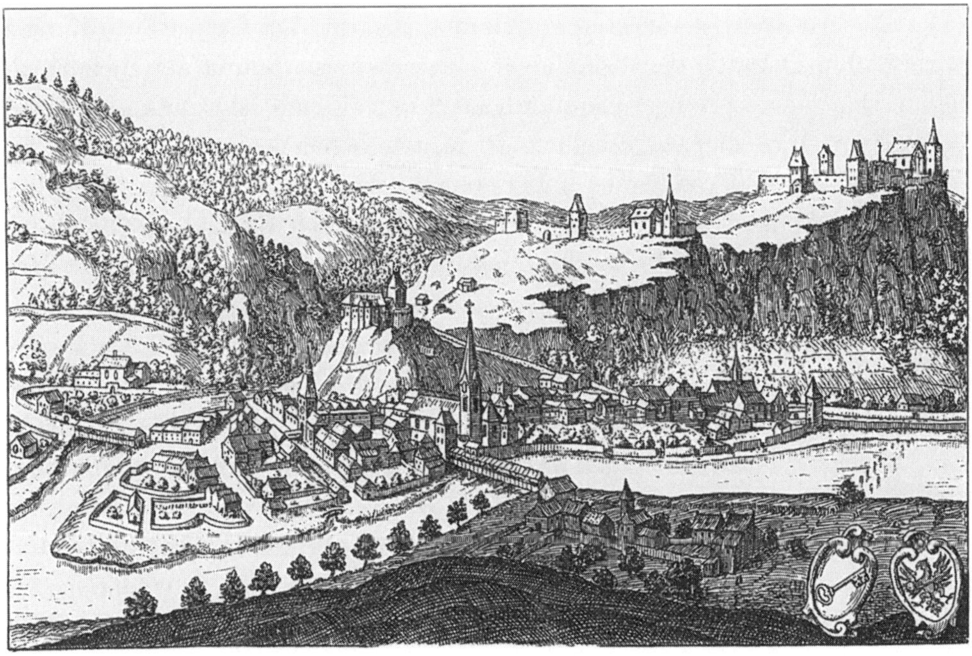

*Klausen (Chiusa) mit dem Säben, der älteste Bischofssitz Tirols*

tete die Geschicke seines Sprengels. Ihm unterstand ein Mönchsbischof, der die Weihen und Segnungen vollzog. Die Lebensweise der Mönche war streng. Aus Gründen der Askese (peregrinatio christiana) zogen sie in die Fremde und wurden dort zu Missionaren. Einer von ihnen, **Kolumban** der Jüngere, kam um das Jahr 590 mit zwölf anderen Mönchen über England und die Bretagne nach Burgund und gründete sein erstes Kloster. Wegen seiner Sittenstrenge und seines Freimuts, aber auch wegen der iroschottischen Eigenarten (anderer Ostertermin, andere Regeln) wurde er vertrieben und wirkte danach am Zürich- und am Bodensee, in Bregenz gründete er ein Kloster und eine Kirche. Zwei Jahre später musste er nach Italien weiterziehen. Sein Schüler Eustasius wirkte in Lorch, kehrte aber bald nach Irland zurück. **Gallus** († 645) vollendete die Missionierung der Alemannen im Bodenseeraum und teilte das heutige Vorarlberg auf die Bistümer Chur und Konstanz auf. **Virgil** (700–784) wurde Bischof von Salzburg. Nach Tirol mussten diese Mönche nicht kommen, denn dort war das Christentum nie ganz untergegangen. Das Land war im 4. Jahrhundert von Trient aus weitgehend christianisiert worden, ein wichtiges Zentrum war Sabiona (Säben), das vermutlich die Gemeinden um Innsbruck beeinflusste.

Um Bayern zu christianisieren, zog Herzog Theodo I. aus der von den Franken eingesetzten Dynastie der Agilolfinger Missionare aus dem fränkischen Reich heran: Der Wanderprediger **Emmeran** aus dem südwestlichen Gallien wirkte in Regensburg, kam aber ausgerechnet als vermeintlicher Verführer der Herzogstochter Uta durch deren Bruder ums Leben. Corbinian stammte aus dem gallofränkischen Seinegebiet, und der heilige **Rupert** (auch Hruodpert, Ruodbert, Ruprecht, Robert, = der Ruhmglänzende) soll sogar *»aus dem Geschlechte der fränkischen Könige«* gewesen sein. Er war *»zur Zeit, als König Childebert III. in Austrasien herrschte, Bischof zu Worms, wo er von dem fränkischen Statthalter Berengar, einem gar eifrigen Anhänger des Arianismus, große Verfolgungen auszustehen hatte. Sein musterhafter Lebenswandel, welchen besonders Keuschheit, Mäßigkeit und Liebe gegen die Armen auszeichnete, verschaffte ihm den Ruf der Heiligkeit. Als nun der damals in Bayern regierende Herzog Theodo von dem großen Bekehrungseifer dieses Mannes erfuhr, schickte er Gesandte zu ihm und lud ihn ein, nach Bayern zu kommen. Im Jahre 696, nach andern im Jahr 582, reiste nun der Hl. Rupert nach Bayern, unterrichtete in Regensburg den Herzog in der christlichen Religion und taufte ihn daselbst in dem großen Turme auf dem Kornmarkte, wo er Hof hielt. Diesem Beispiele folgten bald viele andere aus dem Adel und dem Volke nach.«* [6]

Rupert erneuerte im Jahr seiner Ankunft 693 das älteste Kloster Österreichs, St. Peter, das eine iroschottische Mönchsgemeinschaft beherbergte, und trug dadurch ganz wesentlich zur Entstehung der Stadt Salzburg auf den Ruinen des römischen Juvavum bei, weshalb er oft als Gründer der Stadt bezeichnet wird. Auf dem Nonnberg, wo vermutlich auch sein Bischofssitz lag, gründete er die älteste deutsche Benediktinerinnenabtei und machte seine Nichte Erentrudis zur ersten Äbtissin. Der Bayernherzog schenkte ihm zur finanziellen Unterstützung die reichen Salzquellen von Reichenhall, dieser Tatsache verdankt die Stadt Salzburg ihren Namen. Neben seiner Tätigkeit als Klosterbischof arbeitete Rupert seinem Auftrag gemäß als Missionar. Unter anderem gründete er Seekirchen am Wallersee und die Maximilianszelle bei Bischofshofen. Der heilige **Pirmin**, der die Alemannen missionierte und das Kloster Reichenau gründete, war Ruperts Zeitgenosse. Rupert starb am 27. März 718 in Salzburg und wurde bald als Heiliger verehrt. Sein Nachfolger Bischof Virgil ließ ihm an der Stelle des heutigen Doms eine eindrucksvolle Kirche erbauen, die im Jahre 774 geweiht wurde.

Es war der rührige Papst Gregor I., der in England für die Missionierung der Angelsachsen sorgte. Anlässlich der Heirat einer fränkischen Königstochter mit dem heidnischen König von Kent schickte er den Benediktiner Abt Augustin mit vierzig Mönchen dorthin. Sie sollten die heidnischen Tempel zu christlichen Kirchen machen und die heidnischen Bräuche beibehalten, aber mit christlichem Wesen und Verständnis erfüllen. So wurde Canterbury zum ersten christlichen Zentrum. Überall dort, wo die angelsächsischen Geistlichen an die Stelle der Iroschotten traten, schlossen sie deren Gemeinden unter Bischöfen organisatorisch neu zusammen und unterstellten sie Rom. Hundert Jahre nach ihrer Bekehrung begannen die Angelsachsen selbst Mission zu treiben: Wynfrith (672–754), der von Papst Gregor II. im Jahre 719 den Namen Bonifatius und seinen Missionsauftrag erhielt, war ein Mann von beeindruckender Körpergröße. Gemäß seines dem Papst geleisteten Gehorsamseides unterwarf er sein Missiongebiet der päpstlichen Jurisdiktion. Er organisierte die bayerisch-alemannische Kirche und reformierte die fränkische Kirche, gründete die Bistümer von Regensburg (739), Passau (739), Salzburg (739), Freising (739), Büraburg bei Fritzlar (741), Würzburg (741), Eichstätt (741) und Erfurt (742) und weihte deren Bischöfe. Er selbst erhielt das Bistum Mainz als Sitz. Bekannt ist sein hartes Vorgehen gegen die Iroschotten. Er bezweifelte selbst Bischof Virgils Rechtgläubigkeit und erhob Klage gegen ihn in Rom.

Die Agilolfinger verloren ihr Land unter **Tassilo III.** (741–796), dem Stifter des Klosters Kremsmünster (777). Er hatte verzweifelt versucht, seine Eigenständigkeit gegenüber den Franken zu wahren, und war dazu ein Bündnis mit den Langobarden, den Griechen und sogar mit den Awaren eingegangen. Im Jahr 788 wurde er in der Ingelheimer Pfalz daher wegen »hereslisz«[7] zum Tod verurteilt, dann begnadigt und ins Kloster verbannt. Im Jahre 794 musste er für sich und seine Nachkommen auf Bayern verzichten, und Karl überwachte persönlich die Einverleibung des Herzogtums seines unglücklichen Neffen in das Fränkische Reich. Als Tassilos Verbündete, die Awaren, in Bayern einfielen, wurden sie von Karls Sohn Pippin besiegt und nach Ostösterreich zurückgedrängt, wo sie getauft und sesshaft gemacht wurden. Bis 828 bestand zwischen Steinamanger und Carnuntum ein von den Karolingern eingerichtetes und von ihnen abhängiges Fürstentum der Awaren unter getauften Khaganen. Die Christianisierung unseres Landes war also eng mit der Ausbreitung des fränkischen Machtbereichs verbunden. Dem Kriegsmann folgte überall der Missionar.

## *Die Slawenmission*

Die Awaren hatten zu der Zeit allerdings den Höhepunkt ihrer Macht bereits überschritten. Schon 623 war es dem fränkischen Kaufmann **Samo** gelungen, die von den Awaren unterdrückten Slawen in einem großen slawischen Reich mit einem Zentrum an der unteren March zu einen, nach seinem Tod 658 zerfiel jedoch sein Reich. Die noch heidnischen Slawen unterdrückten die vorhandene Bevölkerung in religiöser Hinsicht nicht. Sie versuchten sich immer mehr von der awarischen Oberhoheit zu befreien. So bat der Karantanenherzog **Borouth** 749 Herzog Odilo um Hilfe gegen die Awaren und anerkannte die bayerische Schutzhoheit.

Bischof Virgil von Salzburg nahm daraufhin die Christianisierung der karantanischen Slawen von Salzburg aus in Angriff, der ihm unterstellte Chorbischof **Modestus** errichtete unter anderem in Maria Saal eine Kirche (geweiht 767). Ihm folgten andere Chorbischöfe, die in den nächsten 150 Jahren durch unausrottbare heidnische Gebräuche mancher Slawen etliche Rückschläge hinnehmen mussten. Um die Christianisierung zu erleichtern, führte Salzburg in der Steiermark und in Kärnten einen eigenen Slawenzehent ein, der niedriger gehalten war als der normale kanonische Zehent. Recht auffällig ist in dem Gebiet die Häufung der dem heiligen Veit geweihten Kirchen, geschah dies, weil sein Name dem des slawischen Gottes Swiatowit ähnelte? Dieser war der oberste Kriegsgott der alten Slawen gewesen. Das war auch der Grund, weshalb die Serben, bei denen er Svantovit bzw. Sveti Vid (= der heilige Herrscher, Sieger) genannt wurde, ausgerechnet den St.-Veits-Tag (Vidovdan) im Jahre 1389 wählten, um mit den Osmanen die Entscheidungsschlacht auf dem Amselfeld auszutragen.

**Millstatt** hat seinen Namen und sein Wappen der Legende nach den mille statuae, heidnischen Götterstatuen, zu verdanken. Der vierte christliche Karantanenherzog Domitian warf diese angeblich um 900 in den See, als er das heidnische Heiligtum in eine christliche Kirche umwandelte. Er wurde bald als Heiliger verehrt, seine letzte Ruhestätte in der romanischen Stiftskirche von Millstatt wurde zu einem viel besuchten Ziel. Auf einer Plattform im See vor dem Schillerpark steht heute eine 4,20 m hohe Plastik des italienischen Bildhauers Giorgio Igne, die den Statuen schleudernden Herzog darstellt.

Salzburg erhielt mit **Arno** einen Gelehrten aus Karls engstem Kreis als neuen Herrn. Auf Karls ausdrücklichen Befehl verlieh ihm Papst Leo III. 798 das

Pallium und bestellte ihn zum Erzbischof über die bajuvarische Provinz. Die bayerischen Bistümer Passau, Freising, Regensburg, Säben und das bald wieder aufgehobene Neuburg waren nun also nicht mehr wie unter Bonifatius Mainz, sondern Salzburg unterstellt, wo man die verpönten iroschottischen Bräuche längst aufgegeben hatte. Salzburgs Missionstätigkeit in Kärnten führte sofort zu Streitigkeiten mit den Patriarchen von Aquileia, die Kärnten von alters her als ihr eigenes Gebiet betrachteten. Karl bestimmte 811 die Drau als Diözesangrenze. Nicht ganz so klar geregelt waren aber die Diözesangrenzen zwischen Passau und Salzburg. Wiens älteste Kirchen wurden wohl von Salzburger Missionaren gegründet (Ruprecht, Peter und Virgil sind Salzburger Kirchenpatrone), die Stadt gehörte aber zur Diözese Passau (Stephan und Valentin sind Passauer Kirchenpatrone).

*Millstätter See,*
*Statue des Herzogs Domitian*

Zur Zeit von Arnos Nachfolger Adalram bildeten sich im Osten zwei Slawenreiche unter fränkischer Oberherrschaft, das Reich des **Moimir** (Theben) und das des Priwina (Neutra). **Priwina** wurde von Moimir vertrieben, ließ sich in Traismauer taufen und erhielt von König **Ludwig dem Deutschen**[8] (806–876) ein Gebiet westlich vom Plattensee als Herrschaftsbereich (Mosaburg/Zalavár). Archäologische Befunde lassen vermuten, dass Mosaburg im 9. Jahrhundert der Sitz der östlichsten Grafschaft des Karolingerreiches war. Dort residierte Erzbischof Liupram von Salzburg um 860 einige Jahre lang und ließ eine dreitürige Prozessionskirche mit einem Grabgewölbe bauen, in welcher der mumifizierte Körper des Märtyrers Hadrianus beigesetzt wurde. Die Reste des hölzernen, einstöckigen Palastkomplexes südlich der Kirche wurden vor kurzem freigelegt[9]. Die Salzburger Erzbischöfe scheuten die Mühen weiter Reisen nicht!

Karls Enkel Ludwig der Deutsche (806–876) vertrieb im Jahre 850 den Moimir und machte dessen Neffen Rastislav zum Herzog. Statt aber nun dankbar

*Die Wiener Peterskirche steht vermutlich über dem Tempel der kapitolinischen Trias. Der Legende nach wurde sie von Karl dem Großen gegründet*

mit den deutschen und italienischen Missionaren zufrieden zu sein, die sich nicht in der Volkssprache unterhalten konnten und lateinische Messen lasen, wandte sich der neue Herzog mit der Bitte um griechische Missionare an den byzantinischen Hof. Kaiser Michael III. (839–867), der schon die Bulgaren zum Christentum bekehrt hatte, schickte mit Freuden die beiden Mönche **Methodius** und **Konstantin (Cyrill)** nach Mähren. Sie konnten sich mit den Slawen unterhalten, hielten die Liturgie in der Volkssprache, erfanden slawische Schriftzeichen, das Glagolytische Alphabet, und übersetzten die Evangelien und die Psalmen. In den Augen der katholischen Kirche war das alles ganz unerhört, die beiden Mönche wurden daher nach Rom zitiert. Zu allem Überfluss bat nun auch Priwinas Sohn Kocel von Unterpannonien, den Methodius mit der Mission in seinem Reich zu beauftragen und ihn zum Metropoliten von Syrmium zu ernennen. Papst Hadrian II. entschied zum größten Entsetzen der Deutschen und wohl aus Angst, die Slawen ins Schisma zu treiben, zu deren Gunsten. Methodius wurde aber heftig angefeindet, nach dem Tode Kocels blieben auch weitere Bekehrungserfolge aus. Nach seinem Tod im Jahre 885 wurde die slawische Liturgie daher wieder aufgegeben und schließlich von Rom verworfen, und die Germanisierung der Slawen konnte weitergehen. Doch kaum hatten sich die Slawen mit dem Christentum angefreundet, kaum waren die Awaren befriedet, da erlebte das Reich (und damit das Christentum) durch die Normannen im Westen und den Ungarnvorstoß im Osten einen heftigen Rückschlag.

# 3. Die Verteidigung des Glaubens

## *Der Magyarensturm*

Die Ungarn trieben einen Keil durch das Siedlungsgebiet der Slawen, die dadurch in Nord- und Südslawen getrennt wurden. Es ist naheliegend, dass die Deutschen alles daransetzten, die Magyaren schleunigst zu besiegen und dann zu christianisieren, um sie dadurch politisch lenken zu können. Das sollte jedoch eine Weile dauern, denn ausgerechnet jetzt lag das Karolingerreich in den letzten Zügen. Die Magyaren unternahmen zwischen 900 und 955 zwanzig Kriegs- bzw. Raubzüge nach Deutschland, neun nach Byzanz, sieben nach Italien, vier nach Frankreich, 937 erreichten sie den Atlantischen Ozean und 942 überstiegen sie sogar die Pyrenäen. Österreich war ihr Durchzugsgebiet, da half auch kein Beten in den Kirchen dagegen. Die Klöster gingen in Flammen auf, und ganz Pannonien war verloren. Die bayerischen Bischöfe klagten im Jahre 900 dem Papst: *»Die Magyaren führten die Bewohner als Gefangene fort, andere töteten sie, andere ließen sie in Kerkerelend verhungern und verdursten, unzählige edle Männer und ehrbare Frauen schleppten sie in die Sklaverei, die Gotteshäuser zündeten sie an, zerstörten alle Gebäude …«* Von einer Besetzung oder Besiedlung des Landes durch die Magyaren kann jedoch nicht die Rede sein, ebenso wenig von einer totalen Entvölkerung, ja nicht einmal die Besitzverhältnisse gerieten völlig in Vergessenheit.

Mit der Übernahme der deutschen Königswürde durch die Liudolfinger (Sächsische Kaiser, Ottonen) erstarkte der langwierige Abwehrkampf, König **Otto I. der Große** (912–973) trat den Magyaren am 10. August 955 auf dem Lechfeld bei Augsburg entgegen und errang einen überwältigenden Sieg. Nun dehnte Bayern, das nach dem Ende des Karolingerreiches erstarkt war, seinen Einfluss sofort wieder nach Osten aus. Im Jahre 976 wurde der aus dem ostfränkischen Geschlecht der Babenberger stammende **Liutpold I.** († 994) mit der Mark an der Donau belehnt, der Eppensteiner Markwart III. († 1000) war erster Markgraf der Mark an der Mur (= Karantanermark, sie wurde von

Karantanien abgespalten), die in der heutigen Steiermark lag und mit der vier obersteirische Grafschaften verbunden waren. Sein Sohn Adalbero wurde 1012 erster Herzog von Kärnten.

## *Vom Galgen zum Altar*

Im selben Jahr 1012 wurde ein irischer Wanderprediger in Stockerau festgenommen und hingerichtet. Der fromme Pater Deppisch fasste die Legenden um den Heiligen Koloman im Jahre 1743 zusammen:

*»Als die Stockerauer den heiligen Koloman auf ihrem Grund und Boden umhergehen sahen und aus seiner fremden Sprache und unbekannten Kleidung eigentlich nicht wussten, wer er wäre oder aus welchen Ursachen er hergekommen, gerieten sie, wiewohl ganz fälschlich und zu Unrecht, auf den Gedanken, er wäre entweder von den Böhmen oder aber von den Ungarn hierher abgeordnet worden, ihre Gegend auszuspähen und schädliche Anschläge wider sie auszuführen. Da ergrimmte der törichte und rasende Pöbel derart wider den heiligen Koloman als einen vermeintlichen Spion und Verräter des Vaterlands, dass sie ohne weitere Untersuchung ihn mit Gewalt ergriffen, mit Besen grausam schlugen und darauf ins Gefängnis warfen, in der Meinung, ihn am folgenden Tag den Ortsrichtern öffentlich vorzustellen … Also wurde der heilige Mann aus dem Gefängnis, in welches er tags zuvor gesetzt worden, vor das wider ihn rasende Volk geführt und dem öffentlichen Gericht vorgestellt. Der Richter, Wollkerstorffer geheißen, fragte alsdann den heiligen Koloman, warum er hergekommen und was die Ursache und Absicht seiner Reise wäre? Unser heiliger Pilger gab hierauf seine Bescheidenheit, die er im Gemüt hegte, durch Rede, Angesicht und Gebärden dem Richter und allen Anwesenden zu erkennen und erklärte ihnen mit aller Wahrheit das Ziel und Ende seiner vorgesehenen Reise: Dass er nämlich durch Österreich nach Jerusalem zu wallfahrten gesonnen wäre; er konnte auch, als seine Verantwortung bei den Zuhörern keinen Glauben finden wollte, auf keine Weise bewogen werden, etwas anderes zu bekennen und auszusagen … Ungeachtet aller vom heiligen Koloman vorgebrachten Entschuldigungen und beteuerten Unschuld befahl dennoch der Richter, ihn mit entsetzlichen Streichen zu schlagen, in der Hoffnung, wenigstens durch die*

*Heftigkeit der Schmerzen das Bekenntnis, falls er doch in der Tat ein Landesverräter wäre, aus ihm zu erzwingen. Und da auch diese scharfe Züchtigung bei dem heiligen Mann nicht vermochte, ihn von seiner einmal getanen Aussage abzubringen, wurden hierauf viele andere heftige Torturen und Peinigungen an ihm versucht … Endlich, als die Peiniger des heiligen Mannes unüberwindliche Standhaftigkeit gesehen, haben sie ihn nebst zwei Mördern auf einem lange Zeit abgedorrten Baum aufgehängt.«*

Sein Körper verweste nicht und wurde nicht von wilden Tieren gefressen, seine Haare und Nägel wuchsen weiter, der verdorrte Hollerbusch begann zu grünen und zu blühen, alles bekannte Zeichen von Heiligkeit. Als ein gewisser Rumaldus träumte, ein Stück Fleisch des Gehängten würde seinen Sohn vom Podagra heilen, ließ er sich dieses besorgen. Zum Schrecken des Boten begann die Schnittstelle sofort zu bluten, trotzdem brachte er dem Rumaldus das Gewünschte. Natürlich wurde der Kranke nach dreimaligem Bestreichen damit gesund. Als der glückliche Rumaldus mit etlichen Reisegefährten den Leichnam aufsuchte, war an der Schnittstelle wunderbarerweise keine Wunde mehr zu sehen. Damit war klar, dass es sich bei dem Gehängten um einen heiligen Mann handeln musste. Sofort wurde der Leichnam vom Baum abgenommen und bei einer kleinen Kirche in den Donauauen beigesetzt. Bei der nächsten Überschwemmung blieb das Grab verschont, obwohl die Kirche tief im Wasser stand. Das verursachte solches Aufsehen, dass **Markgraf Heinrich I.** († 1018) davon erfuhr. Er schickte eine Kommission aus. *»Da nun die von ihm Abgesandten beim Grab des heiligen Koloman angelangt, fühlten sie, bevor sie es zu öffnen begannen, einen so seltsamen und ungewöhnlichen Geruch, dass alle, die zugegen waren, vor Freuden geweint haben. Hierauf sahen sie den heiligen Leichnam also frisch und unverwest, als ob er am selben Tage beerdigt worden wäre. Der in kostbare, dazu vorbereitete Leinwand und Tücher eingewickelte Leichnam wurde folgenden Tages in aller Frühe von geistlichen Personen unter Begleitung Markgraf Heinrichs, des Eichstädtischen Bischofs Meginaud und der übrigen Landesklerisei, wie auch der vornehmsten Ritter in Österreich samt einer großen Menge des Volkes von Stockerau hinweggeführt …«*

Die Geschichte kam dem Markgrafen sehr gelegen, benötigte er doch für seine Residenz in Melk ganz dringend einen passenden Märtyrer. Kolomans Reliquien gaben vermutlich den Anlass zur Gründung des Stiftes, in dessen Kirche er schließlich beigesetzt wurde. Das gotische Hochgrab ging bei der

Barockisierung leider verloren. Der letzte Babenberger **Friedrich II.** († 1246) erreichte bei Papst Innozenz IV. im Jahre 1244 die Einführung des Kolomanitages, und der Habsburger **Rudolf IV.** († 1365) plante die Überführung der Reliquien nach Wien (möglicherweise in die Virgilkapelle, deren Ausrichtung dafür spricht). Beide Aktionen sollten bei der Errichtung eines eigenen Wiener Bistums helfen, denn noch hatten die Passauer Bischöfe und ihre Offiziale in Wien das Sagen. Rudolf IV. ließ 1361 den Kolomanistein, über den des Märtyrers Blut geflossen sein soll, am Stefansdom anbringen (heute versteckt hinter dem offenen Torflügel zum Bücherstand). Er zeigt eine Mulde, die durch die fromme Berührung von Seiten unzähliger Gläubiger vergangener Epochen entstanden ist, denn sie konnten dadurch einen Ablass ihrer Sünden erlangen. Koloman blieb Landespatron von Österreich ob und unter der Enns bis 1663, dann wurde er vom heiligen Leopold abgelöst. Eigentlich schade, denn sein Schicksal kann als Warnung vor sinnloser Fremdenfeindlichkeit dienen.

Pilgerfahrten endeten aber nicht alle so schrecklich wie die des unglücklichen Koloman. Der Brauch geht auf die Spätantike zurück, bis ins 10. Jahrhundert blieben die Wallfahrten Einzelunternehmen. Danach gab es immer mehr lange, gut vorbereitete »Gruppenreisen« zu den heiligen Stätten, die schließlich zu einem Massenphänomen wurden. Der mittelalterliche Mensch war – was uns heute immer wieder in Erstaunen versetzt – äußerst mobil, ganz im Sinne der christlichen Definition des Menschen als Wanderer auf der Erde, als homo viator. Jeder Christ wünschte von Herzen, mindestens einmal in seinem Leben die Stadt der Passion Christi zu sehen, Jerusalem war das begehrteste Ziel. Wallfahrten führten aber schon damals auch zu den Apostelgräbern in Rom und Santiago de Compostela, dann kamen noch weitere Ziele dazu, wie Montserrat, Assisi, Altötting, Canterbury, Tschenstochau oder Köln. Die Pilgerwege verbanden ganz Europa, es waren dieselben alten Wege, die streckenweise auch von Händlern, Handwerksburschen und Studenten benutzt wurden, und auf denen Waren, aber auch Neuigkeiten ihren Weg durch ganz Europa fanden und die den Kulturaustausch über alle Sprachgrenzen und Gegensätze hinweg ermöglichten. Etliche Pilger gingen allerdings nicht ganz freiwillig auf ihre Pilgerfahrt, wenn ihnen von der weltlichen oder kirchlichen Obrigkeit eine Sühnefahrt wegen eines eigenen Verbrechens oder stellvertretend wegen des Verbrechens eines Familienmitglieds (siehe S. 75) auferlegt worden war.

*Der Kolomanistein am Stefansdom wurde von unzähligen Pilgern berührt*

Da höchstens die Hälfte der Pilger wiederkehrte, konnte man darin ein Gottesurteil sehen.

Erkennbar waren die Pilger an besonderen Zeichen, beispielsweise der Pilgermuschel der Jakobspilger, die am Hut getragen wurde. Dieses gewährte besonderen rechtlichen Schutz und öffnete Tür und Tor, denn schon die einem Pilger gewährte Gastfreundschaft galt als gottgefälliges Werk. Städte wie Wien beschränkten allerdings das maximale Aufenthaltsrecht der Pilger innerhalb der Stadtgrenzen auf drei Tage, da sich nicht alle durch Frömmigkeit auszeichneten, sondern auch etliche *»Pülcher«* darunter waren.

Die Tracht[10] des Pilgers war solide und wetterfest. Er trug ein paar feste Halbschuhe oder Stiefel, die auch nach langem Gebrauch nicht unbrauchbar werden durften, nach Möglichkeit nahm er noch ein Reservepaar mit. Das Wams war an der Hose befestigt, darüber wurde ein einfacher, meist knielanger tunikaähnlicher Schlupfrock getragen, der mit einem Gürtel zusammengehalten wurde. Ein langer, warmer Mantel aus wasserfestem Loden war wichtig, denn er schützte den Pilger nicht nur vor Kälte und Nässe, sondern diente auch als Decke für die Nacht. Der Hut mit weiter Krempe, auf der das Pilgerabzeichen angebracht war, schützte vor Regen. Der Brotbeutel aus Leder für den Reiseproviant mit Teller, Messer und Trinkbecher wurde mit einem Riemen über der Schulter in Höhe der Taille getragen, dazu kam die Wasserflasche, oft eine Kürbisflasche, und der Pilgerstab aus Holz, möglichst mit einem Haken an seinem Ende. An diesen konnte man Mantel und Flasche hängen, um die Last besser zu verteilen. Natürlich diente er auch als Stütze in unwegsamem Gelände und konnte zum Herunterschlagen von Äpfeln, Birnen und Nüssen oder als Waffe gegen wilde Tiere oder Räuber verwendet werden.

## *Die Christianisierung der Magyaren*

Nach dem Sieg über die Magyaren stritten Passau, Salzburg, Papst, Kaiser und Byzanz sofort um das Recht, diese zu missionieren. Die Passauer Bischöfe versuchten, sich aus der Metropole Salzburg zu lösen, vor allem **Pilgrim** (†991), der ein Sohn oder Enkel des Markgrafen Rüdiger von Pechlarn war. Sein Argument klang gar nicht schlecht: Er behauptete und bewies seine Behauptung durch vermutlich von ihm selbst in Lorch gefälschte Urkunden, dass das Bistum Passau der Nachfolger der antiken Metropolie Lorch wäre, die für Norikum und Pannonien zuständig gewesen wäre, und der Bischof von Passau daher ebenfalls das Pallium beanspruchen könne. Der Plan glückte nicht, Passau blieb weiterhin Teil der Salzburger Metropolie. Eine erste Aufzeichnung des Nibelungenliedes in lateinischer Sprache könnte Teil der Propaganda Pilgrims gewesen sein, um seinen Anspruch auf die Missionierung der Ungarn zu untermauern. Als der spätere heilige Wolfgang, ein Mönch aus dem Kloster Einsiedeln, mit Erlaubnis seines Abtes nach Ungarn ging und dort vielleicht sogar den Ungarnkönig Géza (†997) und seine Frau Sarolta taufte, fühlte sich Pilgrim in seinen Rechten zwar verletzt, prüfte aber Wolfgangs Eignung als Missionar und schlug ihn dem Kaiser als neuen Bischof von Regensburg vor. Damit hatte er sich einen Freund gemacht und einen nicht von ihm nach Ungarn entsandten Missionar ausgeschaltet. Dort sollen damals bereits fünftausend Adelige zu Christen geworden sein. Nach anderer Überlieferung soll Géza jedoch den deutschen Kaiser Otto I. um Missionare gebeten haben, der daraufhin Mönch Brun aus St. Gallen zum Bischof für Ungarn ernannte. Im Herbst 972 traf Brun bei Géza ein und taufte ihn und seine Frau. Wer auch immer ihn nun wirklich taufte, ist letztlich nicht von Bedeutung, die Taufe selbst hatte jedoch weitreichende Folgen. Denn Géza entschied sich damit gegen Byzanz und den orthodoxen Glauben seiner Frau Sarolta, aber auch gegen den Islam, der in seiner Umgebung Fuß gefasst hatte, und gegen die magyarische Naturreligion. Er schloss sich damit ganz bewusst dem Westen an, wobei religiöse Gründe eine Nebenrolle spielten. Es ging um die Legitimierung seiner Macht, die nicht unbestritten war: Um sie zu erlangen, hatte er (wie seinerzeit Chlodwig) den Großteil seiner eigenen Sippe und viele Mitglieder einflussreicher Familien töten lassen. Gézas Sohn bekam den Namen **Stephan**, demnach wurde er von einem Passauer Missionar getauft.

An die zahlreichen ungarischen Muslime, die man Böszörmény nannte, erinnern heute noch Personennamen und der Name der Stadt Hajdúböszörmény. Pest soll laut der »Gesta Hungarorum« aus dem 12. Jahrhundert eine muslimische Stadtgründung gewesen sein, Géza hatte das Gebiet den Muslimen zur Verfügung gestellt. Sie spielten eine bedeutende politische, militärische, finanzielle und kommerzielle Rolle, wir können daher davon ausgehen, dass etliche von ihnen auch nach Österreich kamen. Im Hochmittelalter unterstanden sie ähnlichen Regeln wie die Juden (Goldene Bulle König Andreas' II. von 1222). Sie galten als zuverlässige Soldaten, weil sie keinen Alkohol tranken. Erst im 14. Jahrhundert verlieren sich ihre Spuren.

König Stephan, der bereits im christlichen Glauben erzogen war und eine vorbildliche christliche Lebensführung anstrebte, setzte nach dem Tode seines Vaters die Christianisierung und den weiteren Ausbau des ungarischen Staates fort. Um 995 heiratete er Prinzessin **Gisela**, eine Tochter des bayerischen Herzogs Heinrich II. (des Zänkers, †985) und Schwester des späteren Kaisers Heinrich II. (†1024), und festigte mithilfe bayerischer Ritter und Missionare seine von Stammesfürsten und Verwandten angefochtene Herrschaft außen- und innenpolitisch. Im Jahre 1000 erhielt er mit Zustimmung Kaiser Ottos III. von Papst Sylvester II. die Königswürde mit Krone, Vortragekreuz und apostolischem Privileg. Die ihn um Haupteslänge überragende Gisela wurde gemeinsam mit ihm gekrönt und half ihm als Mitregentin tatkräftig bei allen seinen Vorhaben. Trotz Pilgrims Einspruch wurde die ungarische Kirchenorganisation mit dem Erzbistum Gran als unabhängige Kirchenprovinz errichtet, was das Ende der Passauer Ungarnmission bedeutete.

Versuche des Salierkaisers Heinrich III., Ungarn ähnlich wie Böhmen und Polen zu einem deutschen Vasallenstaat zu machen, wehrte Stephan ab, im Deutsch-Ungarischen Krieg von 1030 siegten die Ungarn, und Wien, das den Namen Bécs erhielt, wurde von ihnen besetzt. Um einen Thronstreit zwischen seinem Neffen Peter Orseolo und seinem Schwager, dem getauften Kabaren **Aba Samuel**, zu verhindern, vertraute Stephan Ungarn kurz vor seinem Tode dem Schutz der Gottesmutter Maria als Königin von Ungarn an (Regnum Marianum). Trotzdem brachen Wirren aus, die mithilfe Kaiser Heinrichs III. und Markgraf Adalberts von Österreich durch die Schlacht bei Menfö 1044 zu Peters Gunsten beendet wurden. Hainburg und die Leitha wurden zur Grenze. Peter hielt sich nur mit deutscher Hilfe, daher anerkannte er die Oberhoheit des Reiches und ließ sich vom Kaiser mit Ungarn belehnen. Die Ungarn riefen in einem nationalen und zum Teil heidnischen Aufstand den Arpaden Andreas zu Hilfe, der Peter stürzte und blenden ließ. Andreas orientierte sich nach Osten, das Verhältnis zum Deutschen Reich blieb gespannt. **Papst Leo IX.**, Bruno von Toul, ein Vetter des Kaisers, begab sich 1052 als erster Papst nach Österreich, um Heinrich III. und Andreas zur Versöhnung zu bewegen, jedoch vergeblich. Er mag dabei durchaus nach Wien gekommen sein, als er mit Heinrich die Donau entlang stromaufwärts nach Bayern zog. Erst nach dessen Tod konnte 1058 Frieden geschlossen werden, wodurch die Ostgrenze der Diözese Passau und die Unabhängigkeit Ungarns vom Reich gesichert wurden. Erst jetzt konnte der kulturelle, kirchliche und wirtschaftliche Aufschwung Österreichs einsetzen.

# 4. Die Juden

## *Markgraf Abraham und Judeisapta*

Ein gewisser Abraham von Theomanaria soll 859 Jahre nach der Sintflut aus dem »Heidenland über dem Meer« in das Land um Stockerau gekommen sein, wo er als »*Abraham, Markgraf von Judaysapta, ein Heide*« in der Stadt Auratim (auch Aratim, Anratym; gemeint ist Stockerau) herrschte. Seine Nachkommen blieben bis zur 25. Generation Heiden, dann bekehrte sich Herzog Gennan zum Judentum. Mit dem fünfzigsten Herrscher Montan endet die Reihe der jüdischen Fürsten, er wurde von den Ungarn gezwungen, Heide zu werden. 384 n. Ch. endete die heidnisch-jüdische Dynastie mit dem siebenundfünfzigsten Fürsten namens Sathan. Ihm folgte der von den Römern eingesetzte Graf Sand Amand, ein heimlicher Christ, mit seiner Gattin Elena, von denen die folgenden Herrscher bis zum achtzigsten abstammten. Die römische Dynastie erlosch 883 n. Ch. Ist diese sonderbare Geschichte reine Fiktion, die den Habsburgern zu urösterreichischen Ahnen verhelfen sollte, oder steckt vielleicht mehr dahinter?

Posselt[11] hält in seiner »Geschichte des chazarisch-jüdischen Staates« die Erklärung bereit, dass Judeisapta eine Gründung der chazarisch-jüdischen Kabaren gewesen sein könnte. Als Niederösterreich, Wien und das Burgenland unter magyarischer Herrschaft standen, siedelten die Magyaren demnach jüdische Kabaren zum Grenzschutz in Niederösterreich an, deren Aufgabe es war, die ungarische Grenzlinie (Gyepü-Linie) zu verteidigen. Diese Linie lief von Staatz im Weinviertel bis zur Donau bei Tulln und weiter bis zur Rax. Judenau im Tullnerfeld wäre somit eine chazarisch-kabarische Gründung, eine Militärbasis für die jüdischen Truppen gewesen. Oder sollte sich hinter Markgraf Abraham vielleicht gar die Erinnerung an Aba Samuel selbst verbergen, der aus der Fürstensippe der jüdischen Kabaren stammte und auf heute österreichischem Gebiet um den ungarischen Thron kämpfte?

Die Sage von Judeisapta findet sich im ausgehenden 14. Jahrhundert beim Chronisten Hagen und in der »Österreichischen Chronik von den 95 Herrschaften« des Leopold Stainreuter, von dem sie im 15. Jahrhundert Thomas Ebendorfer (siehe S. 87) übernahm. Auch der Arzt und Historiograph Wolfgang Lazius (1514–1565) erzählt die Geschichte, und noch 1738 hielt ein Wiener Historienschreiber an ihr fest. In Zusammenhang mit Stainreuters Werk und dessen Illustrationen steht die Wappenwand an der Georgskirche in Wiener Neustadt. Kaiser Friedrich III. (1415–1493) ist dort von insgesamt 107 Wappen nicht nur seiner echten, sondern auch dieser sagenhaften Vorfahren umgeben.

Höchstwahrscheinlich kamen die ersten Juden aber mit den Römern nach Norden, zumindest ist ihre Anwesenheit für Köln im 4. Jahrhundert quellenmäßig gesichert. Für Österreich lässt sich feststellen, dass die Juden Plätze mit römischer Vergangenheit bevorzugten. Die ältesten schriftlichen Erwähnungen stammen erst aus der Karolingerzeit, als erste die **Zollordnung von Raffelstetten** (bei Linz) aus den Jahren 903–906. Sie zählt die Juden zu den rechtmäßigen Kaufleuten (legitimi mercatores, id est Judaei et ceteri mercatores). Das Salzburger Formelbuch, entstanden unter Erzbischof Arno, spricht von einem jüdischen Arzt (illum medicum iudaicum vel sclavianiscum). Juden wären demnach als Kaufleute und Ärzte in die damalige Gesellschaft integriert gewesen. Grabsteinfunde, der Verlauf der alten Handelswege und die an ihnen liegenden Orte wie Judendorf (Villach), Judenburg, Judenau legen nahe, dass der Fernhandel zwischen Oberitalien und der Donau in den Händen der jüdischen »legitimi mercatores« lag. Möglicherweise wurden italienische Juden zu einer Zeit in den Dörfern ansässig, als sich die Märkte und Städte noch nicht entwickelt hatten. Später zogen sie dann in die neuen Städte, und zwar ebenso aus wirtschaftlichen Gründen wie aus dem Bedürfnis nach mehr und besserem Schutz. In Judendorf bei Villach und Judendorf bei Friesach ist ihre Ansiedlung durch den Fund alter Grabsteine bewiesen worden. Auf einem Stein aus Niedertrixen (Kärnten) konnte sogar die Jahreszahl 4890 (= 1130) entziffert werden.

Im ersten Millenium waren weder Kirche noch Kaiser judenfeindlich: Papst Gregor der Große († 604) trat gegen jede antijüdische Politik auf und verwarf Zwangstaufe und Gewalt gegen Juden, die nur keine christlichen Sklaven haben sollten. Im Jahre 1012 kam es jedoch zur einzigen bekannten Judenvertreibung vor der Zeit der Kreuzzüge: Kaiser Heinrich II. erteilte der jüdischen Gemeinde von Mainz den Befehl, zwischen Taufe und Auswanderung zu wählen. Möglicherweise war der Befehl eine Reaktion des Kaisers auf die Konversion eines seiner Bekannten, des Diakons Wezelin, zum Judentum. Im nächsten Jahr durften die Betroffenen nämlich bereits in die Stadt bzw. zu ihrem Glauben zurückkehren. Wezelin war eine Ausnahmeerscheinung, denn ansonsten bemühten sich die Christen nicht um ein Verstehen des jüdischen Glaubens. Disputationen zwischen christlichen und jüdischen Gelehrten oder Geistlichen kamen zwar vor, dienten aber meist der öffentlichen Herabsetzung des Judentums. Die Juden übten sich dafür gern in antichristlicher Polemik.

Das Judentum wurde in Europa übrigens nicht missionarisch tätig, da es auch Nichtjuden, also allen Menschen, einen Platz im erwarteten Friedensreich zuspricht, sofern diese die »noachitischen Gebote« befolgen. Diese bestehen aus sechs Verboten und einem Gebot, die Noah von Gott erhalten hatte und die daher für alle Menschen gelten: den Verboten von Götzendienst, Mord, Unzucht, Gotteslästerung, Raub und Brutalität gegenüber Tieren und dem Gebot, Gerichtshöfe einzusetzen. Es sind aber einige spektakuläre Fälle von Übertritten im Mittelalter bekannt, und zwar von hohen Geistlichen, z.B. dem Erzbischof Andreas von Bari und dem schon genannten Wezelin. Der Passauer Anonymus berichtet über einige Fälle aus dem 13. Jahrhundert. Den ehemaligen Apostaten wurde demnach bei reuiger Rückkehr genau wie rückkehrwilligen Ketzern zumindest beim ersten Fehltritt das Leben geschenkt. Erfolgte diese aber nicht, wie im Fall eines ehemaligen Weißenburger Barfüßerpriors, der 1270 standhaft bei seinem jüdischen Glauben blieb, so drohte dem Christenjuden der Flammentod.

# 5. Die innere Entwicklung der Kirche

## *Die Erziehung zum Christentum*

Aus der Zeit um 800 haben sich Katechesen erhalten, die in einem Codex des Klosters St. Emmeran in Regensburg zusammengefasst sind[12]. Es handelt sich dabei vermutlich um Anweisungen für die Awarenmission. Zuerst war der bekehrungswillige Heide zu befragen, ob er freiwillig oder gezwungen zur Taufe käme. Dann wurde er im Christentum unterrichtet: über die Vergänglichkeit des irdischen Lebens, der Güter und Ehren; über die zehn Gebote, denen man noch einige weitere hinzufügte, die die heidnische Religion betrafen (du sollst nicht weis- oder wahrsagen; du sollst nicht in freier Natur opfern, sondern dein Opfer zur heiligen Kirche bringen, damit dort die Diener Gottes für dich und all die deinen dem einen Gott das Opfer darbringen). Weiters wurde er über das vierte Gebot und das Doppelgebot der Liebe, über die Verehrung des wahren Gottes und über den Gottesbegriff belehrt. Die Lehre von der Erlösung und den Gnadenmitteln ist nicht in dem Codex enthalten, die Missionare brauchten dazu wohl keine besondere Anleitung. Die Salzburger Missionare wurden im Kloster St. Peter ausgebildet, wo auch das Bücherwesen eine erste Blüte erfuhr.

Aus der Zeit des Bonifatius sind Synodialbeschlüsse (vermutlich aus Regensburg) bekannt, sie wurden den Gläubigen verkündet und lassen darauf schließen, dass es mit den neu bekehrten Christen noch keineswegs zum Besten stand. Sie stritten häufig mit den Bischöfen und Priestern, trieben Unzucht und betranken sich, wollten ihre Sünden weder beichten noch dafür Buße tun, besuchten den Gottesdienst nicht regelmäßig und empfingen auch die Kommunion nicht mindestens einmal im Monat, geschweige denn bereiteten sie sich durch Enthaltsamkeit einige Tage lang darauf vor. Almosengeben, Opfer, Fasten und Gastfreundschaft gehörten ebenfalls nicht zu ihren Tugenden, dafür benutzten sie gerne falsche Gewichte und Maßeinheiten. Die fünfzehn Ermahnungen fruchteten allerdings auch nicht viel, der Weg zum christlichen Leben war ein langer Lernprozess. Die Beschlüsse der Synode von Reisbach unter Erzbischof Arno im Jahre 799 zeigen, dass das Verhalten des Volkes vierzig Jahre später noch immer nicht viel besser war: Die Leute spazierten lärmend in den Kirchen auf und ab oder verließen diese vor dem Ende des Gottesdienstes. Sie verehrten Personen als Heilige und Märtyrer, die der Kirche unbekannt oder schlichtweg erfunden waren. Es gab auch Zauberer und Giftmischer, sie hatten ihre Unschuld durch das Ordal (Gottesurteil) der Feuerprobe zu beweisen. Eine Salzburger Synode verlangte, dass in der Fastenzeit montags, mittwochs und freitags Litaneien zu singen waren, wobei sich das Volk weder kostbar kleiden noch mit unpassenden Liedern oder gar weltlichen Spielen die Zeit vertreiben sollte. Weil das Kyrieeleison zu bauernmäßig gesungen wurde, sollten es die Gläubigen endlich besser lernen. Vor der Messe dürften sie zwar pflügen, säen, den Garten oder Weinberg bebauen oder einen Zaun ziehen dürfen, aber keine anderen Arbeiten verrichten. Ferner wurde angeordnet, dass jeder Tonsurierte tatsächlich im Kloster leben müsse. Es war nämlich eine verbreitete Unsitte, sich durch die Tonsur dem Kriegsdienst zu entziehen, ohne deshalb ein mönchisches Leben zu führen. Leugnete ein Mann den Vollzug der Ehe mit seiner Frau, so wurde die Kreuzprobe für beide Ehepartner angeordnet, wobei aber der Mann eine andere Frau zu seiner Vertretung bestimmen durfte. Den Anlass für diese sonderbare Anordnung kennen wir nicht.

## *Bischöfe, Missionare und Klöster*

Doch auch mit dem niederen Klerus stand nicht alles zum Besten. Schon Bonifatius und später Arno sahen sich veranlasst, Missbräuche innerhalb der Kirche abzustellen. Die Synodialbeschlüsse von Reisbach verlangten: Zur Priesterweihe ist das erreichte 30. Lebensjahr notwendig; alle Kleriker sollen (ausgenommen an hohen Festen, bei Krankheit, auf Reisen und im Krieg) mittwochs und freitags kein Fleisch und keinen Wein genießen; Kleriker dürfen keine Laienkleider oder Waffen tragen; Nonnen dürfen keine Männerkleider tragen, sie dürfen aber Kerzen anzünden und die Kirchenglocken läuten; die Bischöfe sollen nicht Abteien, die Prälaten oder Kleriker nicht die kirchlichen Güter des Königs oder des Adels an sich ziehen. Der Zehent ist in vier Teile zu teilen, je einer für den Bischof, den zuständigen Priester, die Armen und die Kirche selbst bestimmt.

Das Kirchenjahr der Karolingerzeit verzeichnet ungefähr 36 Festtage: das fünftägige Osterfest (vom Ostersonntag bis zum nachfolgenden Donnerstag), das ebenfalls fünftägige Pfingstfest, St. Laurentius, Allerheiligen und Kirchweih; ferner die Tage, an denen die Kleriker vom Fasten enthoben waren: Weihnachten, Epiphanie, die Feste aller Apostel, die vier Marienfeste Reinigung, Verkündigung, Himmelfahrt und Geburt, die Feste der Heiligen Michael, Johannes des Täufers und Martin. Das ist nicht viel, aber in den einzelnen Diözesen und Pfarren konnten noch etliche andere Feste dazukommen.

Der **Zölibat** wurde übrigens nicht allgemein eingehalten. Als Bischof Altmann von Passau ihn 1074 öffentlich einforderte, hätten ihn – so wird berichtet – die anwesenden Kleriker am liebsten vor Wut zerrissen, wenn ihn die anwesenden Adeligen nicht geschützt hätten. Auch einhundert Jahre später hatte sich der Zölibat bei der Geistlichkeit nicht durchgesetzt, wobei festzuhalten ist, dass er von Seiten des Kirchenvolkes gar nicht verlangt wurde, die byzantinische Kirche und etliche Ketzerbewegungen verwarfen ihn sogar. Die Sexualfeindlichkeit ist kein christliches Gedankengut, sondern stammt aus der Orphik des Pythagoras und der Gnosis. Diese lehrten, dass nur der geistbegabte, von oben erleuchtete und von Finsternis und Materie befreite Mensch erlöst werden könne. Die Lehre wurde vom ehemaligen Manichäer Augustinus ins Christentum übernommen (und findet sich auch bei den Katharern). Von Synode zu Synode erfolgte dann schrittweise die Herabwürdigung von Ehe und Sexualität und parallel dazu der Frau, bis das Konzil von Trient (1545–1563) schließlich erklärte, dass die Jungfräulichkeit ihrem Wesen nach höher stehe als die Ehe. Man verstieg sich selbst zu der Behauptung, dass sich ein Mann durch geschlechtlichen Verkehr mit einer Frau beschmutze. Der Pflichtzölibat ist nicht Glaubenslehre, sondern einfaches Kirchengesetz, dessen Änderung bekanntlich laufend diskutiert wird.

## *Der Investiturstreit*

Als nach Kaiser Karls Tod das Fränkische Reich und die Staatsautorität verfielen, versuchte der fränkische Klerus wenigstens die Macht des Papstes zu stärken. Er bediente sich dazu einer Sammlung von echten und gefälschten Papsturkunden und Konzilsbeschlüssen, den **Pseudo-Isidorischen Dekretalen**. Schon

Papst Nikolaus I. (†867) stützte sich darauf und erhob den Anspruch auf allerhöchste kirchliche Machtfülle. Unter seinen Nachfolgern verfiel dann auch das Papsttum, was beim gesamten Klerus zur Verweltlichung führte.

Es war das Ostfränkische Reich, das sich als erste der beiden Mächte vom Niedergang erholte. Der gesalbte Kaiser wurde nicht als Laie, sondern als *rex et sacerdos* und *caput ecclesiae* (Oberhaupt der Reichskirche) angesehen. Die Bischöfe wurden daher von ihm eingesetzt, sie erhielten von ihm ihre weltlichen Güter und die geistliche Würde durch Überreichung von Ring und Stab. Häufig erfolgte ihre Priesterweihe erst danach (wenn überhaupt). Sie waren eine Macht im Reiche, auf die sich der König (Kaiser) stützen konnte, sie hatten ihm den Treueeid zu leisten. Viele hatten ihr Amt durch Kauf erlangt (Simonie[13]). Die deutschen Könige bedienten sich der Hilfe des Klerus im Kampf gegen die Großen des Reiches, die ihre eigene Hausmachtpolitik trieben und damit die Einheit gefährdeten. Da dabei die Hilfe des Papstes wünschenswert war, versuchten die Kaiser, dem in Adelsränke und Unmoral verstrickten Papsttum neue Geltung zu verschaffen. **Kaiser Heinrich III.** (1017–1056) ernannte von ihm abhängige Päpste und griff in päpstliche Rechte ein, was nicht als ungewöhnlich empfunden wurde und damals sehr nötig war. Er war ein Anhänger der Cluniazensischen Reformbewegung, wandte sich gegen Simonie und trat für den Zölibat und die Friedensbewegung (*Treuga Dei*) ein.

Im Kloster **Cluny**, das direkt dem Papst unterstand und daher ein vitales Interesse daran hatte, seine Stellung ebenfalls zu stärken, war gegen Ende des 10. Jahrhunderts eine geistliche Reformbewegung zur Abkehr von der allgemeinen Verweltlichung entstanden, die von 12000 Klöstern in ganz Europa übernommen wurde. Sie schlossen sich Cluny an und unterstellten sich ebenfalls direkt dem Papst.

Doch von den in Cluny geschulten Mönchen, allen voran Hildebrand, der als **Papst Gregor VII.** von 1073 bis 1085 regierte, wurde Heinrichs Handeln als unerlaubte Einmischung in innerkirchliche Angelegenheiten betrachtet und abgelehnt. Aus der klösterlichen Bewegung wurde eine kirchenpolitische Waffe gegen das Kaisertum, die Päpste griffen das cluniazensische Motto von der »Freiheit der Kirche von allem Weltlichen« auf und wandten sich gegen die Laieninvestitur. Man sah den König (Kaiser) nicht mehr als Träger eines sakralen Amtes an, sondern nur mehr als Laien. Somit hatte er kein Recht, geistliche Ämter zu vergeben. Dass diese geänderten Anschauungen zum Konflikt zwischen Kaiser und Papst führen mussten, liegt auf der Hand. Solange Heinrich III. lebte, wurden zwar von päpstlicher Seite die neuen Regeln immer wieder eingemahnt, aber es kam noch nicht zum endgültigen Bruch zwischen den beiden Anführern der westlichen Christenheit. Dieser erfolgte umso heftiger unter dem schwächeren und skandalumwitterten Nachfolger des Kaisers, seinem Sohn **Heinrich IV.** (1050–1106). Der Papst scheute nicht davor zurück, diesen im Jahre 1076 zu bannen[14]: »*... spreche ich König Heinrich, des Kaisers Heinrich Sohn, der sich gegen deine Kirche mit unerhörtem Hochmut erhoben hat, die Herrschaft über Deutschland und Italien ab, und ich löse alle Christen vom Eid, den sie ihm geleistet haben oder noch leisten werden, und untersage, ihm fürderhin als König zu dienen ... darum binde ich als dein Stellvertreter ihn mit der Fessel des Fluchs ...*«[15]

Der Kirchenbann hatte damals schlimme Folgen für einen Herrscher: Sein ganzes Land war mit ihm gebannt, die Treuepflicht der Untertanen war aufgehoben, jede sakramentale Handlung musste eingestellt werden. Es gab keine kirchlichen Begräbnisse, was die Menschen zur Verzweiflung brachte, waren sie doch davon überzeugt, dass ohne kirchliches Begräbnis die ewige Verdammnis auf die Toten wartete. Heinrichs Thron begann zu wanken, also ging er nach Canossa, um sich dem Papst zu unterwerfen. Der Friede währte jedoch nicht lange.

Auch Österreich geriet zwischen die Fronten. Der Gregorianer Altmann von Passau zog **Markgraf Leopold II.** (1075–1095) auf die Seite des Papstes und des Gegenkönigs Rudolf von Schwaben. Daraufhin setzte Heinrich IV. den Babenberger ab und übergab die Mark dem Böhmenherzog Wratislav. Dieser hatte sich vom Papst abgewandt, weil ihm für Böhmen nicht die slawische Liturgie (siehe S. 36) verwehrt worden war. Nun fiel er plündernd in österreichisches und in Passauer Gebiet ein, verließ das Land aber nach der für ihn siegreichen Schlacht bei Mailberg 1082 wieder. Heinrich IV. führte daraufhin im Herbst 1084 selbst Krieg gegen Leopold, bis sich der Babenberger unterwerfen musste. Der mit der Zeit allen verhasste Kaiser wurde übrigens durch seinen eigenen Sohn **Heinrich V.** (1086–1125) gestürzt. Seine Schwester, die Kaisertochter Agnes, war der Preis, den Markgraf Leopold III. von ihm für den Verrat erhielt. Der neue Kaiser beendete den Investiturstreit gemeinsam mit Papst **Calixtus II.** durch das **Wormser Konkordat** im Jahre 1122. Für die Besetzung der geistlichen Ämter war ein Kompromiss gefunden worden: Man garantierte einander die Freiheit der Kirche bei der Verleihung der »Spiritualia« (geistliche Macht) und das Recht des Königs bei der nachherigen Belehnung mit den »Temporalia« (weltliche Güter).

Die Einzigen, die dem viermal gebannten und von allen verlassenen Heinrich IV. eine gute Nachrede widmeten, waren die Juden. Im Jahre 1090 hatte er nämlich für die Gemeinden von Worms und Speyer fast gleichlautende Schutzbriefe ausgestellt. Darin wurden ihnen ihre Rechte garantiert, unter anderem auf Leben und Eigentum, auf Freiheit der wirtschaftlichen Betätigung und Religionsausübung, die Beschäftigung von christlichem Hauspersonal, die Autonomie der Gemeinde in innerjüdischen Rechtsangelegenheiten, und es wurde eine verbindliche Verfahrensordnung zur Regelung von Streitigkeiten zwischen Juden und Christen festgelegt. Der Kaiser stellte die Juden von Worms unter seinen persönlichen Schutz, die von Speyer unter den des Bischofs. Damit schuf er ein beispielhaftes Rechtsstatut, das für Jahrhunderte das Verhältnis zwischen Juden und Christen prägen sollte, auch wenn sich schon bald dessen mangelnde Durchsetzbarkeit zeigte. Im Zuge des Ersten Kreuzzugs kam es 1096 in beiden Städten zu Judenverfolgungen. Weil Heinrich in Italien festsaß, konnte er den Wormser Juden keinen Schutz gewähren, es gab dort hunderte Opfer. Der Bischof konnte hingegen seiner Schutzpflicht nachkommen, in Speyer gab es »nur« zwölf Tote.

Die Kirche sah im Wormser Konkordat einen Sieg über das Kaisertum, denn Könige und Kaiser hatten damit jede sakrale Macht und den alten Anspruch auf die Mitregierung im geistlichen Bereich verloren. Sie selbst hatte an Ansehen gewonnen, wozu auch die Kreuzzüge beitrugen. Das päpstliche Übergewicht sollte jedoch bald wieder verloren gehen, denn der Hohenstaufe **Friedrich I. Barbarossa** (1152–1190) stellte die Reichsgewalt in Italien wieder her und sicherte die Unabhängigkeit des Kaisertums vom Papsttum. Unter seinem Sohn **Heinrich VI.** (1190–1197) stand das Kaisertum auf dem Höhepunkt seiner Macht. Doch ein Jahr nach seinem frühen Tod bestieg **Innozenz III.** (Lothar von Segni, † 1216) den päpstlichen Thron und kehrte die Machtverhältnisse wieder und besonders gründlich um. Niemals vor oder nach ihm verfügte ein Papst über eine vergleichbare Machtfülle. Er sorgte für den Untergang des Kaiserhauses und beherrschte de facto ganz Europa, alle Fürsten beugten sich vor ihm. Allen päpstlichen Weltherrschaftsansprüchen **Bonifaz' VIII.** (Benedetto Caetani, † 1303) bereitete dann allerdings der französischen König Philipp IV. († 1304) ein jähes Ende[16]. Der Kirchenbann war durch zu häufigen Gebrauch zu einer stumpfen Waffe geworden. Von 1309 bis 1377 geriet das Papsttum in **Avignon** in völlige Abhängigkeit von Frankreich und verlor schließlich in der »Goldenen Bulle« von 1356 auch jeden Anspruch auf die Bestätigung der deutschen Königswahl. Wollte das Papsttum in Zukunft Einfluss auf die Geschicke Europas nehmen, so musste es neue Wege suchen – was ihm schließlich auch gelingen sollte.

## *Die Klöster*

Die Klöster waren die Träger der bayerisch-fränkischen Kolonisation, Mönche machten das Land urbar, indem sie ihre Hörigen in allen dazu nötigen Fertigkeiten unterwiesen, sie pflegten Wissenschaft und Kunst, sammelten und kopierten Bücher, gründeten Schulen und betrieben Seelsorge. Auch Frauenklöster entstanden, meist setzten die adeligen Stifter ihre Töchter oder Schwestern als Äbtissinnen ein. Das Zusammenleben der Nonnen und Mönche verlangte nach festen Regeln.

Die bekannteste Regel stammt vom heiligen **Benedikt von Nursia**, der im Jahre 529 nördlich von Neapel das Kloster Monte Cassino gründete. Zeitgleich wurde übrigens von Kaiser Justinian die Platonische Akademie von Athen aufgelöst. Nach dem *Noviziat* legten die Mönche drei Gelübde ab: oboedientia (Gehorsam), conversio morum (Änderung der Lebensweise: Armut und Ehelosigkeit) und stabilitas loci (kein Umherwandern, sondern feste Zugehörigkeit zu einer bestimmten Klostergemeinschaft). Die Regel wurde von vielen Klöstern übernommen. Der **Benediktinerorden** (OSB) wurde zum Bewahrer und Vermittler der antiken Kultur. Doch im 9. Jahrhundert verfielen nicht nur Staat und Kirche (siehe oben), sondern auch die Klöster, bis sich im 11. Jahrhundert die Klosterreform endlich auch in Deutschland durchsetzte, ausgehend vom Kloster Hirsau in Baden. Um 1100 entstand eine Reihe neuer Orden, die weit verzweigte und gut organisierte Verbände darstellten.

Der **Zisterzienserorden** (OCis, früher SOC) ist nach dem 1098 von Robert de Molesme gegründeten Kloster von Citaux benannt und löste sich im Jahre 1118 von den Benediktinern. Die Zisterzienser waren der erste zentral organisierte Mönchsorden der Christenheit. Sie errichteten ihre Klöster meist in unbe-

*Stift Heiligenkreuz in Erwartung des Papstbesuchs 2007*

siedelten Gegenden, wo die Laienbrüder Wälder rodeten und Sümpfe entwässerten, um den Boden urbar zu machen. Dann wurden Bauern angesiedelt und Ackerbau und Viehzucht betrieben. Die Ordensbrüder kümmerten sich um die Seelsorge. Ihre Klöster waren schlicht, die frühgotischen Kirchengebäude hatten keinen Turm und verzichteten auf farbigen Schmuck im Inneren. Das erste Zisterzienserkloster in Österreich war Rein, bald folgten Heiligenkreuz, Lilienfeld, Zwettl, Viktring und Wilhering.

Der **Kartäuserorden** (OCart) wurde im Jahre 1084 von Bruno von Köln (nicht identisch mit dem gleichnamigen Bruder Kaiser Ottos I.) gegründet, die erste österreichische Kartause befand sich in Weiz. Die Ordensregel ist besonders streng, sie fordert Schweigen und Verzicht auf alle Fleischspeisen. Die Mönche lebten in kleinen, um einen Innenhof angeordneten Häusern und verfügten über drei Zimmer, einen kleinen Garten und eine Werkstatt für handwerkliche Betätigung. Die drei Kartausen von Mauerbach, Gaming und Aggsbach fielen der josephinischen Klosteraufhebung zum Opfer.

Auch die Geistlichkeit wurde von der Reform erfasst, es entstanden zwei Orden von regulierten Kanonikern (= Chorherren), die **Prämonstratenser** (OPraem) und die **Augustiner-Chorherren** (CRSA), die nach mönchischem

Vorbild gemeinsam leben und sich dadurch vom Weltklerus unterscheiden. Sie sind Priestergemeinschaften für den Dienst am Volk.

In der Zeit der Kreuzzüge verknüpften die **Ritterorden** mönchische Ideale mit ritterlicher Gesinnung. Ihre Aufgaben waren der Kampf für den Glauben und die Pflege der kranken Kreuzfahrer. Neben den **Templern**, deren Rolle in Österreich noch nicht ausreichend geklärt ist, entstand in Jerusalem die bei uns heute als katholischer **Souveräner Malteser-Ritter-Orden** (SMRO) bekannte Bruderschaft der Johanniter, die sich später auf Zypern, dann auf Rhodos und Malta und schließlich in Rom niederließ, wo der Hochmeister noch heute seinen Sitz hat. Der evangelische Zweig des Ordens entwickelte sich aus der Balley Brandenburg und führt den Namen Johanniter bis heute weiter, an seiner Spitze steht der Herrenmeister. Beide Zweige halten die Tradition der Krankenpflege aufrecht. Aus der Bruderschaft eines von deutschen Kaufleuten gestifteten Spitals in Jerusalem entstand 1198 der **Deutsche Ritterorden** (OT), den Konrad von Masowien später nach Preußen zur Eroberung des Landes rufen sollte. Der Orden verlor seine Souveränität im Jahre 1805. Sitz des Hochmeisters ist das Deutschordenshaus in Wien.

Das erste uns bekannte Kloster auf österreichischem Boden stammt noch aus der späten Römerzeit und war vom heiligen Severin (†482) in Favianis gegründet worden, die Basilika war Johannes dem Täufer geweiht. Es gab noch weitere Mönchsklöster in den Provinzen Norikum und Pannonien, auf deren Spuren man gelegentlich stößt. Den Zerfall des Imperiums überdauerte offenbar aber nur eine einzige romanische Mönchsgemeinschaft, nämlich in Salzburg, wo Bischof Rupert das Kloster St. Peter im Jahre 696 für die Missionierung der Bevölkerung in den Südostalpen erneuerte. Bis zur Reform von 987 war der Abt zugleich Bischof von Salzburg.

Im 8. Jahrhundert waren es die Agilolfinger, die etliche Klöster gründeten, darunter Kremsmünster (777, Benediktiner). St. Florian wird bereits 805 genannt, könnte aber auf eine spätrömische Gründung zurückgehen. Die Klöster St. Pölten und Michaelbeuern (zwischen 970 und 976) und schließlich Melk (1000, seit 1089 Benediktiner) folgten. Es gab noch etliche andere Klostergründungen, die aber heute nur mehr von historischer Bedeutung sind.

Nachdem die Magyaren zurückgedrängt worden waren, kam es zu einer neuen Welle von Klostergründungen, auch durch die neuen Orden. So entstanden die heute noch bestehenden Stifte von Lambach (1056, Benediktiner), St. Lambrecht

*Der Tassilokelch von Kremsmünster*

(1066, Benediktiner), Göttweig (1072, Benediktiner), Admont (1074, Benediktiner), Mehrerau (1087, Zisterzienser), St. Paul im Lavanttal (1091, Benediktiner), Seitenstetten (1112, Benediktiner) und Klosterneuburg (1114, Augustiner-Chorherren), Rein (vor 1129, Zisterzienser), Heiligenkreuz (1135, Zisterzienser), die im Jahre 1138 gegründeten Klöster Seckau (Benediktiner), Zwettl (Zisterzienser) und Wilten (Prämonstratenser), Georgenberg-Fiecht (1139, Benediktiner), Altenburg (1144, Benediktiner), Wilhering (1146, Zisterzienser), Geras (1153, Prämonstratenser), Schottenkloster Wien (1155 Iroschotten, seit 1418 Benediktiner), Vorau (1163, Augustiner-Chorherren), St. Georgen an der Traisen (1172, 1244 nach Herzogenburg verlegt, Augustiner-Chorherren), Lilienfeld (1202, Zisterzienser), Schlägl (1218, Prämonstratenser), Stams (1273, Zisterzienser) und Schlierbach (1355, Zisterzienser). Die einzelnen Klöster, ihre besonderen Leistungen und ihre herausragenden Persönlichkeiten können im Rahmen dieses Buches aus Platzgründen nur am Rande behandelt werden. Eine mittelalterliche Erscheinung waren die Doppelklöster, also die bauliche, rechtliche und wirtschaftliche Verbindung eines Frauen- und eines Männerkonvents unter einer gemeinsamen einheitlichen Leitung, die vor allem bei den Prämonstratensern und Benediktinern gar nicht so selten waren (z.B. Admont). Die Zisterzienser standen ihnen ablehnend gegenüber. Das einzige heute noch bestehende Doppelkloster ist Einsiedeln in der Schweiz, die bauliche Trennung ist jedoch vollzogen, die Frauen leben im Kloster Fahr.

## *Die österreichischen Reformbischöfe*

Die drei Bischöfe Altmann von Passau, Gebhard von Salzburg und Adalbero von Würzburg waren bereits von Jugend an miteinander befreundet, hatten am Hofe Kaiser Heinrichs III. Karriere gemacht und verdankten ihre Stellung dem salischen Kaiserhaus. Unter dem Einfluss der Cluniazenser trieben sie in Österreich die gregorianische Kirchenreform voran.

Die Vita Altmanni berichtet über die Erfolge des sächsischen Adeligen **Altmann** (1015–1091) in der Diözese Passau: »*Vor seiner Ankunft waren fast alle Kirchen dieser Diözese aus Holz und mit keinerlei Schmuck versehen. Auch die Priester an diesen Kirchen waren hölzern, da sie im Ehestand lebten und weltliche Geschäfte trieben. Die Heilige Liturgie kannten sie gar nicht … Jetzt aber sind durch seine Fürsorge fast alle Kirchen der Diözese aus Stein, haben die notwendigen Bücher, sind mit Malereien und anderem Schmuck geziert, und, was das Beste ist, mit keuschen und unterrichteten Männern wohl versehen.*« Für solche Reformen benötigte Altmann Geld, und so schaffte er kurzerhand (ebenso wie sein Freund Gebhard) den Slawen-Zehent ab. In Hinkunft mussten auch die Slawen den zehnten Teil des ganzen Ertrags abliefern und nicht nur wie bisher fünfzig Garben Weizen oder Hafer von jeder Hube und ein Lamm. Altmanns

*Blick vom Hof auf die Kirche des Benediktinerstifts Göttweig*

Reformen stießen auf Widerstand: Als er das Säkularkanonikerstift St. Pölten in eines für Regularkanoniker umwandelte, konnten sich die alten Bewohner nicht mit ihrer Entlassung abfinden. Sie kehrten bewaffnet zurück, stürmten das Kloster, brachen die Fässer im Keller auf und ließen den Wein auslaufen. Erst dann verschwanden sie und behelligten das Stift nicht mehr. Altmann fiel bei Kaiser Heinrich IV. in Ungnade, da er sich auf die Seite des Papstes stellte und als erster deutscher Bischof die Exkommunikation öffentlich verkündete (siehe S. 52). Er musste aus Passau fliehen, wo der Kaiser einen Gegenbischof einsetzte, und verbrachte seine letzten Lebensjahre in Österreich. Dort leitete er von seiner Gründung Göttweig aus die kirchlichen Angelegenheiten der Mark.

**Gebhard** von Salzburg (1010–1088) stammte aus einem schwäbischen Adelsgeschlecht. Er verfügte über hohe Bildung und überzeugendes Auftreten und brachte es bis zum Reichskanzler, war aber recht eitel und machtgierig. Durch sein zähes Festhalten am Eigenkirchenrecht behinderte er die Reform der Salzburger Kirche. Als er nach seinem Zerwürfnis mit Kaiser Heinrich IV. in Sachsen im Exil weilte, kümmerte er sich wenig darum, dass sein Land inzwischen schutzlos Plünderungen und Verwüstungen preisgegeben war. Als positiv zu werten ist seine Tätigkeit in Kärnten: Er ordnete das Pfarrsystem neu, löste das von Hemma von Gurk gestiftete Kloster in Gurk auf und gründete 1072 an dessen Stelle das Suffraganbistum Gurk. 1074 gründete er das Stift Admont, wo er begraben liegt.

**Adalbero** von Würzburg (1010–1090) stammte aus dem Wels-Lambacher Grafengeschlecht und wurde in Lambach in Oberösterreich geboren. Kaiser Heinrich III. ernannte ihn zum Bischof von Würzburg. Unter seiner Leitung erneuerte der Benediktinermönch Egbert das Klosterwesen in Münsterschwarzach, von wo sich die Reformen weiter ausbreiteten. Adalbero stiftete das reformierte Benediktinerkloster Lambach, wo er später auch begraben wurde. Der persönlich als integer beschriebene Bischof stellte sich ebenfalls auf die Seite des Papstes, was natürlich auch er mit der Vertreibung aus seiner Diözese büßen musste.

# 6. Missstände und ihre Folgen

## *Die Missstände in der Salzburger Diözese*

Aus der Diözese Passau hat sich ein interessantes Dokument erhalten, verfasst vom **Passauer Anonymus**[17]. Er erklärt, dass der Klerus selbst den Boden für die Irrlehre der Waldenser bereitet habe, und zählt dessen Sünden auf: Pfarrer verpachteten ihre Pfarren für hohe Summen an Hilfspfarrer, die sich dann von den Gläubigen für die Ausübung ihrer Amtspflicht teuer bezahlen ließen, um das Geld wieder hereinzubekommen. Die Sakramente wurden zu käuflichen Dienstleistungen, für jede priesterliche Handlung wurden hohe Gebühren verlangt. Die Armen konnten sich geistlichen Beistand gar nicht mehr leisten. Manche Geistliche saßen bei Wein und Spiel im Wirtshaus, vergaßen die Messe zu lesen, verweigerten den Frauen ganz oder zumindest während der Zeit der Menstruation die Kommunion oder überhaupt den Zutritt zur Kirche, ließen die Eucharistie verderben oder gingen sorglos mit ihr um. Sie wahrten das Beichtgeheimnis nicht oder belästigten Frauen, die sie durch zu intime Fragen erst zur Sünde verleiteten. Andere Priester wiederum sahen jede Tätigkeit am Sonntag, sogar das Schneiden der Nägel, als Sünde an oder verboten das Waschen der Haare an einem Freitag. Neben Kindern tauften manche auch Kerzen und Bilder. Der Heiligen- und Reliquienkult schadete dem Ansehen der Kirche ebenfalls, denn es wurden Heilige verehrt, die völlig unbekannt waren. Zwischen den Pfarren kam es häufig zu Zwistigkeiten über die Echtheit der aufbewahrten Gebeine. Für Unmut sorgten auch sonderbare Reliquien wie Milch oder Hymen der Mutter Gottes, Christi Schweiß oder Vorhaut, ferner Engelsreliquien. Die Aufzählung der Sünden der Geistlichkeit geht noch weiter, es handelte sich offenbar nicht um Einzelfälle.

Sie waren auch nicht auf Salzburg beschränkt. Neben dem unerhörten Luxus und dem Machtstreben der hohen Geistlichkeit und neben dem sehr freien Leben mancher Mönche waren es solche alltäglichen Ärgernisse und nicht Laieninvestitur, mangelnde Einhaltung des Zölibats oder päpstliche Skandalgeschichten, die das Volk in die Arme der Waldenserprediger und in Frankreich zu den Katharern trieben. Die Ketzer führten ein vorbildliches Leben, ihre Prediger waren immer für die Menschen da und verlangten kein Geld.

## *Die Ketzerbewegungen*

Gingen schon Papst Gregor IX. und die Reformbischöfe ganz im Gedankengut der Cluniazenser gegen die Missstände beim Klerus vor, also mittels einer Reform »von oben«, so machten sich bald auch unter den Gläubigen Bestrebungen zu einer Reform »von unten« bemerkbar, um an das Urchristentum anzuknüpfen. Daraus sollten sich einerseits die Bettelorden entwickeln, andererseits aber die großen Ketzerbewegungen, die – obwohl ihre Anhänger (die Hussiten ausgenommen) durchwegs friedliche Menschen waren – von der katholischen Kirche und den weltlichen Machthabern bekämpft wurden.

Hier müssen zuerst die Bogomilen erwähnt werden, in deren dualistischer Lehre manche gnostischen und manichäischen Züge auftauchten und die neben religiösen auch soziale Forderungen erhoben. Sie wollten offenbar nicht die bestehende Ost- oder Westkirche von Missständen befreien oder verändern, sondern entwickelten eine eigene Lehre, die sich über den ganzen Balkan und Kleinasien ausbreitete. Sich über diese Bewegung korrekt zu informieren, ist nicht ganz einfach, da es wenig vorurteilsfreie deutschsprachige Literatur oder Artikel darüber gibt[18]. Es ist durchaus möglich, dass sich manche mittelalterliche Erwähnungen von »Satanisten« auf Bogomilen beziehen, denn sie sahen in Satanael den von Gott abgefallenen Weltschöpfer und verachteten und zerstörten das Kreuz als Mordwerkzeug an Christus. Ihre Missionstätigkeit in Italien und Südfrankreich beeinflusste maßgeblich das Entstehen der Bewegungen der Katharer, Waldenser und Hussiten. Sie wurden von der katholischen und von der orthodoxen Kirche heftigst und mit besonderer Grausamkeit verfolgt, konnten sich aber trotzdem vom 10. bis zum 15. Jahrhundert halten, vor allem (aber nicht nur) im bosnischen Raum. Da die »Rechtgläubigen« ihnen gegen die Türken, die sie nach der Schlacht am Amselfeld als Nächste bedrohten, nur unter der Bedingung der Taufe zu Hilfe kommen wollten, waren sie diesen ausgeliefert und traten schließlich zum Islam über.

Die Katharer, auch als Patarener oder Albigenser bekannt, nannten sich selbst *Bonhommes* und gründeten in Südfrankreich eine regelrechte Kirche mit starker Ausstrahlung in andere Länder, die sich in ihrer Lehre wie die Bogomilen vom katholischen Christentum entfernte und daher schon aus diesem Grund den Widerstand der römischen Kirche herausfordern musste. Allen ihren Untergruppen gemeinsam waren ebenfalls eine grundsätzlich dualistische Weltsicht, die Ablehnung des Alten Testaments und die Forderung nach Verbreitung der Evangelien in der Volkssprache. Sie lehnten die Tötung von Menschen und Tieren und jede Eidesleistung ab.

Im Jahre 1179 wurden sie auf dem 3. Laterankonzil von Papst Alexander III. (1159–1181) erstmals verurteilt und exkommuniziert. Unter Papst Lucius III. (1181–1185) erfolgte auf dem Konzil von Verona ihre neuerliche Verurteilung. Mit den Worten »*Ad Abolendam*« beginnt die danach im November 1184 in Venedig entstandene Dekretale, die eine diesbezügliche Übereinkunft zwischen dem Papst und Kaiser Friedrich Barbarossa enthält. Das Dokument stellt eine der frühesten päpstlichen Maßnahmen zur Ketzerbekämpfung dar und gilt als wesentlicher Schritt zur Einrichtung der Inquisition.

Papst Innozenz III. (1198–1216) versuchte die Katharer zuerst mit ihren eigenen Waffen zu schlagen: Er sandte Prediger nach Südfrankreich, hauptsächlich Zisterzienser, die einfach gekleidet und demütig auftreten und die Häretiker im Gespräch für die Kirche zurückgewinnen sollten. Der an sich sinnvolle und menschenfreundliche Versuch scheiterte, die Idee wurde später aber von den neuen Bettelorden im Kampf gegen die Waldenser wieder aufgenommen. Im Gefolge seines Bischofs kam damals auch Domingo de Guzman (der spätere heilige Dominikus, 1170–1221) nach Südfrankreich und betätigte sich als Prediger, 1206 erteilte ihm der Papst eine erste offizielle Genehmigung für das Wirken als Bettelmönch. Die Legende erzählt, dass Maria ihm den Rosenkranz (siehe S. 89) als Waffe gegen die Albigenser geschenkt habe. Während des gar nicht mehr menschenfreundlichen Albigenserkreuzzugs, zu dem derselbe Papst im Jahre 1209 aufrief, wurde er Berater des grausamen Simon de Montfort, seine Aufgabe war die Bekehrung der Überlebenden. Sein zu diesem Zweck gegründeter **Dominikanerorden** (OP) wurde 1216 vom Papst anerkannt. Das Emblem wurde ein Hund mit einer brennenden Fackel im Maul – die Dominikaner bezeichneten sich selbst in einem Wortspiel daher gelegentlich als »Hunde des Herrn« (Domini canes), was ja auch an den Namen des Ordensgründers anklingt.

Am Albigenserkreuzzug nahm 1212 übrigens auch der Babenberger Herzog Leopold VI. (1176–1230), der Glorreiche, mit seinen Österreichern teil. Der Krieg ging bis 1229 weiter. Die Häretiker wurden getötet oder in den Untergrund gezwungen, ihr Glaube bestand aber trotzdem weiter. Im Jahre 1244 wurde ihr Zentrum Monségur vom französischen König vernichtet, die *Perfecti*, ihr harter Kern, landeten auf dem Scheiterhaufen. Im Jahre 1276 fand die italienische Gruppe von Sirmione ein ebenso schreckliches Ende, zweihundert Menschen wurden in der Arena von Verona verbrannt. Im Jahre 1342 wird anlässlich seiner Verhaftung in Florenz zum letzten Mal ein Katharer erwähnt. Das Gedankengut der Katharer hielt sich noch lange in ganz Europa und verschmolz mit den Lehren anderer Gruppen.

Die Waldenser unterschieden sich ganz wesentlich von den Katharern. Ihr Name leitet sich vom Lyoner Kaufmann Petrus (?) Valdes ab. Dieser wurde um 1174 vom Gleichnis des reichen Jünglings (Mt. 19, 16–26) so beeindruckt, dass er sich von seinen Besitztümern trennte und der Predigt widmete. Er fand bald Anhänger, Männer und Frauen. Als »Arme von Lyon« wandten sie sich den einfachen Leuten zu, predigten und trugen das Evangelium in der Volkssprache vor. Sie errichteten kein theologisches Gedankengebäude, sondern sahen sich als Glieder der katholischen Kirche, deren Missstände sie allerdings kritisierten. Statt sie nun aber in der Kirche zu halten und zu deren Nutzen zu verwenden, wurde 1179 ihr Antrag um Anerkennung in Rom lächerlich gemacht, dann eine zuerst gewährte Predigterlaubnis zurückgenommen (vermutlich wegen der weiblichen Prediger) und ihre Bewegung schließlich verboten. 1184 wurden sie in Verona mit den von ihnen heftig abgelehnten Katharern, aber auch mit anderen Häretikern, wie den Humiliaten[19] und den Anhängern des unglücklichen Arnold von Brescia[20], in einen Topf geworfen und exkommuniziert. Valdes selbst konnte sich nach Mähren in Sicherheit bringen.

*Siegel Herzog Leopolds VI*

Die Kirche lernte rasch aus ihren Fehlern. Als 1209 Giovanni Battista Bernardone (= Franz von Assisi, 1182–1226), der enge Verbindungen zu Frankreich hatte, mit seinen zwölf Gefährten nach Rom kam, erlangte er von Papst Innozenz III. die Bestätigung der Lebensweise seiner kleinen Gemeinschaft von Buß- und Wanderpredigern. Er musste ihr jedoch gegen seinen eigentlichen Willen eine feste Regel und die Organisation eines Ordens geben, damit der Papst diesen zur Bekämpfung der Ketzer einsetzen konnte. Franz litt sehr unter dieser Verfälschung seines Armutsideals. Mit dem Streit darum hängt das Entstehen der Spiritualen und Fratizellen zusammen, die recht erhebliche Schwierigkeiten mit der Inquisition bekommen sollten. **Franziskanerorden** (OFM) und **Minoriten** (OFMConv) wuchsen bald zu einer europaweiten Organisation an. Auch Frauen schlossen sich der Regel an, die Clarissen. 1526 splitterten sich die strengeren Kapuziner (OFMCap) von den Franziskanern ab. Die Bettelorden der Karmeliter (OCC, Ocarm) und der Augustiner-Eremiten (OSEA, seit 1963 OSA) gelangten ebenfalls zu einiger Bedeutung (Luther gehörte zu letzterem Orden). Die Bettelmönche sollten den waldensischen Wanderpredigern den Rang ablaufen, was ihnen auch gelang. Sie wurden aber vom restlichen Klerus und den Mitgliedern der etablierten Orden mit Eifersucht und Argwohn betrachtet.

## *Das IV. Lateranum*

Das 4. Laterankonzil 1215 war das größte und bedeutendste des Mittelalters: Einundsiebzig Patriarchen und Metropoliten, 412 Bischöfe, 900 Äbte und Prioren nahmen daran teil. Ferner erschienen Gesandte der gekrönten Häupter, allen voran Kaiser Friedrichs II., ferner des Kaisers des lateinischen Kaiserreichs von Konstantinopel, der Könige von Frankreich, England, Aragon, Ungarn, Zypern und Jerusalem. Papst Innozenz III. benötigte jedoch weder den Rat der Versammelten noch ließ er sie mitentscheiden. Er präsentierte ihnen siebzig bereits ausformulierte Dekrete mit Dogmen (Glaubensbekenntnis und Transsubstantiationslehre), mit Disziplinarentscheidungen (den Klerus betreffend), mit Maßnahmen gegen Ketzer (Exkommunikation für alle) und Juden (Absonderung und Kenntlichmachung) und auch noch mit seinen Vorstellungen vom nächsten Kreuzzug. Nichts wurde diskutiert, die Anwesenden konnten nur feierlich zustimmen. Die Dekrete wurden in die Kirchenrechtssammlung des Liber

Extra aufgenommen und fanden weiteste Rezeption in den europäischen Teilkirchen, vor allem auf den Provinzialsynoden, z. B. 1267 in Wien.

Die am Konzil festgelegte Exkommunikation mochte die Häretiker selbst ungerührt lassen, die *»Infamie«* wurde aber auch allen *»Gönnern, Verteidigern und Beschützern«* derselben angedroht und selbst jedem, der *»mit diesen Leuten, nachdem die Kirche sie öffentlich gebrandmarkt hat, weiterhin Umgang pflegt«*. Sie verloren demnach alle Rechte in der Gemeinschaft, vor allem die Gerichts-, Testaments- und Erbfähigkeit, und mussten mit dem Verlust ihres Vermögens rechnen. Diese Bestimmung dämpfte bei der Bevölkerung sehr stark den Wunsch, sich die Predigten der Ketzer anzuhören oder gar den Familien von Verhafteten beizustehen. Wer ohne Erlaubnis der Kirche predigte, und sei es auch nur im kleinen Kreise, sollte ebenfalls exkommuniziert werden. Die Bischöfe sollten mindestens einmal im Jahr jede Gemeinde besuchen oder visitieren lassen und sollten dabei *»die ganze Nachbarschaft schwören lassen, dem Bischof die Leute gewissenhaft anzuzeigen, die ihnen dort als Ketzer bekannt sind, oder solche, die geheime Konventikel abhalten oder in ihrer Lebensführung und ihren Sitten von dem üblichen Verhalten der Gläubigen abweichen«*. Bischöfe, die diese Aufgabe nicht erfüllten, sollten abgesetzt werden.

Da aber anzunehmen war, dass die Bischöfe trotz dieser Drohung der Visitationspflicht nicht gerade mit Feuereifer nachgehen würden, benötigte der Papst dafür eine neue und ortsunabhängige Organisation. Papst Gregor IX., ein *»halsstarriger Greis von cholerischer Gemütsart«*, verkündete 1233 die Einrichtung eines ständigen Tribunals, der Inquisition, die er mit Dominikanern besetzte. Sie hatten in Südfrankreich genügend Erfahrungen mit Ketzern gesammelt und sollten nun alle Häresien ausmerzen. Selbstverständlich vergossen die Mönche kein Blut, denn nach der Verurteilung eines Ketzers durch das kirchliche Gericht wurde der Delinquent dem »weltlichen Arm« mit den Worten übergeben: *»Wir empfehlen dem säkularen Gericht jedoch mit Nachdruck, bei der Urteilsfindung Mäßigung walten zu lassen, damit kein Blut vergossen werde und keine Gefahr für das Leben bestehe.«* Diese Formulierung war eine glatte Lüge, denn kein Gerichtsherr konnte sich leisten, verurteilte Ketzer am Leben zu lassen – er wäre sofort selbst in die Fänge der Inquisition geraten. Und fällte ein weltlicher Richter ein barmherziges Urteil, so bekam ihm das auch nicht gut.

Ausgerechnet der in Glaubensdingen bei sich selbst recht großzügige Kaiser Friedrich II. erließ ebenfalls ein Edikt gegen die Ketzer, in dem er die weltlichen Behörden des Reiches verpflichtete, alle der Häresie Verdächtigen zu verhaften und vor Gericht zu stellen, wenn die Kirche oder auch nur einfache Katholiken dies forderten. Alle mit der Kirche wieder versöhnten früheren Ketzer sollten gezwungen werden, weitere zu benennen. Nachkommen von Häretikern sollten bis in die zweite Generation hinein keine öffentlichen Ämter ausüben dürfen, außer sie hatten selbst ihre Eltern oder Großeltern brav angezeigt. Natürlich fanden sich daraufhin Denunzianten aus dem engsten Familienkreis, vielleicht zum ersten, aber sicher nicht zum letzten Mal in der Geschichte des deutschen Reiches.

## *Die Ausbreitung und Verfolgung der Waldenser*

Im 12. Jahrhundert finden sich kaum Hinweise auf Ketzer in Österreich. In den Annalen des Klosters Rein wird zwar die Verbrennung von dreißig Frauen in Graz an ein- und demselben Tag im Jahre 1115 erwähnt, Näheres erfährt man aber nicht. Anders im 13. Jahrhundert: Die Nachrichten über die Verfolgung unter Herzog **Leopold VI.** betreffen die Zeit um 1210. Offenbar handelte es sich dabei um eine Einzelaktion, die in Zusammenhang mit seinem Bestreben zu sehen ist, in Wien ein Bistum zu errichten. Er argumentierte beim Papst damit, dass bei der Größe der Diözese Passau eine wirksame Verhinderung von Häresien nicht möglich sei. Offenbar wollte er für seine Behauptung einen Beweis liefern und gleichzeitig ein Exempel statuieren. Die Klosterneuburger Annalen vermerken, dass Patarener, also Katharer, entdeckt und durch verschiedene Foltern viele von ihnen getötet worden seien. Auch das Gedicht »Der wälsche Gast« seines Zeitgenossen Thomas von Zirklaere berichtet, dass der Herzog zahlreiche Ketzer grausam verbrennen (und sieden) ließ, damit sich der Teufel an ihnen nicht die Zähne ausbeißen müsste. Er verbindet das Ereignis textlich mit der Lombardei, was für Patarener spricht. Es ist aber doch auch möglich, dass es sich bei den Unglücklichen bereits um Waldenser handelte, da diese um 1200 mit ihrer Missionstätigkeit in Österreich begonnen hatten. Ein systematisches Vorgehen war diese erste Verfolgung jedenfalls noch nicht. Erst im Jahre 1231 verkündete Erzbischof Eberhard II. von Salzburg die päpstlichen Verfügungen gegen Häretiker, Prior und Subprior des Dominikanerklosters von Friesach wurden zu Inquisitoren bestellt. Ob sie ihr Amt bereits praktisch ausübten, ist nicht überliefert. Häretisches Gedankengut griff jedenfalls um sich, und so wird auch Walter von der Vogelweide in dessen Nähe gerückt. Im Jahre 1252 wurde der Pfarrer von St. Stephan, Magister Leupold, abgesetzt, weil er sich neben anderer Verfehlungen auch der Häresie schuldig gemacht hatte. Er war vom Schottenabt aus wohl recht persönlichen Gründen angezeigt worden.

Ausdrücklich von Waldensern ist erst um die Mitte des 13. Jahrhunderts die Rede, als **Bertold von Regensburg** 1263 als Kreuzzugsprediger durch Österreich und die Steiermark zog. Der Passauer Anonymus, der selbst als Inquisitor wirkte, liefert zum ersten Mal verlässlichere Angaben. Er zählt zwar neben den Leonisten und Runkariern, den beiden Untergruppen der Waldenser, auch die Brüder vom freien Geiste, die Ortlieber und andere Ketzer auf, lässt aber keinen Zweifel daran, dass es sich bei den österreichischen Ketzern hauptsächlich um Waldenser handelte. Ihr Hauptverbreitungsgebiet lag offenbar im südlichen Donauraum vom Salzkammergut bis zum Wienerwald. Der Autor listet 42 Orte auf, die mit Waldensern durchsetzt waren, darunter Krems, Klosterneuburg, Wien, Himberg, Wiener Neustadt, Langenlois, Ybbs, Maria Anzbach, Drosendorf, Amstetten, Seitenstetten, St. Valentin, Steyr, Kematen, Wels, Schwanenstadt, Enns, St. Florian, Ansfelden. Auf Befehl Přemysl Ottokars wurde dieses ziemlich große Gebiet von der Inquisition sehr erfolgreich nach Waldensern durchkämmt. In manchen der genannten Orte wurden sogar eine oder mehrere Schulen entdeckt, in denen Prediger ausgebildet wurden, und die auch als Versammlungs- und Bildungszentren dienten. Offenbar hatte sich die Gruppe in den unruhigen Jahren unter Herzog **Friedrich II.**, während des Interdikts und den Streitigkeiten nach seinem im Jahre 1246 erfolgten Tode, ungestört und von ihrer katholischen Umgebung geduldet entfalten können und verfügte schon längst über einheimische Prediger und sogar einen Bischof, also über eine Hierarchie. Die Ergebnisse der damaligen Untersuchung sagen allerdings nichts über die sonstige Verbreitung der Häresie im heutigen Österreich aus, die wohl bedeutend war.

Inhaltlich hatte sich ihr Glaube seit den Zeiten des Valdes unter dem Einfluss der Lombardischen Armen schon von der katholischen Kirche entfernt. Der Passauer Anonymus berichtet Einzelheiten: Das Predigeramt war für jeden Laien beiderlei Geschlechts zugänglich, als Voraussetzungen dafür galten Arbeitsamkeit, Sündlosigkeit, Kenntnis der Evangelien und Verzicht auf Eigenbesitz. Das Abendmahl wurde gefeiert und die Transsubstantiation[21] anerkannt – allerdings fände sie nicht in der Hand des Priesters, sondern im Mund des Empfängers statt. Die sakramentale Natur der von der katholischen Kirche gespendeten Sakramente wurde abgelehnt, hauptsächlich wegen der Sündhaftigkeit der Spender, was sehr an die Donatisten erinnert (siehe S. 24). Die Beichte wurde nur von solchen waldensischen Predigern abgenommen, die wegen ihrer gerechten Lebensweise über die Absolutionsgewalt verfügten. Letzte Ölung und Priesterweihe wurden generell abgelehnt, von einigen Waldensern aber auch Kindertaufe und Ehe, die von manchen, offenbar unter dem Einfluss der Katharer, mit Unzucht gleichgesetzt wurde. Bei den meisten Gruppen galt sie hingegen als sehr anerkannte Lebensform und hinderte auch nicht am Predigeramt. Als Heilige wurden nur jene Personen anerkannt, die in den Evangelien oder in der Apostelgeschichte aufscheinen. Der Glaube an das Fegefeuer wurde ebenso abgelehnt wie alle Maßnahmen zu dessen Verkürzung, also Wallfahrten und religiöse Opfergaben. Abgelehnt wurden aber auch die weltliche Obrigkeit, also Richter und Fürsten, und die in der mittelalterlichen Rechtsordnung üblichen Eidesleistungen und Schwüre. Die katholische Kirchenorganisation wurde samt ihren Vertretern und ihren Gesetzen pauschal verworfen, also der katholische Gottesdienst samt der lateinischen Sprache, ferner Kirchenfeste und Fastengebote, Reliquienkult, Kreuzsymbol und reiche Ausstattung der Kirchen, der Zehent, Ablass und Exkommunikation, der Besitz von Eigentum bei Klerikern und Kirche, die kirchliche Beerdigungspraxis und natürlich jede Kriegsführung durch Bischöfe oder Päpste. In Anknüpfung an die Urkirche der Apostel strebten die Waldenser ein einfaches, arbeitsames, güterloses und tugendhaftes Leben an. Theologische Spitzfindigkeiten bei der Bibelauslegung wurden unterlassen.

Durch Verfolgung und zahlreiche Hinrichtungen wurden die bis dahin missionarisch tätigen und allgemein geduldeten Waldenser kriminalisiert und in den Untergrund gedrängt und die weitere Expansion ihres Glaubens erschwert. Sie war aber noch im Gange, wenn auch unter Wahrung äußerster Vorsicht. So boten als Händler getarnte Prediger schöne Waren wie Ringe und Kopftücher zum Verkauf an. Fragte dann der Käufer nach weiteren Waren, sagte der Händler: *»Ich habe Euch noch viel kostbarere Edelsteine anzubieten, wenn Ihr mir zusichert, dass Ihr mich nicht an die Kleriker verratet.«* Dann trug er

*Das Bummerlhaus in Steyr, Stadtplatz*

ein ergreifendes Kapitel aus dem Evangelium vor, zog anschließend einen Vergleich zwischen der römischen Kirche und seiner eigenen Gemeinschaft und führte, wenn die Bekehrung gelang, den neuen Gläubigen in die Gemeinde ein. Die Waldenser wandten sich nie an gebildete, wohlhabende oder adelige Menschen, sondern an das einfache Volk. Dessen Interesse an religiösen Dingen und der Bildungshunger müssen damals sehr groß gewesen sein, damit sich überhaupt jemand trotz der ständigen Bedrohung durch die Inquisition auf religiöse Gespräche einließ. Halb öffentliche Schulen wie zuvor oder gar die Sesshaftigkeit von Predigern und Bischöfen waren nicht mehr möglich, die Seelsorger waren aus Sicherheitsgründen zur Wanderschaft genötigt. Damit verschwanden automatisch die Frauen aus dem Predigeramt, denn es wurde zu schwierig und zu strapaziös. Innerhalb der nun schon durch mehrere Generationen waldensischen Familien wurde der Glaube aber geheim praktiziert und weitergegeben, und von Zeit zu Zeit kamen wandernde Prediger vorbei. Daher fanden sich in den Gebieten, wo bei der Verfolgung von 1260 zahlreiche Waldenser ausgeforscht worden waren, fünfzig Jahre später wiederum sehr viele.

Die Verfolgung der Jahre 1311 bis 1315 wurde vom Passauer Bischof Bernhard von Prampach angestrengt, einem ehemaligen Pfarrer von St. Stephan in Wien, und betraf die Städte Steyr (Zahl der Hinrichtungen nicht bekannt), St. Pölten (elf Hinrichtungen), Wien (Zahl der Hinrichtungen nicht bekannt) und Krems (sechzehn Hinrichtungen). Steyr und seine Umgebung spielten für das österreichische Waldensertum überhaupt eine große Rolle, die Stadt scheint der Hauptsitz der Bewegung gewesen zu sein. Das heute noch bestehende Bummerlhaus war vermutlich eine ihrer Schulen. In Ternberg, südlich von Steyr, gibt es eine geräumige Höhle, genannt Teufelskirche. Sie soll den Waldensern als heimlicher Versammlungsort gedient haben.

Im Zuge dieser Verfolgungswelle bekehrten sich einige hochrangige Mitglieder der Waldensergemeinde zum Katholizismus und griffen ihre ehemaligen Mitbrüder in Pamphleten an. Schaudergeschichten wurden verbreitet, in denen sich Wunschdenken, Dichtung und Wahrheit vermischten. So existiert in einem Codex von St. Florian ein schwülstiger Sensationsbericht über die »Adamitische Häresie«, der missverstandene Lehren der Katharer (und Bogomilen?) mit Aussagen verurteilter Ketzer und mit Angaben des Passauer Anonymus vermischt, um alle Ketzer verächtlich zu machen – Tratsch und üble Nachrede aus propagandistischen Gründen[22]. Doch erfahren wir daraus immerhin die letzten Worte des Waldenserbischofs **Neumaister**, der in Himberg verbrannt wurde. Er gab die Zahl der Häretiker in Österreich mit 80 000 an (falls sich diese Zahl auf Österreich ob und unter der Enns bezieht, wären das rund 10 Prozent der damaligen Bevölkerung gewesen[23]), bekannte seinen Glauben und sprach: *»Wisset, mit keinem Ordensmann welcher Gattung immer und mit keinem Kleriker möchte ich meine Verdienste tauschen, die ich mir in den fünfzig Jahren meines Episkopats erworben habe.«*

## *Der Inquisitor Petrus Zwicker*

Petrus Zwicker († 1403) stammte aus Ostpreußen und war kein Dominikaner, dafür aber Spezialist für Waldenserverfolgung. Er gehörte dem Orden der Cölestiner an, einer Unterabteilung der Benediktiner, und war als Inquisitor im deutschen Sprachraum tätig. Dem Ruf des Passauer Bischofs Georg von Hohenlohe folgend, wurde er 1391 erstmals in Steyr tätig. Etliche Angeklagte retteten ihr Leben durch die Rückkehr zur katholischen Kirche, viele wurden verurteilt. Nach zweijährigem Wirken gegen die Waldenser von Erfurt und Stettin kam er 1395 neuerlich nach Österreich, wo ein auf ihn verübter Mordanschlag fehlschlug: Verzweifelte Waldenser hatten vergeblich Feuer an den Pfarrhof von Garsten gelegt, in dem er einquartiert war. Danach befestigten sie ein angesengtes Stück Holz und ein blutiges Messer als Drohung am Stadttor von Steyr. Die Schuldigen wurden nicht gefunden. Zwicker muss sehr verhasst gewesen sein, lud er doch sogar Kinder vor sein Gericht: Der zehnjährige Salomon aus Schwamming bei Garsten wurde von ihm verurteilt, zwei Jahre lang das Ketzerkreuz an seinen Kleidern zu tragen. Viel schrecklicher war der Fall der Elsa Feuer aus Dambach bei Garsten, die schon in ihrer Jugend an einen Inquisitor geraten war. Als Sechzigjährige wurde sie abermals und diesmal von Zwicker verurteilt, das blaue Ketzerkreuz an Vorder- und Rückseite ihrer Oberkleidung zu tragen. Außerdem sollte sie sich an sieben aufeinander folgenden Sonntagen vom Pfarrer mit kräftigen Rutenschlägen rund um die Garstner Kirche treiben lassen und sich anschließend auf deren Schwelle legen, damit die Kirchenbesucher auf sie treten könnten. Da sie sich widersetzte und mit dem Pfarrer in Streit geriet, ließ Zwicker die inzwischen 67-jährige Frau verbrennen.

1396 arbeitete Zwicker in Enns und in den Jahren 1397 und 1398 abermals in Steyr, wo über tausend Personen verhört und zwischen achtzig und einhundert an einem als Ketzerfriedhof bezeichneten Ort verbrannt wurden. Genau sechshundert Jahre später wurde ihnen in der Stadt ein Denkmal errichtet. Ob Zwicker die Folter anwenden ließ, ist aus Österreich nicht bezeugt. Da aber zwei Fälle aus Stettin bekannt sind, wird es in Enns und Steyr nicht anders gewesen sein. Seine eigenen Worte aus dem Jahre 1395 lassen jedenfalls darauf schließen: *»Mögen Acht haben alle katholischen Fürsten, mögen sie sich anstrengen, dass alle die nichtswürdigen Häretiker, die mit Mord und Brand drohen, gefangen, peinlich verhört und zur Einheit des katholischen Glaubens zurückgebracht werden!«*[24] In Sopron ließ Zwicker nicht nur die Häuser der Waldenser schleifen, sondern sogar Gräber öffnen und die Leichen verbrennen. Im 15. Jahrhundert verlieren sich die Spuren der österreichischen Waldenser allmählich, sei es durch Aufgehen im gemäßigten Hussitentum oder als Folge von Zwickers hartem Durchgreifen. Sein Nachfolger wurde der spätere Pfarrer von Gutau, Stephan Lamp, über sein Wirken als Inquisitor ist nichts bekannt. Möglicherweise verloren Kirche und Staat die Waldenser aber auch nur aus den Augen, weil man inzwischen mit viel größeren Problemen zu kämpfen hatte – Hussitensturm, Bürgerkrieg und Türkeneinfall.

# 7. Die Begegnung mit dem Islam

Seit dem 7. Jahrhundert stand Byzanz einer neuen Macht gegenüber, den Arabern. Juden, aber auch arianische Christen, die unter der intoleranten byzantinischen Herrschaft gelitten hatten, empfanden die islamische Herrschaft häufig als Befreiung. Dies gilt vor allem für Nordafrika, das durch die oströmischen Kaiser große Zerstörungen hatte hinnehmen müssen. 638 ritt Kalif Omar in Jerusalem ein und gestattete den Juden, die ihnen zuvor von den Christen verbotene Stadt wieder zu betreten. Bereits im Jahre 652 landeten Araber in Sizilien, 711/12 eroberten sie Spanien, und 732 standen sie auf fränkischem Boden bei Tours und Poitiers den siegreichen Truppen des fränkischen Hausmeiers Karl Martell gegenüber, was ihren Vormarsch im Westen stoppte. Sizilien wurde im Jahre 831 von den Sarazenen erobert. Von dort aus griffen sie Süd- und Mittelitalien vom Meer aus an, auch Rom wurde nicht verschont, 846 plünderten sie die Peterskirche. Papst Leo IV. ließ daraufhin eine Schutzmauer um den Vatikan ziehen (Leostadt). Die anfängliche Toleranz des Islams den Juden und Christen gegenüber endete allerdings unter dem Kalifen Al-Hakim, der in den Jahren 1008 bis 1013 ungefähr 30 000 Kirchen zerstören ließ, darunter 1009 auch die **Grabeskirche in Jerusalem**. Damit provozierte er die Kreuzzüge als zwangsläufige Antwort des christlichen Westens.

Das Bild, das sich das Volk in den europäischen Binnenländern damals vom Islam machte, war mehr als verworren. Die Sarazenen galten als Götzenanbeter, die Mohammed verehrten, Mohammed selbst galt als Zauberer. Man war wegen der erlaubten Polygamie überzeugt, der Islam erlaube sexuelle Freizügigkeit. Vor allem aber hatte man genau wie bei den Juden ein unbestimmtes Gefühl von kultureller Unterlegenheit, und das förderte den Hass.

## *Die Kreuzzüge*

Das gegenseitige Unverständnis, nicht zuletzt wegen des Filioque-Streites, (siehe S. 30) zwischen der Ost- und der Westkirche hatte zum **Schisma** geführt, das durch den gegenseitigen Kirchenbann im Jahre 1054 irreversibel wurde[25]. Als sich jedoch der byzantinische Kaiser an Papst Urban II. wandte und ihn um Hilfe gegen den Seldschuken-Sultan bat, rief dieser auf der Synode von Clermont im Jahre 1095 den Kreuzzug aus. Die Gelegenheit für einen solchen Aufruf war günstig, die Menschen folgten dem Aufruf. Das Jahrhundert war geprägt von starker Religiosität und von der Angst vor dem drohenden Ende der Welt, das nach allgemeiner Ansicht unmittelbar bevorstand. Um rechtzeitig den nötigen Sündenablass zu bekommen, waren Wallfahrten und Pilgerzüge zum Heiligen Grab üblich – und nun waren die heiligen Stätten in der Hand der Ungläubigen und konnten nicht mehr besucht werden.

Das Anwachsen der europäischen Bevölkerung hatte Probleme mit sich gebracht: In vielen Teilen Europas gab es nicht genug zu essen, und viele junge Leute sahen keine Zukunft vor sich. Jüngere Söhne aus dem niederen Adel und aus dem Bauernstand waren durch das Erbrecht benachteiligt, da sie leer ausgingen. Als ehemaligem Prior von Cluny war dem Papst im Interesse des inneren Friedens daran gelegen, dieses unruhige Element gewaltbereiter Raufbolde abzuschöpfen und seine Energien fern der Heimat in neue Bahnen zu lenken – zum Wohle der Christenheit, versteht sich. Dort – und nicht zu Hause – sollten sie versuchen, durch ihre Tapferkeit (= Brutalität) im Namen Christi Land zu erwerben und es vielleicht gar zum Ritter zu bringen.

Der Erfolg des päpstlichen Aufrufs übertraf alle Erwartungen. In den folgenden Jahrzehnten sah man Ströme von Kreuzfahrern die Donau entlang oder auf der Donau nach Osten ziehen. Da mit der Annahme des Kreuzes der **vollkommene Ablass** verbunden war, fand sich unter den Frommen jede Menge kriminelles Gesindel, Diebe und Gewalttäter auf der Flucht vor dem Gesetz. Noch vor Beginn des 1. Kreuzzugs rotteten sich Massen primitiver und fehlgeleiteter Menschen unter dubiosen Predigern wie Peter von Amiens zum **Armen- oder Volkskreuzzug** zusammen. Die 20 000 »Kreuzfahrer« verbreiteten auf ihrem Weg Angst und Schrecken. Im Rheinland massakrierten Nachzügler unter Graf Emicho von Flonheim die Juden, obwohl Gewalt gegen diese von etlichen Päpsten ausdrücklich verboten worden war. Der jüdische Chronist Salomo bar Simeon berichtet: »*Emicho, der Feind aller Juden, war der Schlimmste all unserer Dränger, er schonte weder Greis noch Jungfrau und hatte nicht für Kind noch Säugling noch Kranke Erbarmen. Das Volk Gottes zertrat er wie Staub, die Jünglinge schlug er mit dem Schwerte und schlitzte die schwangeren Frauen auf.*« In Österreich klappte die Versorgung mit Lebensmitteln ja noch einigermaßen, in Ungarn aber nicht mehr, und so machte sich der Pöbel durch Plünderungen unbeliebt. An der byzantinischen Grenze an der Save bei Belgrad kam es zu ernsten Zwischenfällen. Kaiser Alexios I. Komnenos, der auf diese Art von »Hilfe« wohl nicht gewartet hatte, ließ die Fremden so rasch wie möglich über den Bosporus nach Kleinasien übersetzen, wo sie untereinander in Streit gerieten und die Einheimischen – darunter viele Christen – massakrierten, bis die Seldschuken für ein Ende des Spuks sorgten. Die Teilnehmer des unter hochadeliger Führung gut organisierten 1. Kreuzzugs, der Byzanz wenig später erreichte, trafen dort nur mehr Peter von Amiens und etwa dreitausend Überlebende an, die von den Byzantinern gerettet worden waren.

Die Beziehungen der Kreuzfahrer zu Byzanz verliefen nicht konfliktfrei, nicht zuletzt wegen der ständigen Treuebrüche der fränkischen Herren, was auch die Verpflegungslage negativ beeinflusste. Trotz der militärischen Erfolge war es oft unmöglich, die Truppen ausreichend zu ernähren. So kam es im Dezember 1098 bei der Eroberung der Stadt Ma'arrat al-Numan (bei Antiochia) sogar zu Kannibalismus, wie ein Kreuzfahrer (Raoul von Caen) berichtet: *»In Maara kochten unsere Leute die erwachsenen Heiden lebend in Kesseln, zogen die Kinder auf Spieße und aßen sie geröstet.«* Albert von Aachen schrieb in seinem Chronicon Hierosolymitanum de bello sacro[26]: *»Unsere Truppen scheuten sich nicht, Türken und Sarazenen zu essen, ja sie aßen sogar Hunde!«* Diese Untat vergiftete nachhaltig das Verhältnis zwischen Christen und Muslimen, noch heute ist in manchen arabischen Volksliedern von Menschenfressern die Rede, wenn von Franken (damit waren alle Kreuzfahrernationen gemeint) die Rede ist[27]. Nach fünfwöchigem Kampf nahmen die Kreuzfahrer Jerusalem am 15. Juli 1099 ein und veranstalteten sofort ein ungeheures Gemetzel unter den verbliebenen Muslimen, Juden und sogar koptischen und syrischen Christen. Der fromme Gottfried von Bouillon aber machte sich zum »Beschützer des Heiligen Grabes« und zum Regenten des Königreichs Jerusalem.

## *Österreichs Fürsten als Kreuzfahrer*

Selbstverständlich beteiligten sich auch die Österreicher an den Kreuzzügen, allen voran die Fürsten und Bischöfe. Die ersten waren Markgraf Leopolds III.

Mutter Ita und der ihr verwandte Salzburger Erzbischof Thiemo, sie folgten dem 1. Kreuzzug mit großem Gefolge und gerieten 1101 in die Hand der Seldschuken.

Otto von Freising (1112–1158) war ein Sohn des heiligen Babenbergers Markgraf Leopolds III. und der Kaisertochter Agnes, deren Hand dieser bekanntlich für den Verrat an ihrem Vater erhalten hatte (siehe S. 52). Als junger Mann kam Otto in das Zisterzienserkloster Morimond, wo er bald zum Abt gewählt wurde. Da er zum Bischof von Freising ernannt wurde, konnte er das Klosteramt zwar nicht antreten, legte die Mönchskutte aber auch als Bischof nie mehr ab. In Freising widmete er sich der Neuordnung der Klöster. Als Bernhard von Clairvaux, der Erneuerer des Zisterzienserordens und heftigster Feind des »Ketzers« Arnold von Brescia, zum 2. Kreuzzug (1147–1149) aufrief, beteiligte er sich aktiv daran und schaffte es knapp, dem allgemeinen Untergang zu entkommen.

Otto gilt als einer der größten Geschichtsschreiber des Mittelalters. In seiner achtbändigen »Chronica sive Historia de duabus civitatibus« (Chronik der zwei Städte) behandelte er die Weltgeschichte, im 8. Band findet sich seine Vision des Jüngsten Gerichts: Er glaubte, das Reich Gottes auf Erden im christlichen Kaiserreich zu erkennen. Ein zweites Werk über die Taten seines Neffen, Kaiser Friedrich Barbarossa konnte er nicht beenden und beauftragte kurz vor seinem Tode einen Schüler mit der Fortsetzung. Die propagandistische Schrift stellte die Staufer als Erfüller des göttlichen Willens dar. Otto wurde in der inzwischen zerstörten Klosterkirche von Morimond beigesetzt, Reliquien befinden sich im Stift Heiligenkreuz im Wienerwald, das auf seine Veranlassung von seinem Vater im Jahre 1133 gegründet worden war.

Auch Ottos Bruder Herzog Heinrich II. Jasomirgott nahm am 2. Kreuzzug teil, er konnte sich ebenfalls retten. Als erfreuliches Reiseandenken bewunderten die Wiener seine schöne neue Herzogin Theodora Komnena und profitierten vom griechischen Kulturimport. Der »tugendreiche« Herzog Leopold V. war Teilnehmer am 3. Kreuzzug (1189–1192) und zerstritt sich bei der Eroberung von Akkon mit Richard Löwenherz von England. Als er ihn dann auf der Rückreise in Wien/Erdberg gefangen nahm, wurde er vom Papst gebannt und starb, bevor er wieder mit der Kirche versöhnt war. Sein Sohn, der bedauernswerte »katholische« Herzog Friedrich I., kehrte von der Kreuzfahrt, die er zur Entsühnung seines Vaters hatte geloben müssen, im Jahre 1198 nur mehr »more teutonico«[28] in die Heimat zurück. Friedrichs Bruder, der »glorreiche« Herzog und Ketzerverfolger Leopold VI., nahm am gescheiterten Kreuzzug der Jahre 1217 bis 1221 teil. Auch die Steirer beteiligten sich: Markgraf Otakar III. starb 1164 auf einem der vielen kleinen Kreuzzüge und hinterließ nur einen einjährigen Sohn und Erben, durch den die Steiermark etwas später an den Babenberger Leopold V. fiel.

## *Die theologische Auseinandersetzung mit dem Islam*

Ohne fanatischen religiösen Hass, der aus eigenem Minderwertigkeitsgefühl heraus die Muslime (und die Juden) fast zu Tieren machte, wäre die Kreuzzugsbewegung gar nicht möglich gewesen. Nach den Erfolgen des 1. Kreuzzugs begann das Gefühl der Unterlegenheit jedoch einem Triumphgefühl zu weichen, und erst dieses ermöglichte die nähere Beschäftigung mit der anderen Religion. Pierre Maurice de Montboissier (1094–1156), der als Abt von Cluny den Namen Petrus (Venerabilis) trug, legte die »Grundlagen für eine Auseinandersetzung mit dem Islam«, indem er eine eher wissenschaftliche Haltung einnahm. Für ihn galten die Muslime – im Gegensatz zu seinen Zeitgenossen – nicht als Heiden, sondern als Häretiker und nur deshalb als Feinde des Christentums, weil sie die Erlösung durch Jesus Christus zurückwiesen. Er hielt sie sogar für besser als die Juden, da sie glaubten, »*… dass Christus von einer Jungfrau geboren sei, und sie stimmen mit uns in vielen Dingen über ihn überein.*« Er sah ihre Bekehrung zum Erlöser als wichtigstes Ziel der Christenheit an und wandte sich dezidiert gegen das übliche Abschlachten. Er wollte dem Islam mit dem Wort und nicht mit dem Schwert entgegentreten. Als wichtigstes Instrument zur Widerlegung des Korans sah er dessen Übersetzung ins Lateinische an und beauftragte damit eine Gruppe von Männern, unter denen sich der Übersetzer und Philosoph Hermann von Kärnten (auch Sclavus Dalmata genannt, vermutlich ein Angehöriger des Spanheimer Grafengeschlechts) und auch ein Muslim befanden. Sie arbeiteten ein Jahr lang an der bemerkenswerten, aber nicht fehlerfreien Übersetzung (Lex Mahumet pseudoprophete) und übersetzten noch weitere islamische Texte. Petrus verfasste darüber hinaus eine kurze Abhandlung über den Islam, die »Summa totius haeresis saracenorum«, womit eine Basis zum Verständnis der anderen Religion geschaffen war. Weit weniger Verständnis und Sympathie als den Muslimen brachte der Abt den Juden entgegen.

# 8. Das Spätmittelalter

## *Die Juden unter den Babenbergern und im Interregnum*

Im Hochmittelalter entstanden in den wichtigeren Städten Österreichs jüdische Niederlassungen und Gemeinden. Im ausgehenden 12. Jahrhundert konnten Juden noch Grundbesitz erwerben und hohe Ämter bekleiden. So wird 1194 in Wien ein gewisser Salomo oder **Schlom** als Münzmeister (super officium monetae) genannt, möglicherweise war er der Güterverwalter Leopolds V. Er besaß etliche Häuser und Weinberge, verlor aber gemeinsam mit seiner Familie und seinem Gesinde durch den Mob, der sich dem ersten Kreuzzug angeschlossen hatte, das Leben. Ob es damals noch weitere Juden in Wien gab, ist nicht überliefert. Die nächste Erwähnung betrifft einen gewissen **Teka** (siehe S. 78). Da die Wiener Gemeinde aber bereits 1238 ein kaiserliches Privileg erhielt, muss sie schon länger bestanden haben. Das jüdische Viertel lag in unmittelbarer Nähe der Residenz des Herzogs rund um den Schulhof, den heutigen Judenplatz, wo sich das erstmals 1205 erwähnte Schul- oder Bethaus (scola Judaeorum) befand. Das Ghetto bestand aus siebzig Häusern und reichte vom Platz »Am Hof« bis zur Kirche Maria am Gestade und vom Tiefen Graben bis zur Tuchlauben. Die rückwärtigen Mauern der aneinandergebauten Häuser hatten keine Fenster oder Eingänge und bildeten dadurch eine geschlossene Begrenzungsmauer, nur vier Tore erlaubten den Zugang. Viele Juden waren arm und mussten sich ein Haus mit anderen Familien teilen. Etliche waren wohlhabend, doch wirklich reich waren nur wenige. Die Gemeinde verfügte über ein Judenspital, das auch als Altersheim diente, ein Badhaus und einen Rabbiner. Unter dem letzten Babenberger bekleidete einer der größten jüdischen Gelehrten Europas dieses Amt. Sein Name war Rabbi **Izchak bar Mosche** (1180–1250), der nach seinem Hauptwerk »Or Sarua« genannt wird, was so viel wie »das ausgesäte Licht« bedeutet. Der Kodex enthält Kommentare zu sämtlichen Talmudtraktaten, scheint aber nicht vollendet worden zu sein. Der Autor zitiert rund hundertachtzig spanische, nordafrikanische, italienische, böhmische und vor allem deutsche Rabbiner und beweist damit die engen Kontakte der jüdischen Gelehrtenwelt des Mittelalters über alle Grenzen hinweg. Weil das Werk aber umfangreich und unpraktisch war, fertigte sein Sohn Chaim Elieser bar Izchak einen Auszug daraus an. Ein weiterer Wiener Gelehrter war Avigdor bar Elijah Kohen Zedek († 1260), der einen Kommentar zum Hohen Lied und wahrscheinlich auch zum Buch Ester verfasste.

Die Entstehung der jüdischen Gemeinde von Wiener Neustadt erfolgte gleichzeitig mit derjenigen von Wien, ein Rabbiner ist dort im Jahre 1239 nachzuweisen. Die Judenstadt lag im Minderbrüderviertel im Südwesten der Stadt. Auch in Krems muss es schon im 13. Jahrhundert eine jüdische Gemeinde gegeben haben, denn 1264 ist von einem Judenrichter die Rede. Wenig später wurde für die Tullner Fleischhauer eine Satzung erlassen, die Bestimmungen über den Fleischverkauf an Juden enthielt. Weiters lebten im 13. Jahrhundert auch in Zwettl und Laa an der Thaya und ebenso in Graz und Villach nachweislich Juden. Für den oberösterreichischen Raum sind zwar erst Quellen aus dem 14. Jahrhundert vorhanden, in Linz und in Völkermarkt dürfte es aber schon vorher jüdische Gemeinden gegeben haben. Aus Tirol und Vorarlberg gibt es auch erst aus dem 14. Jahrhundert Belege über Judengemeinden, kleinere Gemeinschaften oder Niederlassungen. Jüdische Zentren sind auch in der Stadt Salzburg und den salzburgischen Städten Hallein, Mühldorf, Friesach und Pettau nachweisbar.

Dem letzten Babenberger Friedrich II. sagte man nach, dass er sich mit vielen jüdischen Beratern und Beamten umgab, wobei aber Beweise für die vielen fehlen. Der einzige Jude, den wir in seiner Umgebung nachweisen können, hieß Teka und wird erstmals im Jahre 1225 urkundlich erwähnt. Einige Jahre später besaß er ein Haus in Wien und herzogliche Lehen in Kagran. Er war Kammergraf des ungarischen Königs, hatte also die Einhebung bestimmter Steuern gepachtet, und besaß in Ungarn Land, das zum Teil schon sein Vater vom König erhalten hatte. Seine Position war ungewöhnlich, er war ein Einzelfall, genau wie seinerzeit Schlom. Als Kaiser Friedrich II. den »streitbaren« Herzog Friedrich II. bannte, erhob er Wien zum Dank für die Kaisertreue zur reichsunmittelbaren Stadt, wobei er die Juden von der Ausübung aller Ämter ausschloss. Im Jahr darauf verlieh er den Wiener Juden ein Privileg, das demjenigen Heinrichs IV. für Speyer und Worms entsprach (siehe

S. 53), und nahm sie damit in die Kammerknechtschaft auf. Damit hatten sie direkte Abgaben an die kaiserliche Kammer zu leisten, standen dafür aber unter dem besonderen Schutz des Kaisers, was ihnen zumindest eine gewisse Sicherheit verlieh.

Wieder im Besitz seiner Stadt verlieh Herzog Friedrich II. im Jahre 1244 den Juden ein neues Privileg (Fridericianum), das zu den humansten Judengesetzen des Mittelalters gehört. Da der Handel offenbar schon ganz in die Hände der Christen übergegangen war, wurde die Geldleihe nun zum ausschließlichen Beruf der Juden. Sie fungierten als eine Art Staatsbank für den Herzog, der sie freundlich behandelte und schützte. Alles in allem lebten sie trotz der Anfeindungen von Seiten der Wiener Bürger recht gut, obwohl die Beschlüsse des IV. Lateranischen Konzils die strenge Trennung von Juden und Christen angeordnet hatten. Das Fridericianum enthielt nichts dergleichen, und offenbar gab es in Wien eine Menge Berührungspunkte. Es konnte daher nicht ausbleiben, dass die Kirchensynode von Wien im Mai 1267 die Einhaltung der Konzilsbeschlüsse einforderte. Der Text dieser fünf Canones gibt durch Verbote ein gutes Bild von den tatsächlichen Verhältnissen, die sich übrigens auch nachher nicht viel änderten, denn gleich im folgenden Jahr erneuerte Přemysl Ottokar alle früher erteilten Privilegien, *»sintemalen* [die Juden] *zu unserer Kammer gehören und unseres Schutzes ganz besonders bedürfen«*. Auch unter ihm übten Juden noch hohe Ämter aus, so fungierten die Brüder Lublin und Nekelo, Söhne des ungarischen Kammergrafen Henel, als seine Kammergrafen. Um die Unterstützung der Kirche für seine Kaiserwahl zu gewinnen, ersetzte er sie jedoch durch den Christen Paltram Vatzo. Die soeben erwähnte Wiener Synode wurde vom päpstlichen Legaten Guido di San Lorenzo in Lucina einberufen und sollte für die Kirchenprovinz Salzburg gelten. Anwesend waren die Bischöfe von Passau, Freising, Regensburg, Brixen und Lavant, ferner der Bischof von Prag, das zur Mainzer Kirchenprovinz gehörte. Daher kann man annehmen, dass Ottokar die Versammlung selbst angeregt hatte. Das Synodialdekret wurde schon nach drei Tagen verkündet, es enthielt – neben den Canones über die Stellung der Juden – strenge Vorschriften für die Kleriker. Die Passauer Synode von St. Pölten im Jahre 1284 fügte weitere Verhaltensmaßregeln hinzu. Zusammen lesen sie sich wie ein Katalog all dessen, was die Waldenser dem Klerus vorzuwerfen pflegten.

## Přemysl Ottokars Kirchenpolitik

Sobald Ottokars Herrschaft in Österreich anerkannt war, ging er daran, Ordnung zu schaffen. Er war der Kirche ergeben und unternahm sogar zwei Kreuzzüge gegen die heidnischen Preußen. Über sein Vorgehen gegen die Waldenser wurde bereits berichtet (siehe S. 67). In seine Regierungszeit fällt auch das erste Auftreten der Geißler, die 1260 in Kärnten erschienen. Die Melker Annalen berichten: *»In diesem Jahre verbreitete sich ein Gebrauch, der seinen Ursprung nicht in der Vernunft hatte, vom Tale von Spoleto her, unter dem Schein der Frömmigkeit in verschiedenen Weltgegenden. Sowohl Reiche als Arme, Greise wie Jünglinge geißelten ihren bis zu den Lenden entblößten Körper bis aufs Blut. Dabei sangen sie Lieder, die genau zu der Zahl der Geißelstreiche passten, prozessionsweise zogen sie durch das Land und erfüllten die Kirchen mit ihrem Geschrei. Die Frauen machten diese Übung an abgesonderten Orten. Endlich wurde diese Einführung als religionsfeindlicher Aberglauben durch das Messer der Kirche ausgeschnitten.«* Auch in etlichen anderen Chroniken finden sich farbige Schilderungen, die Chronik der Wiener Dominikaner gibt ein Bruchstück des Geißlerliedes wieder:

*»Ir slacht euch sere in Christes ere.*
*Durch Got so lat die sunde mere.«*

Die Bewegung wurde verboten und fiel in sich zusammen, im 14. Jahrhundert tauchten aber nochmals Geißler auf.

Zu den schon bekannten Problemen innerhalb der Kirche waren neue gekommen, wie wir aus einem Bericht des Bischofs Bruno von Olmütz aus dem Jahre 1273 wissen. Er war einige Jahre Kanzler Ottokars und Hauptmann in der Steiermark und in Mähren gewesen, wusste also, wovon er sprach. Er beklagte, dass Geistliche oft zu Verbrechern würden, aber aus bitterer Not. Dafür machte er die neuen Bettelorden verantwortlich. Die Minoriten und Dominikaner waren bei den Gläubigen sehr beliebt, verdrängten den Weltklerus aus der praktischen Seelsorge und brachten ihn damit sowohl um seine Gebühren als auch um testamentarische Zuwendungen. Der Pfarrer habe mit seinen Pfarrkindern weder im Leben noch im Tode mehr etwas zu tun, stellte der Bischof fest. Zur Abhilfe schlug er daher vor, den Bettelmönchen das Recht der Absolution zu entziehen. Dann würden die Leute ihre Sünden wieder dem Pfarrer beichten müssen, und er könne ihnen die Buße auferlegen. Der Bischof beschwerte sich auch über Männer und Frauen, die sich zwar Mönche und Nonnen nannten und sich auch wie solche kleideten, ohne welche zu sein. Sie zögen geschwätzig und den Weltklerus verleumdend im Land umher. Damit meinte er wohl die Beginen oder Begharden[29], die ebenfalls der Häresie verdächtig waren. Da es für Priester oft lebensgefährlich war, Verbrechen anzuzeigen, forderte er Sendgerichte und geschworene Zeugen. Bruno schloss sein Schreiben mit Klagen über die Juden: Sie hätten christliche Ammen, trieben Wucher, verwalteten öffentliche Ämter (vor allem beim Zoll und bei der Münze) und kauften gestohlene Kelche und dergleichen.

## *Die habsburgischen Länderteilungen im Mittelalter*

Der älteste Sohn Albrechts II., Rudolf IV., der Stifter, starb schon im Alter von 26 Jahren und ohne Leibeserben. Er hatte als Erster den Begriff des *Hauses Österreich* geprägt und war ein genialer Urkundenfälscher. Seinem Schwiegervater Kaiser Karl IV. legte er das *Privilegium Maius* vor. Es wurde vom Dichter Petrarca als Fälschung erkannt und daher damals noch nicht bestätigt. Rudolfs Brüder Albrecht III. (1350–1395) und Leopold III. beschlossen im **Vertrag von Neuberg an der Mürz** 1379, die inzwischen zahlreich gewordenen habsburgischen Länder untereinander aufzuteilen. Diese Länderteilung, der nach dem Schlachtentod Leopolds gegen die Eidgenossen noch zwei weitere folgten, bedeutete eine Schwächung der habsburgischen Macht. Die Albertiner als ältere Linie waren im Besitz der politisch wichtigeren Ländergruppe Österreich ob und unter der Enns mit Steyr, Hallstatt und dem Salzkammergut, mit Wien und anderen reichen Städten. Donauzölle und Salzgewinnung brachten gute Einnahmen. Die Leopoldiner erhielten zum Ausgleich dafür mehr Land, nämlich die Steiermark mit Pitten und Wiener Neustadt, Kärnten, Krain, die Windische Mark, Istrien, Tirol und die Vorlande.

**Albrecht III.** war ein fähiger und sehr gebildeter Habsburger mit hohem Sendungsbewusstsein, der konsequent und mit allen Mitteln den Weg seines Bruders Rudolf weiter verfolgte, an dessen Ziel die Erhöhung Österreichs zum Königreich hätte stehen sollen. Die Verbindung mit den Luxemburgern war dafür von größter Bedeutung, und sie gelang. Kaiser Sigismund (1368–1437) erklärte Herzog **Albrecht IV.** zu seinem Nachfolger, falls er selbst ohne Erben stürbe, und betraute ihn sogar mit seiner Stellvertretung im Königreich Ungarn. Er verlobte seine zweijährige Tochter Elisabeth mit Albrechts Sohn, dem späteren Albrecht V. Diese Bevorzugung der Albertiner durch den Kaiser führte zum Bruch zwischen den Habsburger Herzögen Albrecht IV. und Wilhelm und zu bürgerkriegsähnlichen Zuständen, bis 1395 in Hollenburg die Teilung von Neuberg erneuert wurde. Dabei wurden Herzog Wilhelms Brüder übergangen, daher kam es nach dem Tod der Herzöge Albrecht und Wilhelm zu einem »Bruderzwist«, der selbstverständlich zu Lasten der Bevölkerung ging. Leopold IV. und Ernst waren leicht erregbare, habgierige, aber auch tapfere Männer, die einander voll Neid, Eifersucht und Misstrauen gegenüberstanden und mit der vereinbarten Länderteilung nicht zufrieden waren. Kurz vor dem Ende der Vormundschaft über Albrecht V. teilten sie die Verwaltung der leopoldinischen Länder untereinander auf. Damit gab es nun drei Linien: Österreich, Steiermark und Tirol, die eine unabhängige, oft sogar gegensätzliche Politik betrieben.

Leopolds Sohn Herzog Friedrich IV. »mit der leeren Tasche« (1382–1439) herrschte ab 1406 über Tirol und die Gebiete vor dem Arlberg. Während des Konzils von Konstanz verhalf er einem der drei abgesetzten Päpste, Johannes XXIII., zur Flucht und wurde deshalb von König Sigismund geächtet und gefangen gesetzt. Er konnte aus Konstanz fliehen, kehrte nach Tirol zurück und schaffte es nicht nur, seine Herrschaft zu festigen, sondern es durch die Ausbeutung der Silberbergwerke auch zum Reichsten aller Habsburger zu bringen. Herzog Ernst war durch die Teilung zum unangefochtenen Herrn der Steiermark, Kärntens und ihrer Nebenländer geworden und verwaltete sie gut. Seit 1414 führte er den Erzherzogstitel. Von seinen neun Kindern blieben nur drei am Leben: der spätere Kaiser Friedrich III., Margarethe und Albrecht VI.

## *Die Juden unter den frühen Habsburgern*

Unter den ersten Habsburgern erlebten die Judengemeinden ihre materielle und geistige Blüte. Gleichzeitig wuchsen aber Neid und Hass der Christen zu einer irrationalen Volkswut an, gegründet auf Legenden von Hostienschändung und

Brunnenvergiftung. Solche Geschichten wurden mithilfe einzelner Geistlicher erfunden und von einflussreichen Bürgern und Adeligen gezielt hochgespielt, um den Juden zu schaden und daraus materiellen Vorteil zu ziehen. Die Habsburger setzten zunächst die überwiegend freundliche Judenpolitik der Babenberger und des Böhmenkönigs fort. Rudolf I. verlieh ihnen im Jahre 1277 ein Privileg, das auf das Fridericianum zurückging, sie aber wieder von allen Ämtern ausschloß. Ab 1300 begannen sich die Lebensumstände der Juden laufend zu verschlechtern. 1306 wurden in St. Pölten jüdische Einwohner einer Hostienschändung bezichtigt, einige von ihnen wurden ausgeplündert und sogar erschlagen. In der Stadt lebte eine reiche und angesehene jüdische Familie, Lesir und Rachel waren gemeinsam mit ihren Söhnen Abraham und Paltram als Geldleiher tätig und waren auch dem Kaiser schon behilflich gewesen. König Albrecht I. kam den Bedrängten daher sofort zu Hilfe, er belagerte gemeinsam mit seinem Sohn Rudolf die Stadt und wollte sie dem Erdboden gleichmachen und in Pottenbrunn neu errichten. Er begnügte sich dann mit einer hohen Geldbuße und stellte die Juden vor seinem Abzug ausdrücklich unter seinen Schutz. Damit herrschte wenigstens bis 1338 wieder Ruhe.

In dem Jahr geschah in Pulkau ein Hostienfrevel mit anschließendem Blutwunder, was sich bei der nachfolgenden Untersuchung zwar als Schwindel herausstellte, zuvor aber in dreißig Ortschaften viele Juden, darunter auch in St. Pölten, bereits das Leben gekostet hatte. Ähnliches geschah in Wolfsberg in Kärnten. Herzog Albrecht II. konnte die Pogromwelle nur verlangsamen und wenigstens verhindern, dass sie auf Wien, Wiener Neustadt und Krems übergriff. Um von den Bürgern dieser Städte geschont zu werden, mussten die Juden ihren Zinssatz allerdings von acht auf drei Pfennig pro Pfund senken. Als 1349 die Pest ausbrach, wurden sie generell als Brunnenvergifter beschuldigt. Es kam aber nur in Krems, Stein und Mautern zu Ausschreitungen. Die Bürger stürzten sich auf ihre jüdischen Nachbarn und verbrannten sie in ihren eigenen Häusern. Der Herzog griff hart durch und ließ die drei Anführer hinrichten, die Städte mussten eine hohe Geldstrafe zahlen. Von missgünstigen Chronisten erhielt er dafür den Beinamen »fautor Judaeorum«, Begünstiger der Juden. Die Wiener Annalen um 1400 berichten: *»Also ist Österreich der Juden verhaissen und gesegnet Land.«* Das entsprach allerdings nicht den Tatsachen, denn die wirtschaftliche Situation der Juden verschlechterte sich immer mehr, und das Zusammenleben mit den Christen wurde immer gefährlicher. Einer Abwanderung der finanzkräftigen Juden schob Herzog Rudolf IV. einen Riegel vor, indem er mit seinen Nachbarn Verträge abschloss, die alle Schuldverschreibungen von Juden, die das Land verließen, für nichtig erklärten. Der Gewinn aus deren Geschäften reichte nun oft nicht einmal für die Steuern aus – und diese wurden immer höher: Unter Albrecht III. mussten die Erwerbung Tirols und seine Kriege finanziert werden. Der Herzog selbst setzte Schritte, um sie völlig zu ruinieren. Er beschlagnahmte das Vermögen der Geldleiher und ordnete schließlich sogar an, dass die Wiener Bürger für ihre Schulden bei den Juden keine Zinsen mehr zu zahlen brauchten. Das war das wirtschaftliche Ende, auch wenn er diese Maßnahmen bald wieder abschwächte. Sein Sohn Herzog Albrecht IV. wollte die jüdische Finanzkraft wieder heben und behandelte die Gemeinde besser. Damals vermehrte sich die jüdische Bevölkerung, da etliche Juden aus Gebieten, wo man sie für die Dürrekatastrophe verantwortlich machte, nach Wien zuwanderten. Das wiederum ließ den Hass der Wiener so sehr wachsen, dass Truppen zum Schutz der Judenstadt eingesetzt werden mussten. Ausgerechnet dort brach während der Vormundschaftsregierung des

*Unter anderen »abzuwehrenden« Symbolen ist auch ein Jude mit Judenkappe am Portal des Stefansdomes dargestellt*

judenfeindlichen Herzogs Leopold IV. im Jahre 1406 der große Stadtbrand aus. Die Studenten beschuldigten die Juden der Brandstiftung und riefen zur Plünderung der Judenhäuser auf. Davon erholten sich die Juden zwar noch, sie wurden aber von den Christen aus dem Geldgeschäft verdrängt. Damit waren sie für den Herzog nutzlos geworden.

## *Die Wiener Universität*

Die Bekanntschaft mit der aristotelischen Philosophie und mit etlichen Erkenntnissen und Weisheiten der Araber, aber auch die Erschütterungen des Investiturstreites und das Auftreten der Katharer führten im 12. Jahrhundert zum Aufschwung von Geistesleben und Wissenschaft und zur Verinnerlichung des religiösen Lebens. An den neu entstandenen Universitäten wurde die Wissenschaft schulmäßig (scholastisch) vor allem von Dominikanern und Franziskanern gelehrt. Diese neue Gelehrsamkeit nannte man Scholastik. Man begnügte sich nicht mehr damit, das Hergebrachte zusammenzutragen, zu wiederholen und weiterzugeben, sondern begann die Lehre der Kirche zu durchdenken. Dabei blieb man an die Autorität und Lehre der Kirche gebunden, man dachte nicht kritisch, sondern versuchte, die Vernünftigkeit der Kirchenlehre zu beweisen. Mithilfe der dialektischen Methode ging man daran, Theologie und Philosophie miteinander zu versöhnen. Glaube und Denken, Vernunft und Offenbarung wurden zu einem Ganzen vereint. Der bedeutendste Scholastiker mit Nachwirkung bis heute war Thomas von Aquin († 1274). Er postulierte übrigens den Primat des Papstes als Glaubensnotwendigkeit.

Die Scholastik erreichte auch Wien. Rudolf der Stifter gründete hier im Jahre 1365 eine Universität, die 1384 eine theologische Fakultät erhielt. Sie war eine Hochburg des Nominalismus[30], spielte eine bedeutende Rolle bei den Reformkonzilien von Konstanz (1414–1418) und Basel (1431–1449) und war bis etwa 1450 die führende Universität im deutschen Sprachraum. Von den Wiener Theologen sind folgende Persönlichkeiten erwähnenswert:

**Heinrich von Langenstein** (1325–1397) wurde 1384 von Albrecht III. nach Wien berufen. Er war einer der bedeutendsten Spätscholastiker, der größte deutsche Gelehrte in der 2. Hälfte des 14. Jahrhunderts und ein fruchtbarer Schriftsteller. Er verfasste naturwissenschaftliche, asketische, theologische, politische und volkswirtschaftliche Werke in lateinischer, aber auch in deutscher Sprache.

**Heinrich Totting von Oyta** (1330–1397) stammte aus der heutigen Stadt Friesoythe, wo ein Denkmal an der Marienkirche noch an ihn erinnert. Er lehrte in Prag, Erfurt und Paris und wurde zum Mitbegründer der Wiener Theologischen Fakultät.

**Franz von Retz** (1343–1427) wurde in Niederösterreich geboren, war Priester des Dominikanerordens und lehrte von 1388 bis 1424 an der Wiener Universität, die ihn als ihren Vertreter zum Konzil von Pisa entsandte. Er wirkte an den Vorbereitungen zum Konzil von Konstanz mit. Berühmt wurde er durch seine Predigten und Ansprachen. Eines seiner Hauptanliegen war die Kindererziehung, bei der das Ideal des christlichen Lebens im Mittelpunkt stehen sollte. Er forderte die Eltern auf, ihren Kindern Vorbilder zu sein und selber schlechte Gewohnheiten zu meiden, vor allem das beliebte Fluchen, denn dadurch würden Gott und die Heiligen entehrt. Er prangerte auch die sehr aufwendige Haarpflege der Wiener Studenten und überhaupt die damalige Mode der Männer an, ihr Haar lang zu tragen. Er schimpfte über die Entheiligung des Sonntags, die geringe Zahl der sonntäglichen Messbesucher und die mangelnde Andacht in den Kirchen. Ganz besonders regte er sich aber über das wüste Faschingstreiben der Wiener auf. Einer seiner Schüler war der Dominikaner Johannes Nieder, der neben unermüdlicher Tätigkeit für die innerkirchliche Reform mit seinem Werk »Formicarius« dem berüchtigten »Hexenhammer« Stoff lieferte.

**Nikolaus von Dinkelsbühl** (1360–1433) hieß eigentlich Nicolaus Prunczlein und war ein Schüler von Heinrich von Langenstein und Heinrich Totting von Oyta. Er wurde 1405 in das Domkapitel von St. Stephan berufen und wurde Beichtvater und Berater Herzog Albrechts V., den er auf dem Konzil von Konstanz vertrat. Dort war er als Mitglied der Glaubenskommission intensiv mit den »Fällen« Johannes Hus und Hieronymus von Prag befasst. Als Beauftragter der deutschen Nation gehörte er dem Wahlkollegium an, das zur Beendigung des Drei-Päpste-Schismas am 11. November 1417 den Kardinal Oddone Colonna zum Papst wählte (Martin V.). Dieser beauftragte ihn 1427 mit der Hussitenpredigt. Dinkelsbühl hinterließ neben seinen Predigten auch zahlreiche Schriften philosophischen und kirchenpolitischen Inhalts, war aber in seinem Denken noch völlig dem Mittelalter verhaftet. Seine Zeitgenossen gaben ihm den Ehrentitel *Lux Sueviae* (= Licht Schwabens).

**Thomas Ebendorfer** (1388–1464, nach seinem Herkunftsort bei Stockerau auch Thomas von Haselbach genannt) war ein Schüler Dinkelsbühls, für den er die bis heute erhaltene Leichenrede hielt. Er wurde um das Jahr 1421, also erst relativ spät, zum Priester geweiht und nahm als Gesandter der Wiener Universität am Konzil von Basel teil, wo er zum führenden Theologen des Konziliarismus (das Konzil steht über dem Papst) wurde. 1435 musste er das Konzil jedoch aus finanziellen Gründen verlassen. Danach war er bis 1458 als Gesandter für Kaiser Friedrich III. tätig, entfernte sich aber allmählich immer mehr von der Konzilspartei. Er galt als Experte in Sachen »Hussen« (= Hussiten) und soll auch an mehreren Reichstagen teilgenommen haben. Seine »Cronica Austriae« von 1463 ist eine wichtige Quelle zur österreichischen Geschichte, er berichtet von Judeisapta (siehe S. 45) und als einziger christlicher Chronist ausführlich über die Wiener Geserah (siehe S. 105). Seinen Lebensabend verbrachte er geruhsam in Perchtoldsdorf, sein Grabstein befindet sich dort in der Kirche.

## *Frömmigkeit und kirchliches Leben*

Die Lehre vom **Fegefeuer** (purgatorium) wurde – wie vieles andere – vom überaus rührigen Papst Gregor I., dem ehemaligen Stadtpräfekten von Rom und Kirchenvater, im ausgehenden 6. Jahrhundert ausformuliert. *»Man muß glauben, daß es vor dem Gericht für gewisse leichte Sünden noch ein Reinigungsfeuer gibt, weil die ewige Wahrheit sagt, daß, wenn jemand wider den Heiligen Geist lästert, ihm weder in dieser noch in der zukünftigen Welt vergeben wird (*Mt 12,32*). Aus diesem Ausspruch geht hervor, daß einige Sünden in dieser, andere in jener Welt nachgelassen werden können«* (Gregor der Große, *Dialogi de vita et miraculis patrum Italicorum* 4,39; zitiert im von Papst Johannes Paul II. im Jahr 1992 approbierten »Weltkatechismus«). Dass dieser Sündennachlass in der zukünftigen Welt durch ein Feuer geschieht, knüpft an das Bibelwort 1. Kor. 3,13 an: *»Das Feuer wird prüfen, was das Werk eines jeden taugt.«* Den Satz 1. Kor. 3,15, *»Er selbst aber wird gerettet werden, doch so wie durch Feuer hindurch«*, deutete schon Augustinus so, dass vielleicht nach dem Tode die Seelen noch durch Feuer geläutert, das Irdische aus ihnen ausgebrannt würde. Da die katholische Kirche davon ausgeht, dass *»nichts Unreines in den Himmel kom-*

*men kann«*, ist die Vorstellung vom Fegefeuer als Reinigungsort, als Prozess der Läuterung, entstanden, wo die »Armen Seelen« der Verstorbenen auf den Himmel vorbereitet werden, bis sie in diesen entlassen werden. Die Lehre vom Fegefeuer erlangte ihre Bedeutung erst im ausgehenden 12. Jahrhundert durch die Pariser Scholastik, die diesen dritten Ort zwischen Himmel und Hölle populär machte. Thomas von Aquin brachte sie zu ihrem theologischen Höhepunkt. Jeder hatte es in der Hand, die Zeit des Fegefeuers für sich selbst und seine Verstorbenen abzukürzen: durch Gebete und Heiligenverehrung, gute Werke, Pilgerfahrten und Ablässe. Die Lehre führte somit zu einer veränderten Bußpraxis und in der Folge zum Ablasshandel.

Die Kirche geht dabei von der Überzeugung aus, dass die Verdienste Jesu Christi und der christlichen Heiligen einen unermesslichen Gnadenschatz bilden, den sie durch ihre Schlüsselgewalt in der Nachfolge der Apostel verwaltet und den sie austeilen kann. Sie gibt dem Sünder daraus, was ihm fehlt, um vor Gott wieder gerecht dazustehen – und dadurch wird dem Sünder die Strafe erlassen bzw. seine Läuterungszeit im Fegefeuer verkürzt. Der **Ablass** ist ein kirchlicher Gnadenakt, eine Bußpraxis, mit der die »Gemeinschaft der Heiligen« (= Gemeinschaft aller lebenden und verstorbenen, der katholischen Kirche durch die Taufe zugehörigen Menschen) dem Einzelnen über den Tod hinaus helfen kann. Seine Gewährung ist immer an bestimmte Voraussetzungen gebunden, beispielsweise an Gebete, Kirchenbesuche, Pilgerfahrten, gute Werke oder Almosen.

Der Missbrauch ließ nicht lange auf sich warten: Wer reich war, sündigte jetzt unbesorgt. Statt gute Werke zu tun und Almosen für die Armen zu geben, spendete man der Kirche Geld, um als Gegenleistung einige tausend Jahre Ablass zu bekommen. Die unter ständiger Geldnot leidenden Päpste entdeckten bald, dass sich der Gnadenschatz der Kirche sehr leicht in einen Schatz aus klingender Münze umwandeln ließ, wenn man den Gläubigen die Schrecken des Fegefeuers nur genügend ausmalte. So pflegte etwa der Dominikaner Johann Tetzel mit den Worten

*»Sobald der Gülden im Becken klingt*
*im huy die Seel im Himmel springt«*

in der Art eines Marktschreiers für seine Ablasszettel zu werben, mit deren Verkauf der Bau des Petersdomes finanziert wurde.

Das 14. Jahrhundert, das voll von schweren Plagen war, brachte allgemein eine verstärkte Zuwendung zur Religion mit sich, da in Zeiten der Not nur Gott und die Heiligen helfen können. Wallfahrten wurden immer häufiger, lokale Heiligtümer mehrten sich, obwohl die Bischöfe versuchten, Auswüchse einzudämmen. Die Zahl der Feiertage, die mit Prozessionen gefeiert wurden, stieg. Den Höhepunkt bildete das **Fronleichnamsfest**, das auch in Wien nachweislich spätestens ab 1334 gefeiert wurde, indem man die Eucharistie durch die Straßen trug. So konnte der *rechte Glaube* besonders wirkungsvoll in Szene gesetzt werden. Die Juden durften während des Umgangs ihre Häuser nicht verlassen. Die Marienverehrung erreichte mit dem **Rosenkranzgebet**, dem Aufstellen von Marienaltären und zahlreichen Mariendarstellungen ihren Höhepunkt. Das katholische Rosenkranzgebet entwickelte sich aus frühmittelalterlichen Mariengebeten, bei denen das Ave Maria einhundertfünfzigmal wiederholt (*Marienpsalter*) und mit Glaubensgeheimnissen und biblischen Texten verbunden wurde. Die heute gebräuchliche Form des Rosenkranzes entstand im Advent 1409. Die Legende, dass Maria den Rosenkranz Dominikus als Waffe im Kampf gegen die Albigenser geschenkt habe, entbehrt der historischen Grundlage (siehe S. 62). In

*Fronleichsnamsprozession unter Teilnahme des alten Kaisers Franz Joseph*

seinem Breve *Consueverunt* legte Papst Pius V. 1569 den Text des *Ave Maria* endgültig fest und regelte das Rosenkranzgebet offiziell. Mithilfe dieses Gebets siegten die Christen in der Seeschlacht bei Lepanto 1571 über die Türken, zum Dank dafür stiftete Papst Gregor XIII. 1573 das Rosenkranzfest. Nach dem Sieg von Peterwardein erhob Papst Klemens XI. das Fest 1716 zu einem allgemeinen Fest der ganzen Kirche (7. Oktober). In der katholischen Gebetspraxis erfreut sich der Rosenkranz bis heute großer Beliebtheit, im Mai finden wöchentliche Rosenkranzandachten statt. Die Verwendung einer Gebetsschnur (erste Erwähnung 1085) ist nicht auf die Katholiken beschränkt, sie findet sich auch in anderen Religionen.

Durch Legenden wurde die **Heiligenverehrung** gefördert, Zuständigkeiten für die Heiligen eingeführt und ihren Bildern eine fast göttliche Heilswirkung zugeschrieben, zu besonderen Bildern wurden Wallfahrten unternommen. Die Bilderverehrung wurde nicht immer unkritisch gesehen. Papst Gregor I. verteidigte sie um 600 mit der Begründung, die Abbildungen seien die Bücher der Armen, aus welchen die Leseunkundigen die Kenntnis der heiligen Geschichte schöpften. Seit dem 2. Konzil von Nicäa im Jahre 787 ist den rechtgläubigen Christen zwar die Verehrung, nicht aber die Anbetung von Bildern erlaubt, denn diese gebührt nur der Dreifaltigkeit. Die Kirche billigte jedoch die Sitte, sich vor Bildern und Statuen niederzuwerfen und diese durch Kniefall, Küssen, Anzünden von Kerzen, Verwendung von Weihrauch, Bekleidung mit kostbaren Gewändern und Schmuck aus Gold und

*In und am Stefansdom beweisen 93 Mariendarstellungen, darunter diese »Schutzmantelmadonna«, die Bedeutung des Marienkults*

Edelsteinen zu verehren. Genau das aber sollte zur unübersteigbaren Trennwand gegenüber anderen Religionen, dem Islam und dem Judentum, werden und jede Annäherung unmöglich machen.

Kritiklos wurden selbst »Heilige« verehrt, die es nie gegeben hatte, die eine bloße Erfindung des Volkes waren. Hier zwei Beispiele: Die Bruder Otto und Haymo von Neuburg besaßen in der Wiener Wipplingerstraße 4 ein schönes Anwesen mit eigener Hauskapelle. Sie standen auf König Ottokars Seite, und als die Habsburger über diesen gesiegt hatten, ließen sie sich auf eine Verschwörung ein, die scheiterte. Zwar konnten sie Leib und Leben retten, ihr Vermögen aber nicht. Aus ihrem Haus wurde das Alte Rathaus, die Kapelle bestand weiter und wurde im Laufe der Zeit vergrößert. Im Volksmund wurde sie St. Ottenheimskirche genannt, die Gläubigen beteten zu einer verwitterten Marienstatue, die sie für ein Bild des »heiligen Ottenheim« hielten. Als nun zur Reformationszeit der Kaplan Peter Hanifvogel von Papst Leo X. wissen wollte, was es mit dem »Heiligen« eigentlich auf sich habe, erließ dieser im Jahre 1515 eine Bulle, um die Verehrung des Ottenheim als Ketzerei zu verurteilen. Die Kapelle musste auf den Namen des Erlösers Jesus Christus neu geweiht werden und trägt seither den Namen Sankt Salvator.

Sebastian wird als Schutzpatron gegen die Pest angesehen. Wegen der manchmal lasziven Art der Darstellung gilt er auch als Patron der Schwulen

Eine andere merkwürdige »Heilige« war die in der Diözese Freising, aber auch in Tirol verehrte heilige Kümmernis (Wilgefortis), ihre Legende wurde sogar ins Martyrologicum Romanum aufgenommen. Sie war dem Volksglauben nach eine wunderschöne Königstochter aus dem Heidenland (Portugal?), die sich zum Christentum bekannte und daher keinen Heidenkönig heiraten wollte. Da geriet ihr Vater in großen Zorn und warf sie in den Turm. Dort betete sie zum Christengott, ihr die Schönheit zu nehmen, und siehe da: Haare und Bart wuchsen und die Schönheit war dahin. »So sollst du auch sterben wie dein Gott«, schrie zornig ihr Vater und ließ sie ans Kreuz schlagen. Diese mitreißende Legende entstand möglicherweise durch Missdeutung einer Christus-Darstellung im St. Martinsdom von Lucca, wo ein bekleideter Christus in langem Gewand am Kreuz dargestellt ist (Il Volto Santo, 12. Jahrhundert) und reich geschmückt wird. Vielleicht wurde er von einem Reisenden aus dem Norden als Mädchen missdeutet. Oder eine heidnische (keltische) Göttin, Helferin der Frauen, vielleicht eine der Bethen (Ambeth?, siehe S. 14), wurde christlich umgedeutet. Die »heilige Kümmernis« erfreute sich jedenfalls bis ins 18. Jahrhundert großer Beliebtheit. Der Sage nach schenkte sie einem armen Geiger ihren goldenen Schuh (Fruchtbarkeitssymbol?), wie auf einem Fahnenkasten in der Kirche St. Magdalena in Riednaun bei Sterzing zu sehen ist. Im Kreuzgang des Dominikanerklosters von Retz befindet sich ebenfalls eine der vielen Darstellungen der Kümmernis.

*Päpste verschenkten gern Reliquien. So gelangte die Römerin Valentina in die Pfarrkirche von Drosendorf*

Doch nun zu den **Reliquien**: In der Antike galten Körperteile von Verstorbenen als unrein. Durch die enge Nachbarschaft von Gebet und Grab in den römischen Katakomben änderte sich das bei den Christen, die bereits im 2. Jahrhundert die Reliquienverehrung kannten. Die Kirche sieht die Knochenreste als Stellvertreter des Heiligen, dem durch die Verehrung seiner Reliquien Ehrfurcht erwiesen wird. Schon der Abt Petrus Venerabilis von Cluny (siehe S. 76) betonte, *»daß die Reliquien nicht um ihrer selbst willen, sondern um der Ehre der Heiligen willen verehrungswürdig sind«*[31]. Die Laien (und so mancher Geistliche) sahen das im Mittelalter aber anders. Der Besitz von Reliquien verschaffte eine Art von magischem Besitz an dem betreffenden Heiligen, der daher geradezu verpflichtet war, durch seine Fürbitte seinem »Besitzer« zu dienen. Daher wurden Reliquien geraubt, gefälscht und verkauft, was natürlich verboten war. Man durfte sie nur verschenken, kaufen und sammeln. Wer die meisten besaß, glaubte sich im Besitz des größten Heils und verließ sich darauf – denn auch ein Ablass war damit verbunden, der tausende Jahre Fegefeuer ersparte. Wer sich neben Reliquien begraben ließ, war sich der Fürbitte der betreffenden Heiligen am Jüngsten Tag gewiss. Die Großen der mittelalterlichen Welt waren daher die größten Reliquiensammler und statteten ihre Kirchen reich damit aus.

Der Reliquienschatz des Stefansdoms war natürlich besonders eindrucksvoll. Der Wiener Ratsherr Matthäus Heuperger ließ durch den ersten Buchdrucker von Wien, Johann Winterburger, im Jahre 1502 ein illustriertes Reliquienverzeichnis des Domes anfertigen. Dieses »Wiener Heilthumsbuch«[32] besteht aus 24 Blättern und enthält auf 25 Seiten 255 Abbildungen der in verschiedene Formen gefassten Reliquien. Diese wurden dem Volk alljährlich am »Weißen Sonntag«, dem ersten Sonntag nach Ostern, nach der Messe gezeigt: In einer langen Prozession wurde der Domschatz, der ansonsten in der Reliquienschatzkammer durch zehn Schlösser gesichert aufbewahrt wurde, durch das Langhaus getragen, wo die Mitglieder des Hofes, des Adels und die reichen Bürger der Stadt den heiligen Gegenständen die gebotene Ehre erweisen konnten. Dann führte der Zug durch das Riesentor zum Mesnerhaus, wo sich der Eingang zum 1484 erbauten »Heilthumsstuhl« befand. Über eine enge Treppe ging es in den zweiten Stock, von wo aus man die Schätze endlich dem Volk zeigte. Zwischen Chorgesängen gaben die Geistlichen die nötigen Erklärungen. Man begann mit den Erinnerungsstücken an Jesus und zeigte zuerst *»ain Silbrein pildnus unsers haylmachers Jesu Christi«*, einen segnenden Heiland mit der Weltkugel in Halb-

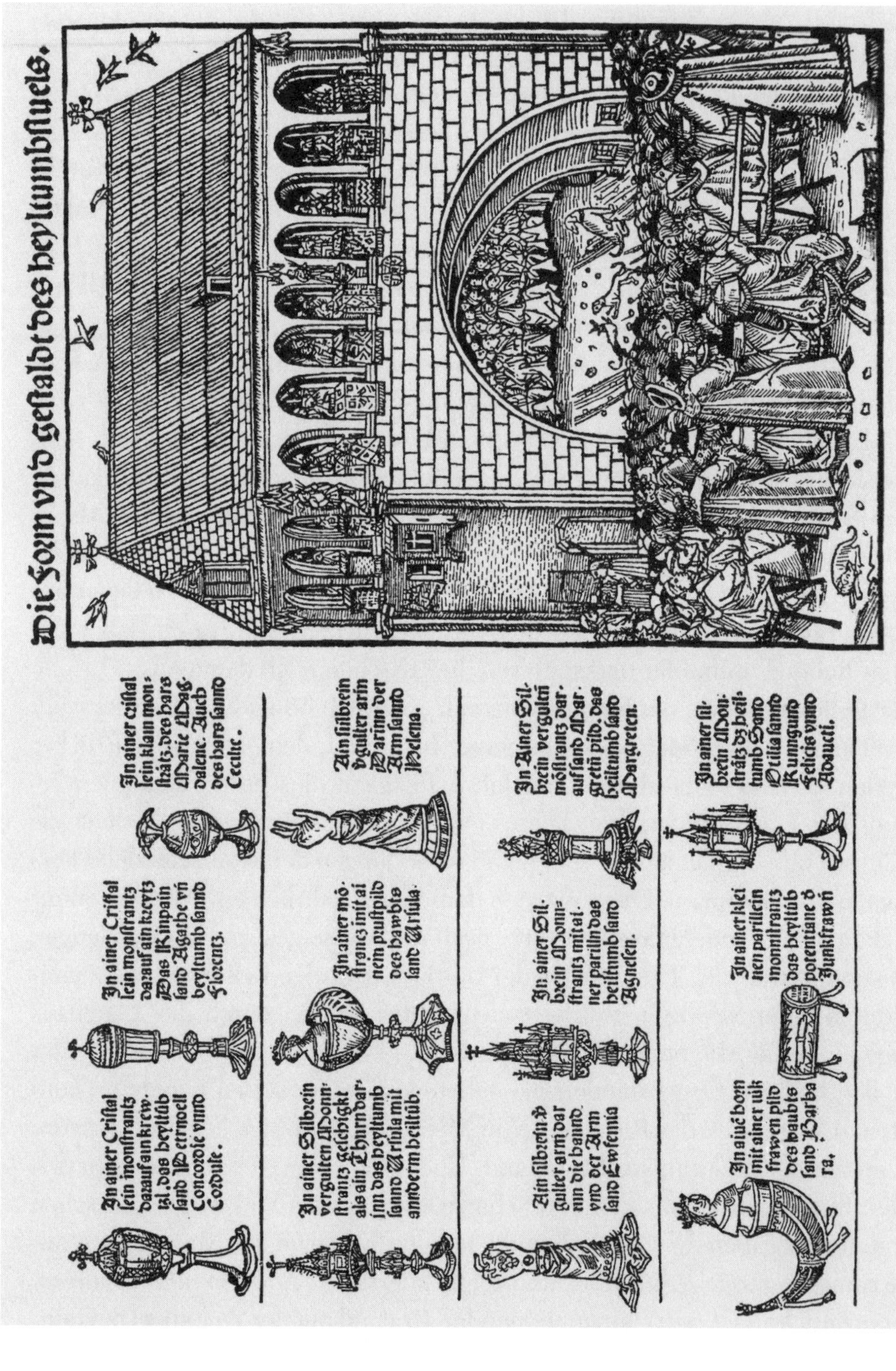


*Reliquien des Stefansdomes und Heilthumsstuhl. Holzschnitte aus dem Heilthumsbüchlein von 1502.*

figur, »*darin hernach geschriben Stuck* (gefüllt mit)*: Item Des Stains, darin das heilig kreytz gestanden ist. Des stains darauf Christus gestanden ist zu der Tauf im Jordan. Des stains, darauf Christus gestanden ist, so er mit Moyses geredt hat. Von dem stain, darauf Christus stuend und über das volgk den segen gabe. Von dem sant und erden des jordan. Von der guldein protn. Von dem agker gekawft von den XXX pfennig, darumb Christus verkawft ward. Von der Erden darauf Christus seinen pluetigen schwaiß vergossen hat. Ettlich tropfen des wunderlichen pluets Christi, so von ainem stich ains Juden, mit ainer lantzen in ain Crucifix getan heraus Geflossen ist, welche lantzen hernach gezaigt wirdet. Von dem prat des abendessen Christi. Von dem Fuerhang des Templ Salomonis, der sich zerais zu der zeit der marter Christi, welchen Maria mit aigner Hand gewarcht und in den Templ Geopfert hat. Vonn dem ungeneten rogkh Christi. Vonn dem schefflein, darin Christus mit seinen Jungeren auf dem mir gefaren ist. Von dem prat, das uberbeliben ist den funftawsent menschen gespeist von Christo. Von der kertzen, die dy stat Jerusalem verprent hat. Von dem hymlprat* (Manna)*, das den juden in der wuest von hyml gegeben ward. Des weyrachs der heyligen drei koenig. Und von der Standen der heiligen Lanntzen damit Christus in sein heylige seyten gestochen ward mit anderm heyltumb.«* Danach zählt das Buch 38 Kreuze in Silber, Gold und Edelsteinen auf, die Kreuzreliquien enthielten. Beim zweiten Umgang wurden unter anderem Dornen von der Dornenkrone und ein Stück vom Tischtuch des letzten Abendmahls gezeigt, beim dritten Umgang Haare Marias und ihre anderen Erinnerungsstücke, beim vierten Umgang brachte man die Reliquien der zwölf Apostel herbei, beim fünften und sechsten die der Märtyrer, allen voran des heiligen Stephan, beim siebenten Reliquien der Bekenner, darunter den Kelch des heiligen Rupert mit Patene und »*Kaiser karls schwert*«. Der achte und letzte Umgang war für die Reliquien der heiligen Jungfrauen bestimmt.

Viele dieser Reliquien waren von Herzog Albrecht II. im Jahre 1338 nach Wien gebracht worden. Johann von Viktring erzählt, dass »*sich die ganze Stadt über die große Menge von Reliquien erfreute, die er mit sich gebracht hatte. Man stellte deshalb Prozessionen an und empfing diesen Schatz mit großen Lobpreisungen. Darnach verteilte man ihn, hinterlegte den größten Teil in der Kapelle unserer Burg, einen zweiten in der Karthause zu Gaming und an anderen geweihten Orten.«* Dass auch Rudolf IV., »der Stifter«, und Kaiser Friedrich III. für die Vermehrung des Reliquienschatzes am Stefansdom sorgten, ist klar. Sie wünschten beide – wie schon seinerzeit die letzten Babenberger – die Errichtung eines Wiener Bistums. Friedrich erreichte endlich im Jahre 1469, dass Papst Paul II. auf Passauer Diözesangebiet das Bistum Wien (und auf Salzburger Diözesangebiet das Bistum Wiener Neustadt) errichtete. Weil Wien aber nur ein armes Bistum mit wenigen Pfarren war, residierte erst Bischof Georg Slatkonia ab 1513 tatsächlich in der Stadt. Die meisten der wunderbaren Reliquienbehälter des Domes wurden später eingeschmolzen, um die Landesverteidigung mitzufinanzieren. Der Heilthumsstuhl wurde als Verkehrshindernis im Jahre 1699 abgetragen. Heute finden in Wien noch an zwei Tagen Reliquienweisungen statt: Am Stefanitag (26. Dezember) werden die Reliquien des Kirchenpatrons ausgestellt, die andere findet am 3. August statt. Der Reliquienbestand wird teils im Dom- und Diözesanmuseum, teils in der ehemaligen Valentinskapelle im Dom verwahrt. Die Reliquien, die zum kaiserlichen Besitz zählten und sich bis zum Ende der Monarchie zum Teil bei den Kapuzinern befanden, sind in den Schatzkammern in der Hofburg zu sehen, so auch die Reichsreliquien des Heiligen Römischen Reiches, sehr zum Verdruss von Nürnberg und Aachen.

Neben Prozessionen und Reliquienweisungen bildeten die **Predigten** den Gläubigen die willkommene Gelegenheit, sich zu treffen, Neugier und Schaulust zu befriedigen und Neuigkeiten zu erfahren oder auszutauschen. Natürlich hörte man den Prediger über christliche Glaubensinhalte sprechen, spannender waren aber seine unvermeidlichen Ermahnungen und Vorhaltungen, die sich auf das Verhalten der Zuhörer bezogen und ihnen Hölle und Fegefeuer wortgewaltig ausmalten. Die Prediger hatten ungeheuren Einfluss auf die Menschen, sie waren echte Meinungsbildner, und das auch im negativen Sinn. So predigte Berthold von Regensburg gegen Häretiker, Juden und Heiden als schlimmste Feinde der Christenheit und stachelte den Judenhass gewaltig an. Himmelserscheinungen wie Kometen wurden sofort als Strafe für Unsittlichkeit oder lauen und falschen Glauben interpretiert, was die Ängste schürte und alle zur Buße trieb. Die Prediger wetterten besonders gern gegen Frauen, wenn sie mit einem allzu tiefen Ausschnitt oder einer unziemlichen Haartracht andere Leute zur Sünde verleiteten. Als Strafe wurde den Frauen mit der Verweigerung der Kommunion und den Männern mit der Exkommunikation gedroht, falls sie ihren Frauen diese Unsitten nicht abstellten. Das war eine sehr schlimme Drohung, denn wer nicht im Stande der heilig machenden Gnade stirbt, geht nach der Bulle »*Benedictus Deus*« von 1336 dem Himmel für ewig verloren und kommt in die Hölle. Bei Todesgefahr ist daher jeder Priester berechtigt, die Exkommunikation des Sterbenden nach Aussöhnung mit der Kirche aufzuheben.

Eine wichtige religiöse Neuerung des Spätmittelalters war das **Bruderschaftswesen**, das sich die Seelenführung der Laien zum Ziel gesetzt hatte. Die Bruderschaften suchten sich verschiedene religiöse Themen und Aufgaben, die dem Empfinden der Zeit entsprachen. Eine widmete sich der Verehrung der »Sieben Schmerzen Mariae« und wurde 1495 von Papst Alexander VI. bestätigt, sie wurde rasch populär. Martin von Eitzing führte sie sogar in Schrattental ein.

Eine weitere war die Gottleichnamsbruderschaft bei St. Stephan, die bereits 1347 urkundlich erwähnt wurde. Angeblich soll sie Baumeister Anton Pilgram »aufgebracht« und Herzog Rudolf IV. bestätigt haben. Ihre Mitglieder waren angesehene, einflussreiche Bürger und Bürgerinnen, aber auch Adelige, und sogar Kaiser Maximilian I. trat ihr bei. Sie finanzierte sich durch Mitgliedsbeiträge, die in den »Raitbüchern«, den Rechnungsbüchern, vermerkt wurden. Die Bruderschaft war nicht nur für die Versorgung ihrer eigenen Armen zuständig, sondern vor allem für die Passionsspiele von St. Stephan, wozu als Auftakt die Palmeselprozession gehörte. An den Spielen wirkten über dreihundert Personen mit, die Bruderschaft besaß einen richtigen Spielfundus mit Kleidern, Perükken, Tüchern, Waffen, Rüstungen, Kronen und anderen Ausstattungsstücken. Die ersten Szenen wurden auf dem Neuen Markt gespielt, von dort bewegte sich der Zug mit der Kreuztragung zum Stefansfreythof, wo in den Außennischen des Domes die weiteren Szenen von der Kreuzigung bis zur Kreuzabnahme dargestellt wurden. Die Grablegung spielte in der Tyrna-Kapelle. Als Regisseur erwarb sich zwischen 1486 und 1519 der *Zechmeister* Wilhelm Rollinger einen besonders guten Namen. Er schnitzte zur Dokumentation der Spiele die Passionsreliefs am alten Chorgestühl, das 1945 zerstört wurde. Die Reformation setzte der frommen Tradition der Spiele von St. Stephan ein Ende.

# 9. Die Bedrohung von aussen und das Schicksal der Juden

## *Johannes Hus*

**Johannes (Jan) Hus** (1370–1415) bezog seine reformatorischen Ideen von den beiden Vorreformatoren[33] Valdes und John Wyclif († 1384). Eine Schwester König Wenzels von Böhmen war Königin von England geworden, daher studierten etliche ihrer Landsleute in Oxford und kamen mit Wyclifs Ideen im Kopf an die Prager Karlsuniversität zurück. Hus lehrte an dieser Universität als Theologe und stand ihr einige Male als Rektor vor. Er war ein glänzender Prediger und kritisierte den weltlichen Besitz der Kirche, die Habsucht des Klerus und dessen Lasterleben und trat für eine Reform der verweltlichten Kirche und für die Gewissensfreiheit ein. Als einzige Autorität in Glaubensfragen galt die Bibel, nicht aber Papst oder Konzil. Er übernahm Wyclifs Prädestinationslehre und verlangte gemäß alter böhmischer Tradition die Abhaltung von Gottesdiensten in der tschechischen Landessprache. Als es in Prag wegen des päpstlichen Schismas (es gab zwei Gegenpäpste) zu einem Streit zwischen Deutschen und Tschechen kam, änderte König Wenzel im Jahre 1409 durch das Kuttenberger Dekret die Universitätsverfassung und verschaffte damit den Tschechen mehr Einfluss. Daraufhin wanderten die Deutschen ab und gründeten die Universität von Leipzig. Der Prager Erzbischof verklagte Hus in Rom beim greisen Papst Gregor XII., der ihn bannte und ihm Predigtverbot erteilte. Die Unruhen in Prag führten schließlich zum Interdikt über ganz Böhmen. Um das Land davon zu befreien und Hus Gelegenheit zur Darstellung seiner Position und zum Widerruf beim Konzil von Konstanz zu bieten, stellte ihm Kaiser Sigismund einen Geleitbrief aus. Hus erreichte Konstanz am 3. November, predigte zunächst drei Wochen lang in einer Herberge und wurde dann festgenommen und verurteilt. Als König Sigismund am 6. Juli 1415 mit ziemlich schlechtem Gewissen seiner Verbrennung zusah, konnte er noch nicht ahnen, welchen Sturm sein Wortbruch entfesseln sollte. Hus wurde zum Märtyrer und tschechischen Nationalhelden.

Die Chronik des Laurentius von Brezová berichtet über die näheren Umstände der Hinrichtung: *»Am siebenten Tag des Monats Juni – es war der sechste Wochentag (Freitag) nach Bonifatius – in der elften Stunde verfinsterte sich die Sonne total, so dass man ohne Licht keine Messen feiern konnte, zum Zeichen dafür, dass die Sonne der Gerechtigkeit, Christus, in den Herzen vieler Prälaten verfinstert war, die atemlos nach dem Tod des Magisters Johannes Hus lechzten, der sobald wie möglich durch das Konzil getötet werden sollte.*

*Johannes Hus*

*Am Samstag in der Oktav der Apostel Petrus und Paulus, das heißt am sechsten Tag des Monats Juli, wurde Magister Johannes Hus, der heiligen Theologie vollendeter Bakkalar, ein in seinem Leben und Lebenswandel angesehener und getreuer Prediger des Evangeliums Christi, auf falsche Zeugenaussage hin und auf Betreiben des Magisters Stephan Pálec, Doktors der heiligen Theologie, und Michael de Causis, Pfarrers von Sankt Adalbert der Prager Neustadt, seitens des Klerus von Böhmen und auch auf Anweisung des Königs von Ungarn, ohne dass dem Magister die gebührende Audienz zur Rechtfertigung seiner Unschuld gewährt war, durch das Konstanzer Konzil zum Tode verurteilt und ungerechterweise schuldig gesprochen. Nachdem die Geistlichen in öffentlicher Konzilssitzung ihn vom Priesteramt degradiert hatten, lieferten sie ihn dem weltlichen Arm aus und übergaben ihn. Er wurde aus der Stadt Konstanz hinausgeführt und auf einer Wiese an eine nach Art einer dicken Latte zurecht gemachten und in die Erde hineingeschlagenen Säule mit Ketten und Seilen angebunden und von Stroh- und Holzbündeln ringsum eingeschlossen. Während er Christus, Sohn des lebendigen Gottes, erbarme Dich meiner etc. heiter bis zum Ende sang, wurde er vom Feuerwirbel aufgezehrt. Nach seiner Auflösung in Asche wurde, damit nicht Überreste nach ihm auf Erden erhalten bleiben, zur Missachtung der Tschechen die Asche sogar in den Fluss Rhein gestreut, der dort in der Nähe vorbeifließt. Über die Abfolge seiner Gefangenschaft, der Verurteilung und seines Todes ist an anderer Stelle ausführlicher zusammenhängend berichtet und schriftlich dargelegt worden.*[34]«

Die zahlreichen Anhänger des neuen Märtyrers, Adelige, Bürger und Bauern, rotteten sich in Prag zusammen, bewaffneten sich mit allem, was irgendwie zum Kampf geeignet schien, und attackierten die privilegierte deutsche Oberschicht und Kirche. Böhmen war ja Teil des Deutschen Reiches und Prag eine kaiserliche Residenzstadt, wo die Deutschen viele hohe Kirchen- und Staatsämter innehatten, während die Tschechen benachteiligt waren. Als König Wenzel gestorben war, verweigerten die Rebellen Kaiser Sigismund die Anerkennung als König von Böhmen, da sie ihn als Mörder von Hus betrachteten. 1420 wurde durch die Kreuzzugsbulle Papst Martins V. aus dem Aufstand ein Krieg, der nicht nur als Religionskrieg, sondern als Zeichen des Erwachens eines tschechischen Nationalbewusstseins zu sehen ist. Wegen ihres national-

*Žižka und das Hussitenheer in der Wagenburg*

tschechischen Charakters konnte sich die neue Lehre nicht so leicht in den deutschsprachigen Gebieten des Reiches ausbreiten, deutsche Anhänger waren in der Minderheit.

Schon der erste Kreuzzug gegen die Hussiten endete kläglich und begründete den militärischen Ruhm Jan Žižkas († 1424). Er entwickelte die neue Taktik der Wagenburg. Die Feldartillerie hatte damals noch damit zu kämpfen, dass zwischen den einzelnen Schüssen lange Pausen lagen, die nicht nur wegen des Nachladens, sondern auch wegen der Abkühlung der aufgeheizten Kanonenrohre nötig waren. In diesen Pausen konnte die feindliche Reiterei die Kanoniere leicht niederreiten und die Kanonen erbeuten. Die Hussiten befestigten ihre Kanonen aber nun auf Wagen und verbanden diese miteinander durch Eisenketten. Nun konnten die feindlichen Ritter nicht mehr durch, sie kamen gegen die Wagenburgen und den Kampfesmut der hussitischen Bauern nicht an. Die Hussiten blieben ungeschlagen. Um die eigene Bevölkerung zu schonen, gingen sie bald ihrerseits zum Angriff über, brachten den Krieg in Feindesland und versetzten die Menschen in den umliegenden Ländern in Angst und Schrecken. Im November 1425 stießen sie zum ersten Mal nach Niederösterreich vor.

## *Die Hussiten in Österreich*

Die Lehre des Hus fand in Österreich nur wenig Anhänger. Hus' Gefährte Hieronymus von Prag hatte zwar im Jahre 1410 in Wien zu predigen versucht, musste die Stadt aber fluchtartig verlassen und wurde 1416 in Konstanz hingerichtet. Im Jahre 1411 wurde in Wien ein Bürger namens Hans Giesser als Anhänger von Hus verbrannt, und mehr als ein halbes Jahrhundert später wurde ebenfalls in Wien der letzte Hussitenbischof im Reich, Stefan von Basel, hingerichtet. Bei seinem Prozess wurden zum letzten Mal Waldenser in Österreich erwähnt, es handelte sich um Handwerker und Taglöhner in der Nähe der böhmischen und mährischen Grenze.

Im November 1425 belagerten die Hussiten zehn Tage lang Retz, untergruben dann die Befestigungsanlagen und stießen auf einen der zahlreichen unterirdischen Weinkeller, die alle miteinander in Verbindung stehen. Auf diesem

Weg drangen sie in die Stadt ein und richteten ein schreckliches Blutbad an. Dann brannten sie Retz, Pulkau und zahlreiche weitere Orte und Kirchen in der Umgebung nieder. Im März 1426 wandten sie sich ins östliche Weinviertel, gegen Jahresende näherten sie sich Weitra, wo die Bürger verängstigt die Tore verrammelten und die Einwohner von Zwettl warnten. So konnten sich diese zur Verteidigung rüsten. Alle Schätze, Bücher und Schriften aus dem Stift wurden in die Burg Lichtenfels gebracht, die von einem üblen Raufbold, dem berüchtigten Ritter Jörg von Rappach, verteidigt wurde. Nur zwei Laienbrüder blieben zurück. Nach kurzer und erfolgloser Belagerung der Stadt Zwettl zogen die Hussiten zum Stift, wo sie ohne Gegenwehr ausgiebig plündern konnten und dabei einen der beiden Brüder erschlugen. Am folgenden Tag, dem Neujahrsmorgen 1427, versuchten sie nochmals vergeblich, die Stadt zu erstürmen. Außerhalb der Mauern wurde alles zerstört, das Kloster niedergebrannt und die umliegenden Dörfer verwüstet, dann zogen sie ab. Im März kamen sie zurück und kämpften zwei Tage und zwei Nächte lang, um Zwettl zu erobern, doch ohne Erfolg. Wütend brandschatzten sie daraufhin die nähere und weitere Umgebung bis ins Kremstal hinein. Endlich rückte ein österreichisches Heer unter Herzog Albrecht V. heran. Am 25. März 1427 kam es auf dem Weinberg bei Zwettl zu einer blutigen Schlacht, die Hussiten wurden in die Flucht geschlagen. Die überheblichen Sieger verfolgten sie nicht, sondern plünderten lieber die eroberte Wagenburg. Da kamen die Gegner zurück und überfielen sie ganz unerwartet, sodass sie sich nur mit Mühe in die Stadt retten konnten und etliche Tote zurückließen. Nach drei Tagen zogen die Hussiten weiter, zuerst nach Altenburg, wo sie das Stift verwüsteten, und dann nach Horn. Andere Streifscharen nahmen Marchegg ein und kamen bis in den Wiener Raum, wo sie im Jahre 1428 die nördlichen Vorstädte zerstörten. Wieder andere fielen ins Mühlviertel ein und brandschatzten dort die Dörfer, Städte und Klöster. Hatte es ehemals vielleicht mancherorts noch eine gewisse Sympathie für die Hussiten gegeben, so konnte jetzt davon gar keine Rede mehr sein. Albrecht V. organisierte nun die Landesverteidigung nach Vierteln neu. Am 14. Oktober 1431 konnte er den Hussiten bei Thaya eine Niederlage zufügen, worauf die Kämpfe in Österreich abflauten.

Ein großer Prediger gegen die Hussiten war **Stephan von Landskrona** († 1477), der vor ihnen nach Wien geflohen war. Er lehrte nicht an der Universität, sondern war Probst des Stiftes St. Dorothea, hatte aber großen Zulauf als Prediger. Er wandte sich gegen den Sittenverfall seiner Zeit und sprach zu den Massen über Empfängnisverhütung, Abtreibung, das Verhalten zwischen den Geschlechtern und den Umgang mit der Sexualität. Dass er außereheliche Geschlechtsbeziehungen sowie widernatürliche Sexualität so vehement verdammte, wird wohl einen Grund gehabt haben. Seine Gegner behaupteten, dass seine Reden gegen gleichgeschlechtliche Unzucht und Masturbation manche ZuhörerInnen überhaupt erst auf solche Ideen gebracht hätten. Landskrona wandte sich auch energisch gegen die Gewohnheit, bei Traumdeutern Rat zu suchen.

## *Die Basler Kompaktate*

Da den kaiserlichen und päpstlichen Truppen auch in fünf Kreuzzügen gegen die Hussiten kein entscheidender Sieg gelungen war, versuchte man es ab 1431 mit Verhandlungen, die sich als zielführender erwiesen. Die »Basler Kompaktate« (Compactata religionis) stellten einen Vergleich dar, der im November 1433 zwischen den böhmischen Ständen und dem Konzil von Basel zustande kam. Sie erlaubten den Laien in Böhmen und Mähren das kirchliche Abendmahl in Gestalt von Brot und Wein, wobei der Geistliche zu erläutern hatte, dass Jesus in beiden Gestalten gegenwärtig sei. Das Wort Gottes durfte frei verkündet werden, aber nur durch Priester, die von den kirchlichen Ordinarien dazu bestellt wurden. Die Kirche und ihre Geistlichen, die Mönche ausgenommen, sollten Kirchengut besitzen dürfen. Der gemäßigte Flügel der Hussiten, die »Calixtiner« (calix = Kelch) oder »Utraquisten« (= in beiderlei Gestalt, gemeint ist die Kommunion), unterschrieb. Die radikaleren »Taboriten« (benannt nach ihrem befestigten Lager Tabor) verweigerten die Unterschrift, wurden aber 1434 militärisch besiegt. Erst 1436 herrschte wieder Frieden in Böhmen und Mähren. Die aus Böhmen vertriebenen Katholiken bekamen ihr Eigentum aber nicht zurück, der politische und wirtschaftliche Gewinner der Hussitenkriege war der niedere böhmische Adel. Die »Unität der böhmischen und mährischen Brüder« (**Böhmische Brüder**), eine in der 2. Hälfte des 15. Jahrhunderts entstandene christliche Gemeinschaft, nahm die Reste der Taboriten (und auch der Waldenser) auf. Als es im 18. Jahrhundert zu einer Verfolgung kam, flohen sie zu **Nikolaus Graf Zinzendorf** (1700–1760), dem Enkel eines aus der Wachau nach Sachsen emigrierten Protestanten, der sie auf seinem Gut am Hutberg in der Lausitz ansiedelte.

*Schwallenbach hatte 1463 unter dem Hussitensturm und 1620 unter dem Einfall der Schweden besonders zu leiden*

Die neue Siedlung war als christliche Mustergemeinschaft gedacht und bekam den Namen **Herrnhut**. Die Herrnhuter Brüder waren bald in Dänemark, Grönland und den Vereinigten Staaten als Missionare tätig. Heute gibt es zwar keine Herrnhuter Kultusgemeinde mehr in Österreich, die 1880 gewährte staatliche Anerkennung ist jedoch nie aufgehoben worden. In Wien nannte sich ein Textilgeschäft am Neuen Markt nach der Brüdergemeinde.

Die wenigen religiösen Zugeständnisse der katholischen Kirche an die Hussiten wurden 1462 von Papst Pius II. (Enea Silvio Piccolomini, 1405–1464) wieder zurückgenommen. In den Jahren 1458 bis 1471 herrschte in Böhmen der Anführer der Calixtiner, **Georg von Podiebrad**, als erster nichtkatholischer König Europas. Er träumte als Erster von einem gesamteuropäischen Staatenbund. Sein katholischer Nachfolger Vladislav II. (1471–1516) musste 1485 auf dem Landtag zu Kuttenberg die Kompaktaten bestätigen. Im Jahre 1512 erhielten die Calixtiner die gleichen Rechte wie die Katholiken, im Laufe des 16. Jahrhunderts erfolgte ihre Annäherung an die Lutheraner.

## *Die Geserah*

Für die Kirche waren und blieben die Juden Gottesmörder, diese Schuld war erblich und konnte nur durch die Taufe getilgt werden. Sie galten aber auch als Zeugen für die Wahrheit des Christentums, und deshalb wünschte die Kirche zu keiner Zeit ihre physische Vernichtung. Während der Hussitenkriege waren die Wiener Juden bereits verarmt, denn der Stadtbrand von 1406 hatte neben ihrer Synagoge und ihren Häusern auch viele Pfänder der Christen zerstört, die Plünderungen hatten noch mehr Schaden angerichtet. Für den Herzog waren sie nutzlos geworden, denn sie waren nicht mehr reich genug, um ihm als Hilfskassa zu dienen, und als Geldleiher waren nun auch Christen tätig. Als Hostienschänder und Brunnenvergifter diffamiert, waren sie in der öffentlichen Meinung an den Pestepidemien genauso schuld wie an allen wirtschaftlichen Problemen. Dazu kam eine fast abergläubische Furcht vor ihren unverständlichen Bräuchen. Die Juden ihrerseits vermieden jeden privaten Kontakt mit den Christen, einerseits wegen ihrer schlechten Erfahrungen, andererseits wegen ihrer Speisegesetze. Alle diese Zeichen kündigten die Katastrophe an, die nun über die Juden in den albertinischen Ländern hereinbrechen sollte.

Im Jahre 1419 kamen kurz nach Ostern in der Ennser Laurentiuskirche einige Hostien abhanden[35]. Die Mesnerin gestand auf der Folter, sie gestohlen und den Juden verkauft zu haben. Diese leugneten jede Mittäterschaft, worauf Herzog Albrecht V. alle Juden in seinem Herrschaftsgebiet festnehmen und ihre Güter konfiszieren ließ. Die »Gemeinen« wurden vertrieben oder auf kleinen Schiffen ohne Ruder auf der Donau ausgesetzt, die »Geachteten« zurückgehalten und nach Wien gebracht, viele zogen den Freitod der Gefangenschaft vor. Der Herzog ließ als Beweis seiner Milde den gefangenen Juden durch seinen Vertrauten Nikolaus von Dinkelsbühl (siehe S. 86) Unterricht im Christentum erteilen und gab ihnen die Möglichkeit zur Taufe, die manche ergriffen. Für sie waren Familiennamen wie Christ oder Neuchrist üblich. Alle Kinder unter 15 sollten zur Taufe gezwungen werden, obwohl ein solches Vorgehen schon mehrmals und von etlichen Päpsten verboten worden war. Viele Zeitgenossen waren damals überzeugt, dass der Hostienfrevel vorgetäuscht war und der Herzog die Juden in Wirklichkeit verfolgte, weil sie mit den Hussiten gemeinsame Sache machten und diese mit Waffen versorgten, wofür es allerdings nicht die geringsten Beweise gab. Finanzgeschäfte machten sie natürlich auch in Böhmen, daher mag es die eine oder andere Verbindung zu einzelnen Hussiten durchaus gegeben haben. Der Herzog verurteilte die 110 bis 240 (die Zahl ist unterschiedlich angegeben) Gefangenen jedenfalls zum Tode, sie wurden am 12. März 1421 in seiner Gegenwart in einem hölzernen Haus auf der Gänseweide in Erdberg verbrannt. Er bestimmte ferner, dass sich künftig kein Jude mehr in Österreich aufhalten dürfe, wovon er selbst bald wieder einige Ausnahmen machte. Das Ansiedlungsverbot galt übrigens bis 1624 – doch lange wollten sich ohnedies keine Juden mehr im »Erez Hadamim«, dem Blutland, ansiedeln.

Die folgende schreckliche Geschichte soll sich der Legende nach damals in Wien zugetragen haben. Es ist aber auch möglich, dass sie in Mödling stattfand oder überhaupt eine Wanderlegende ist, denn Ähnliches wird auch über andere Städte erzählt. Auch wenn möglicherweise nicht Wien der konkrete Schauplatz war, ist die Geschichte somit dennoch wahr.

Die Gemeinde fasste den verzweifelten Beschluss zum »kiddusch ha-schem« (dem Märtyrertod, um den Namen Gottes zu heiligen) in ihrer Synagoge, der von dem durch das Los dazu auserwählten Rabbiner Jona am 28. September 1420 ausgeführt wurde. Er tötete zuerst alle Männer durch einen Halsschnitt, eine Frau tat dasselbe mit den Frauen in der Frauenschul. Dann tötete der Rabbi die Frau und zuletzt sich selbst, nachdem er die Betpulte mit Öl übergossen und angezündet hatte. Soweit die Legende. Tatsächlich konnten in den Resten der Synagoge Brandspuren nachgewiesen werden, die allerdings nicht genau datierbar sind. Sie könnten auch von 1406 stammen, denn die Synagoge muss schon schadhaft gewesen sein, bevor sie auf Befehl des Herzogs abgerissen wurde. Es ist überliefert, dass man eine große Zahl (die Angaben schwanken zwischen 120 und 600) junger Juden in die zerstörte Synagoge brachte und sie dort hungern ließ, um sie zur Taufe zu zwingen. Als sie sich weigerten, wollte sie der Herzog verkaufen und ließ sie gewaltsam taufen. Als sich venezianische und österreichische Juden deshalb an Papst Martin V. um Hilfe wandten, schaltete sich dieser ein und bewog den Herzog, die Zwangsgetauften wieder zum Judentum zurückkehren zu lassen.

Völlig anders waren die Verhältnisse in Innerösterreich, wo die Judenschaft von Wiener Neustadt im Wesentlichen ungestört unter herzoglichem Schutz lebte. Im »Liber Judeorum«, dem Grundbuch des Judenviertels, sind oft drei, vier oder sogar mehr Generationen einer Familie als Hausbesitzer eingetragen. Auch diese Stadt brachte hervorragende Gelehrte hervor, von denen vor allem

Rabbi Schalom ben Isaak († 1415), der eine Talmudschule führte, und Rabbi Israel bar Petachja, genannt Isserlein († 1460), zu erwähnen sind. Die Gemeinde übernahm nach der Wiener Geserah, die ihr einen starken Zuzug brachte, für die Juden die Rolle des geistigen Zentrums, die vorher Wien innegehabt hatte. Kaiser Friedrich III. hatte gute persönliche Beziehungen zur Judengemeinde. Dem Zug der Zeit folgend, verschlechterten sich aber auch hier die Beziehungen zwischen Christen und Juden, vor allem nachdem der Hofstaat unter Kaiser Maximilian I. nach Innsbruck verlegt worden war und die Stadt nicht mehr unter persönlicher Kontrolle der Habsburger stand. 1494 wütete auch dort ein Großbrand. Im Jahre 1496 erfolgte dann die Ausweisung der Juden, allerdings in geordneten Bahnen und ohne physische Gewalt oder wirtschaftlichen Ruin, es handelte sich faktisch um eine Umsiedlung nach Marchegg und Eisenstadt. In Österreich unter der Enns konnten Juden unter einschränkenden Bedingungen bald wieder sesshaft werden (siehe S. 137).

Schon im 13. Jahrhundert wird in Tirol ein Jude genannt, der Münzmeister des Herzogs war. Bald kamen weitere jüdische Händler und Geldverleiher aus Italien und Kärnten nach Innsbruck, sie waren jedoch nie sehr zahlreich, was

*Die Synagoge befand sich auf dem heutigen Judenplatz. Heute steht hier das Mahnmal für die österreichischen jüdischen Opfer der Shoa, geschaffen von Rachel Whiteread*

wohl mit der geographischen Nähe der christlichen italienischen Geldverleiher zu tun hatte. Im Jahre 1342 wird ein Jude namens Salmen genannt, der unter dem Schutz des Herzogs von Tirol stand. Die wenigen Juden wurden meist toleriert, aber wenig geachtet und zeitweise sogar verfolgt, vor allem in Notzeiten wie dem 14. Jahrhundert. Anschuldigungen von Ritualmorden an Kindern, z. B. an Simon von Trient, führten 1475 zur Ermordung etlicher jüdischer Bürger. Die treibende Kraft dahinter war Bischof Hinderbach von Trient. Die Geschichte Simons wurde gedruckt und im ganzen deutschsprachigen Raum gelesen, sie heizte die Judenfeindlichkeit weiter auf.

Aus Salzburg sind Judenverfolgungen seit dem 14. Jahrhundert bekannt. Anlass zu einer grausamen Massenverbrennung bot im Jahre 1404 eine angebliche Hostienschändung in der Müllner Kirche. Nachdem Erzbischof Leonhard von Keutschach 1498 die Juden aus Stadt und Land Salzburg ausweisen und ihre Synagogen in Salzburg und Hallein hatte zerstören lassen, war es ihnen bis 1867 verboten, sich länger als eine Stunde in der Stadt aufzuhalten.

In Feldkirch machte man die Juden als Brunnenvergifter für die große Pest verantwortlich. Am 21. Januar 1349 wurden nach erzwungenen Geständnissen alle verbrannt. Sehr bald bemühte sich die Stadt aus wirtschaftlichen Gründen aber um eine Wiederansiedlung, so konnte 1354 die Jüdin Toltza sogar einen Prozess um ihr enteignetes Vatererbe führen. Aber erst um 1380 ließen sich wieder etliche Juden im Bodenseegebiet nieder. Erneute Verfolgungen führten 1443/48 zu ihrer Vertreibung aus dem ganzen Raum.

## *Der Türkeneinfall*

Nach der Niederlage von Nikopolis während des letzten Kreuzzugs im Jahre 1396 hatte der Westen das Interesse an der Auseinandersetzung mit den Osmanen weitgehend verloren und überließ Kaiser Sigismund das Problem mehr oder weniger alleine, obwohl sie schon damals bis in die Steiermark vordrangen. Der nächste König von Ungarn aber war ein Habsburger, Herzog Albrecht V., der als Albrecht II. auch zum deutschen König gewählt wurde. So wäre die Bedrohung aus dem Osten schon damals zum Problem des Reiches geworden, hätte das Schicksal es nicht noch einmal anders bestimmt. Als der König im September

1439 an die Donau zog, um Semendria (Smederevo) zurückzuerobern, brach in seinem Lager die Ruhr aus. Obwohl das Heer aufgelöst wurde, erkrankte auch er daran, *»auf dessen Haupte vereint die Kronen von Deutschland, Österreich, Böhmen und Ungarn saßen«*. Er ging 1439 in Neszmély (Lengendorf) elend zugrunde und wurde in Stuhlweißenburg (Székesfehérvár) begraben. Sein Erbe Ladislaus kam erst nach seinem Tod zur Welt und wurde als Säugling in derselben Stadt zum ungarischen König gekrönt. Es war daher der Reichsverweser Johannes Huniady aus dem heutigen Temesvár, vielleicht ein natürlicher Sohn Kaiser Sigismunds, der nun die Last der Türkenabwehr zu tragen hatte. 1443 schlug er die Osmanen bis nach Sofia zurück, 1448 soll er sogar für einige Zeit in türkische Gefangenschaft geraten sein. Einige Jahre später stand nach der Eroberung von Konstantinopel Sultan Mehmet II. mit 150 000 Mann und 300 Kanonen vor Belgrad (= Nándorfehérvár) und bedrohte Ungarn neuerlich.

**Johannes Capestranus** (Giovanni da Capistrano, 1386–1456) hatte in seiner Jugend Jura studiert, geheiratet und als erfolgreicher Richter in Perugia gelebt. In einem der Kleinkriege zwischen den italienischen Staaten geriet er in Gefangenschaft, was sein Leben völlig veränderte. Nach seiner Freilassung trat er 1416 in das Franziskaner-Observantenkloster in Perugia ein und studierte bei Bernhardin von Siena. Er unterwarf sich einer rigorosen Askese und entfaltete bald eine von erstaunlichen Erfolgen begleitete Tätigkeit als Bußprediger, wobei er auch wunderbare Krankenheilungen vollzog. Papst Nikolaus V. bestellte ihn zum Inquisitor gegen die Juden. Johannes konnte am Palmsonntag 1450 den Rabbiner Gamaliel und innerhalb eines Jahres weitere 52 Juden in Rom taufen, wie er selbst im Juni 1451 in einer Predigt in Wien

*Denkmal des streitbaren Predigers Johannes Capestranus am Stefansdom*

erzählte. Als päpstlicher Legat oder Inquisitor verfolgte er die letzten Fratizellen (siehe S. 64) in Ferrara, die Juden in Sizilien, Moldawien und Polen und vor allem die Hussiten in Deutschland, Ungarn und Böhmen. Capestranus war nicht nur ein feuriger Redner, ihm eilte auch der Ruf eines Wundertäters und Heilbringers voraus. Auf seiner Reise durch Österreich nach Böhmen strömten deshalb überall die Massen zusammen, um ihn zu hören. Die Wiener warteten schon sehnsüchtig auf ihn, auf Wunsch des Bürgermeisters schrieb Enea Silvio Piccolomini an den heiligen Mann: *»Das fromme und heilsbegierige Volk hier sehnt sich nach deiner Ankunft wie nach der eines Propheten … Hier kannst du vielleicht an einem Tage mehr Seelen für Christus gewinnen als anderswo in einem ganzen Jahre …«*

Johannes hielt seine erste Predigt in der Minoritenkirche, die zweite in St. Stephan. Ab Pfingstsamstag begann er mit regelmäßigen täglichen Predigten und setzte diese bis zum 20. Juli fort. Der Zulauf war enorm, der Teil des Stefansplatzes, wo man ihm eine hölzerne Kanzel errichtete, reichte nicht, um die Massen zu fassen. Die 1752 errichtete, steinerne Capistran-Kanzel erinnert heute noch daran. Er hielt seine Predigten in lateinischer Sprache, sie dauerten über eine Stunde, ein Dolmetscher übersetzte ins Deutsche. Wenn die meisten Zuhörer seine Worte auch nicht verstanden, so waren sie doch von seinem heiligen Eifer so ergriffen, dass viele weinten und sich zur Änderung ihres Lebenswandels entschlossen. Als er gegen die Eitelkeit und die Spielwut predigte, verbrannten sie zum Beweis ihrer Bußgesinnung gleich mitten in der Stadt all ihre Laster: Brett-, Würfel- und Kartenspiele, langen Haare, Zöpfe, Schnabelschuhe, Wulsthauben, Schmuck und Bücher.

Der Prediger erhielt von Kaiser Friedrich III. das Kloster St. Theobald ob der Leimgrube, wo die erste Niederlassung der Franziskaner-Observanten in Österreich entstand. Fünfzig zutiefst ergriffene Studenten traten sofort in den Orden ein. Er aber verließ Wien und zog nach Böhmen weiter, wo er viele Hussiten zur katholischen Kirche zurückbrachte. In Breslau hielt er seine mitreißenden Predigten auf dem Salzring, aus ganz Schlesien, Polen, Sachsen, Pommern und sogar Dänemark, Kurland und Livland kamen die Leute angelaufen. Wie in Wien landeten auch dort Bücher und alle Eitelkeiten dieser Welt auf dem Scheiterhaufen. Als der fromme Prediger dann die Juden der Hostienschändung bezichtigte, wurden 41 von ihnen verbrannt und der Rest aus der Stadt gewiesen. 1455 erhielt die Stadt Breslau übrigens ein kaiserliches Privileg, auf Grund dessen dort bis 1744 keine Juden geduldet wurden.

## *Die Schlacht von Belgrad*

Nach dem Fall Konstantinopels im Jahre 1453 erhielt Capistran den päpstlichen Auftrag, als Kreuzzugsprediger in Österreich und in Ungarn eine Abwehrschlacht gegen die Osmanen vorzubereiten. Enea Silvio Piccolomini setzte auf dem Deutschen Reichstag das Aufgebot eines Reichsheeres durch, die Fürsten waren in der Sache aber alles andere als einig. Bei einer Fürstenzusammenkunft in Wiener Neustadt gelang es auch Capistran nicht, sie zu begeistern. Umso mehr begeisterte er aber die Massen. Er sammelte selbst christliche Verteidigungstruppen um sich und zog nach Belgrad zu Johannes Huniady. Er mutete sich übermenschliche Anstrengungen zu: Man sah ihn überall im Lager auftauchen, bald zu Fuß, bald zu Pferd, mahnend, Befehle erteilend, unterweisend, Streitigkeiten schlichtend, anfeuernd. In siebzehn Tagen schlief er alles in allem keine sieben Stunden. Es vergingen Tage, an denen er nicht zum Essen kam. Wenn doch, nahm er auf dem bloßen Erdboden sitzend den harten Zwieback mit einem Trunk Wein zu sich. Sein Äußeres bot einen grauenerregenden Anblick. Nie kam er aus den Kleidern, nie wechselte er die Wäsche. Eine Staub- und Schmutzkruste bedeckte den gänzlich abgezehrten Körper bis in die Mundhöhle hinein. Er verlor den Geschmackssinn und musste schließlich mit einem Messer eine dicke Kruste von Zunge und Gaumen ablösen, da das Fleisch in Fäulnis überzugehen begann. Sein Antlitz, von der Julisonne schwarz gebrannt, war von einem struppigen Bart umrahmt, er wollte sich erst nach dem Sieg rasieren lassen.

Capistran nahm auch an der Schlacht teil. Trotz äußerster Erschöpfung schleppte er sich auf einen Stock gestützt mühsam weiter und näherte sich der Kampflinie. Mitten unter seinem Kriegsvolk erklomm er einen der Wälle, allen sichtbar stand er dort hoch oben, das Kreuz in der erhobenen Rechten. Bald rief er Worte der Ermutigung an die Soldaten, bald schrie er mit gellender, klagender Stimme zum Himmel um Hilfe. Es gelang den Christen tatsächlich, die Osmanen zu besiegen. Capistran und Huniady hatten sich jedoch körperlich so verausgabt, dass sie beide bald danach starben. Papst Calixtus III. († 1458) ordnete zum Dank für ihren Sieg an, dass alle Kirchenglocken täglich zu Mittag geläutet werden sollten – was bis heute geschieht. 1690 wurde Johannes Capistran als »Apostel Europas« heiliggesprochen (die Juden wurden dabei nicht gefragt).

Die durch die Schlacht gewonnene Ruhe währte nicht lange, obwohl Friedrich III. im Jahre 1468 zum Zweck der Türkenabwehr den St. Georgsorden mit Sitz in Millstatt gründete. Die Ordensgemeinschaft wurde aus Geldmangel ihrer Aufgabe allerdings nie auch nur im Geringsten gerecht. Die Osmanen hatten sich inzwischen in Bosnien festgesetzt und bedrohten vor allem Innerösterreich. In den Jahren 1473, 1476, 1478, 1480 und 1483 stießen sie über Krain nach Kärnten vor und verwüsteten das Land, 1480 standen sie zum ersten Mal vor Graz. 1478 stellten sich ihnen bei Goggau Bauern entgegen, konnten sie jedoch nicht aufhalten. Auf ihren Raubzügen erbeuteten die Türken nicht nur Sachwerte, sondern auch Christensklaven.

Gefangene Knaben wurden zu den **Janitscharen** gesteckt, den 20 000 Elitesoldaten des Sultans. Auch die christlichen Bauern, die im Osmanischen Reich lebten, mussten zu diesem Corps beitragen. Neben der besonderen Steuer für Nichtmuslime hatten zu vom Sultan festgelegten Zeiten je vierzig Familien einen jungen Mann im Alter von fünfzehn bis zwanzig Jahren zu stellen (Knabenlese). Die jungen Männer waren von da an rechtlich Sklaven des Sultans, jeder weitere Kontakt mit ihren Familien wurde untersagt, und sie mussten selbstverständlich Muslime werden. Die klügsten wurden in die Palastschule geschickt, die restlichen neunzig Prozent als Soldaten ausgebildet, die kaserniert und zölibatär zu leben hatten.

Enea Silvio Piccolomini, nun bereits Papst Pius II. geworden, machte sich nochmals für einen Kreuzzug der Christenheit gegen die Osmanen stark, aber vergeblich. Im Jahre 1461 schrieb er in einem »Brief an Mehmed«, der Sultan sei viel größer als die christlichen Könige und habe daher das Recht, die Nachfolge des römischen Kaisers anzutreten. Er solle sich als neuer Konstantin taufen lassen, dann werde er (Pius) selbst ihm als neuer (Papst) Silvester die Krone Roms aufs Haupt setzen. Ernst gemeint war dieser erste Integrationsversuch des Osmanischen Reiches in das Europäische Konzept wohl nicht, zeigt aber die verzweifelte Lage, in der sich das noch einheitlich katholische Abendland damals befand.

# II.

# REFORMATION, GEGENREFORMATION UND BAROCK

# 1. Der Humanismus

Die bereits genannten Theologen der Wiener Universität waren durchwegs Spätscholastiker (siehe S. 85). Der erste Theologe, der an der Wiener Universität humanistische Vorlesungen über die Dichter der Antike hielt und somit dem **Humanismus** in Wien die Tür öffnete, war Enea Silvio Piccolomini. Auf dem Konzil von Basel gehörte er zur Partei der Konziliaristen und war ab 1440 Sekretär des Gegenpapstes Felix V. Seit 1443 stand er im Dienst Kaiser Friedrichs III. und verbrachte als dessen Sekretär die Jahre bis 1455 am Kaiserhof in Wiener Neustadt, Graz und Wien. Friedrich III. schätzte ihn und seine lockeren Verse und krönte ihn zum »poeta laureatus«. Nach einer kurzen kirchlichen Karriere wurde der nun plötzlich Geläuterte im Jahre 1458 zum Papst gewählt, was ihn zum entschiedenen Verfechter des Papalismus machte.

Mit **Conrad Celtes** (1459–1508) wurde 1497 ein bedeutender Humanist zum Professor für Rhetorik und Poetik an die Wiener Universität berufen. Er war zwar Theologe, hatte sich aber mehr der Dichtkunst gewidmet und daher schon einige Schwierigkeiten mit der Inquisition zu überwinden gehabt. 1487 war er auf dem Nürnberger Reichstag von Kaiser Friedrich III. zum »poeta laureatus« gekrönt worden. Sein letztes Lebensjahrzehnt verbrachte er vorwiegend in Wien, schon im Jahr seiner Berufung gründete er die »Sodalitas litteraria Danubiana« zur Pflege und Verbreitung der humanistischen Literatur. 1501 wurde er Vorstand des neu gegründeten »Collegium poetarum et mathematicorum«, das eine neue Bildungselite hervorbringen sollte. Er trat auch als Mathematiker und Geograph hervor. Sein Grabstein ist außen am Stefansdom zu sehen.

Die Renaissance brachte einen umfassenden kulturellen und sozialen Wandel mit sich. Die antike Bildung wurde als Vorbild empfunden, man wandte sich dem Diesseits zu, und der einzelne Mensch (homo) trat in den Vordergrund, was ihm als Ebenbild Gottes ja zustand. Ein berühmter Humanist der frühen Neuzeit war Erasmus von Rotterdam († 1536), der durch seine »Erziehung des christlichen Fürsten« (Institutio Principis Christiani) großen Einfluss auf Kaiser Karl V. (1500–1558) und dessen Bruder Ferdinand I. (1503–1564) gewann. Dieses Werk sieht in christlich-moralischen Lebensgrundsätzen des Regierungsoberhauptes die wichtigste Voraussetzung für eine friedliche und segensreiche Politik. Die Humanisten Mitteleuropas widmeten sich zum Unterschied von den Italienern mehr den Bibeltexten als den alten Dichtern und verlangten die Rückkehr zu den Urtexten, weil sie die Fehlerhaftigkeit des Vulgata-Textes, der Übersetzung des Kirchenvaters Hieronymus, erkannten. Erasmus von Rotterdam gab daher einen griechischen Text des Neuen Testaments heraus, und Johannes Reuchlin († 1522) war der erste nichtjüdische Hebraist. Sein Lehrer war Jacob Ben Jehiel Loans gewesen, der jüdische Leibarzt Kaiser Friedrichs III. Neben dem humanistischen Idealbild des guten und wahren Menschen wurde aber auch der skrupellose Sinnes- und Machtmensch, den Niccolò Machiavelli († 1527) in seinem »Il Principe« rechtfertigt, zum Vorbild der Zeit.

Unter dem Einfluss des Humanismus änderte sich in Europa sowohl die Einstellung den Osmanen gegenüber wie auch die Haltung gegenüber der Kirche. Der osmanische Feind der Christenheit wurde von immer mehr Gebildeten nicht mehr mit dumpfem Abscheu gesehen, sondern einfach als feindlicher Staat, dessen außerordentliche Erfolge man nachahmen sollte. Dieser war übrigens nicht zuletzt darin begründet, dass der hohe Adel dort nichts zu sagen hatte. Durch die Reformation spaltete sich die Kirche, und die christliche Einheit zerfiel auch politisch, denn der »allerchristlichste König« Franz I. von Frankreich schloss mit den Osmanen ein Bündnis, das gegen die Umklammerung Frankreichs durch die habsburgischen Machtbereiche gerichtet war.

# 2. Zwischen Türken und Protestanten

## *Halbmond und Tributzahlung*

Der Krieg im Osten ging weiter. Im Jahre 1521 gelang den Osmanen die Eroberung Belgrads, im Jahre 1526 sorgten sie bei Mohács für den Tod König Ludwigs II. von Ungarn. Ferdinand I. von Habsburg (1503–1564) wurde 1527 in Pressburg zum König von Ungarn gekrönt, der Sultan erkannte seine Rechte auf Ungarn aber nicht an. Über Krain drangen die Türken bis Amstetten vor, verheerten das Viertel unter dem Wienerwald und belagerten schließlich im Jahre 1529 Wien. Nachdem ein letzter Sturm am 14. Oktober gescheitert war, zogen sie ab und verwüsteten auf ihrem Rückzug noch rasch die Oststeiermark und das Mürztal. Die andauernde Bedrohung der Steiermark verlangte den Ausbau eines Warnsystems. Ein wichtiges Nachrichten- und Alarmmittel war das Kreidfeuer. Darunter sind nicht nur Feuerzeichen zu verstehen, sondern auch Kanonenschüsse oder Glockenzeichen, damit sich dic Bcvölkerung rechtzeitig in die Burgen flüchten und die wehrhaften Männer zu den Sammelplätzen begeben

*Die osmanischen Belagerer Wiens von 1529.*
*Zeichnung von J. Schönbrunner nach Guldenmundt*

konnten. Wolkenstein und Neuhaus (Trautenfels) waren zwei dieser Kreidfeuerstationen.

Im Jahre 1532 kamen die Türken schon wieder, diesmal nach Güns an der österreichischen Grenze. Da aber die Festung Güns trotz aller Bemühungen nicht eingenommen werden konnte und in Wiens Umgebung ein starkes kaiserliches Heer stand, zweifelte der Sultan an seinem Kriegsglück und trat plündernd den Rückzug über Pinkafeld und Hartberg, Pischelsdorf und Graz an. Am 19. September wurden die »Renner und Brenner«, Tataren unter Kasim Bey, die tief ins südliche Niederösterreich und sogar bis ins Ybbstal vorgedrungen waren, von den kaiserlichen Truppen gestellt und vernichtet.

So konnte es aber nicht weitergehen. Im Jahre 1547 wurde daher ein Waffenstillstand geschlossen, und Ferdinand musste zur Erhaltung der Waffenruhe dem Sultan ein jährliches »Ehrengeschenk« (in osmanischer Lesart Tributzahlung) von 30 000 Dukaten leisten, wozu er sich 1562 im Vertrag von Konstantinopel auch weiterhin bereit erklärte. Das war zwar eher eine Formalität, denn die Summe war keineswegs hoch[36], und der Sultan schickte ebenfalls Geschenke, aber so genau konnte das keiner wissen. Kein Wunder also, dass man im Halbmond auf dem Stefansdom ein Zeichen der Abhängigkeit von den Osmanen zu erblicken glaubte.

Das alte zweiarmige Kreuz auf der Spitze des Turmes hatte 1514 entfernt werden müssen, weil es beschädigt war. Es wurde 1519 durch eine Mondsichel aus Messing ersetzt, die sich um einen achtstrahligen Stern drehte. Stern und Halbmond waren die Symbole für Papst- und Kaisertum, was in Wien offensichtlich nicht so recht bekannt war, denn die Wiener deuteten den Halbmond als Zeichen der türkischen Herrschaft und regten sich darüber auf. Es hieß, das *»gottlose und unwürdige Türkenwappen«* sei auf einen Befehl Sultan Solimans auf den Turm gesetzt worden. Umgekehrt glaubten die Türken, ihr Sultan habe das Symbol nach Wien geschickt, weil er plane, den Turm später als Minarett zu verwenden, und habe die Stadt, den »goldenen Apfel«, nur deshalb verschont. Der Halbmond blieb trotz aller Gerüchte noch lange an seinem Platz, vielleicht sogar aus Vorsicht? Erst nach dem buchstäblich im letzten Moment erfolgten Entsatz von Wien im Jahre 1683 bewilligte Kaiser Leopold I. (1658–1705) seine Entfernung. Das anschließend hinaufgesetzte Kreuz wurde vom Sturm gleich wieder abgerissen. Der Kaiser ließ daraufhin den Doppeladler mit dem spanischen Doppelkreuz anbringen, der auch noch zweimal erneuert werden musste. Die fehlinterpretierten Symbole Stern und Halbmond wurden 1686 zusammengelötet, zur Verspottung der Türken gravierte man eine Hand mit obszöner Geste ein, dazu die Jahreszahl 1529 und die Worte »*Haec Solymanne Memoria tua*« (Dies, Soliman, zu deiner Erinnerung). Zu sehen ist das sonderbare Relikt im Wien Museum.

## *Die neuen Lehren*

Zweifellos hatte der Humanismus das Aufkommen der neuen Lehren begünstigt, er darf jedoch nicht alleine dafür verantwortlich gemacht werden. Wir haben ja gesehen, dass es in Europa praktisch zu jeder Zeit von der Amtskirche abweichende Ideen gegeben hat, die sich weiter Verbreitung erfreuten und sich wie ein roter Faden auch durch die österreichische Geschichte ziehen. Diese Lehren waren nicht vergessen, ganz im Gegenteil: Die Rückbesinnung auf die Antike erfasste auch die Religion, Texte alter Autoren verhalfen zu einer neuen Sicht der Bibel. Die neue Buchdruckerkunst sorgte für eine noch nie dagewesene rasche Kommunikation zwischen den Menschen und eine dadurch bedingte Vielfalt der Meinungen und deren Verbreitung. Die Erfindung des Buchdrucks ist in seinen revolutionären Auswirkungen vergleichbar mit derjenigen des World Wide Web. Kein Wunder, dass kirchliche (auch reformierte!) und staatliche Autoritäten sich beeilten, unerwünschte Druckwerke zu verbieten, zu konfiszieren und zu vernichten. Da es seit fünfhundert Jahren immer die gleichen Missstände und Probleme innerhalb der katholischen Kirche gegeben und sich das beschwerliche Alltagsleben der unteren Schichten auch nicht geändert hatte, blieben die Ansatzpunkte der Kritik an Kirche und Obrigkeit jahrhundertelang unverändert. Dazu kamen – und das war auch nicht neu – die ständige Furcht vor einem unerwarteten, gewaltsamen Lebensende und das Bedürfnis, bestmöglich für das Jenseits vorzusorgen.

Zum Unterschied von den Katholiken lehnten alle neuen Lehren von Luther bis zu den radikalsten Täufern jegliche Vermittlungsinstanz zwischen Gott und den einzelnen Menschen ab. Sie waren überzeugt, dass Gott dem Einzelnen das Seelenheil wegen seines Glaubens aus reiner Gnade schenke und nicht etwa wegen guter Werke, Fürbitten von Heiligen oder der Vermittlung von geweihten

Priestern. Nur die Heilige Schrift (und nicht die Tradition) sollte als Offenbarung gelten, sie lege sich selbst aus und bedürfe keiner Interpretation. Christus habe nur zwei Sakramente durch Verbindung des Geistes mit der Materie eingesetzt: die Taufe mit Wasser und das Abendmahl in Gestalt von Brot und Wein.

Als logische Konsequenz schafften daher alle Reformatoren Priesterweihe und Zölibat, Kirchenhierarchie, Heiligen- und Reliquienkult, Klöster und Wallfahrten ab. Das Diesseits wurde verchristlicht und aufgewertet, vor allem der Ehestand und die Arbeit. Abgesehen von diesen Gemeinsamkeiten bezogen die einzelnen Lehren aber recht unterschiedliche Positionen.

Die Offenbarung erfolgte laut Luther, Zwingli und Calvin durch die Buchstaben der Heiligen Schrift, die Täufer waren hingegen überzeugt, dass sie bei jedem Einzelnen unmittelbar durch den Heiligen Geist erfolge. Noch stärker divergierten die Ansichten bezüglich des Abendmahls: Bei Luther ist in Brot und Wein Leib und Blut Christi real präsent (Konsubstantiation); bei Calvin gibt es keine Verwandlung, Brot und Wein haben aber die stärkende Wirkung von Leib und Blut Christi. Zwingli und die Täufer sahen im Abendmahl hingegen eine bloße Gedächtnisfeier. Die Kirche ist bei Luther die sichtbare Gemeinde der Getauften und die unsichtbare Gemeinschaft aller Gläubigen. Für Calvin und Zwingli ist die Kirche hingegen eine korporative Abendmahlsgemeinschaft, die im Idealfall mit der politischen Gemeinde übereinstimmt. Die Täufer verstehen darunter die Geistkirche der Freiwilligen und Auserwählten.

Luther anerkannte das gottgewollte Amt der Obrigkeit, das jedoch vor dem Gewissen des Einzelnen ende, einen Missbrauch der Gewalt müsse der Einzelne passiv erdulden. Calvin und Zwingli räumten den Gläubigen hingegen ein Widerstandsrecht ein, wenn die weltliche Ordnung nicht dem Evangelium entspräche. Sie forderten beide von ihren Anhängern aktives politisches Handeln und aktives Eintreten für die öffentliche Ordnung. Die Täufer lehnten hingegen jede Art von Obrigkeit generell ab, ebenso weltliche Bindungen, Kriegsdienst, Eid und Steuerleistung. Sie waren zu passivem Leiden bereit. Sie wünschten sich die Unabhängigkeit einer einheitlichen, reinen Christengemeinde von der Obrigkeit und wurden daher von eben dieser mit großem Argwohn gesehen und überall verfolgt. Eine ihrer Untergruppen war nicht ganz so friedfertig wie die Mehrheit, sondern zum aktiven Kampf für die Ankunft des Gottesreiches bereit (das Täuferreich von Münster) und brachte damit die ganze sonst friedfertige Bewegung in Verruf.

## *Die Reformatoren*

Der Augustiner Eremit und Theologe **Martin Luther** (1483–1546) hatte bekanntlich die Erneuerung der Kirche durch Rückbesinnung auf Jesus, nicht aber die Spaltung der Kirche im Sinn, als er am 31. Oktober 1517 seine auf ein Stück Pergament geschriebenen 95 Thesen an der Schlosskirche von Wittenberg anschlug. Sie erregten sofort großes Aufsehen. Bald entfernte sich Luther aber in Streitgesprächen mit berühmten Theologen und in seinen Schriften immer weiter von der katholischen Lehre. Er ließ nur die Bibel als Glaubensquelle gelten und verwarf die Mittlerrolle der Priester. An der Spitze der Kirche sollte nicht der Papst, sondern der jeweilige Landesfürst stehen, womit er gedanklich das Staatskirchenwesen der Aufklärung vorwegnahm. Der Papst verurteilte 41 dieser Thesen als Irrlehren, verlangte deren Widerruf und drohte im Fall des Ungehorsams mit dem Bann. Als Luther das päpstliche Schreiben vor den Toren der Stadt verbrannte, bedeutete das den Bruch. Da Luther immer mehr Anhänger fand, berief Kaiser Karl V. im Jahre 1521 einen Reichtag nach Worms ein und lud Luther vor, wobei er ihm freies Geleit zusicherte. Zum Unterschied von Kaiser Sigismund hielt er sein Wort, obwohl Luther den geforderten Widerruf ablehnte: *»[Da]... mein Gewissen in den Worten Gottes gefangen ist, ich kann und will nichts widerrufen, weil es gefährlich und unmöglich ist, etwas gegen das Gewissen zu tun. Gott helfe mir. Amen.«* Nun wurde die Reichsacht über ihn verhängt, seine Lehre wurde verboten und seine Bücher sollten verbrannt werden. Luthers Landesherr, Kurfürst Friedrich III. von Sachsen († 1525), brachte ihn auf der Wartburg in Sicherheit. Dort übersetzte Luther das Neue Testament aus dem Griechischen ins Deutsche und legte damit den Grundstein für die neuhochdeutsche Schriftsprache.

**Ulrich Zwingli** (1484–1531) war Stadtpfarrer in Zürich. In der Sonnenfelsgasse in Wien erinnert eine Gedenktafel daran, dass er außer in Basel auch in Wien studierte, wie übrigens auch sein Bruder Jakob, der 1517 dort, wo später neben der Schottenkirche das Schubladkastenhaus errichtet wurde, sein frühes Grab fand. Der Name Zwinglis schient in der Universitätsmatrikel zweimal auf: im Wintersemester 1498/99 (Vdalricus Zwinglii de Glaris) und im Sommersemester 1500 (Vdalricus Zwingling de Lichtensteig). Bei der ersten Eintragung ist von späterer Hand ein Exclusus-Vermerk angebracht, es ist darüber aber nichts Näheres bekannt. 1525 gab Zwingli sein Glaubensbekenntnis »Von der wahren und falschen Religion« heraus, das er dem französischen König Franz I. schickte. Damals hatte sich in Zürich die Reformation bereits durchgesetzt.

Im Jahre 1541 ließ sich der Franzose **Johannes Calvin** (Jean Cauvin, 1509–1564) in Genf nieder, nachdem er zuerst aus seinem Vaterland nach Basel geflohen und dort seine Lehre veröffentlicht hatte. Er war von der Vorherbestimmung des menschlichen Lebens überzeugt, jeder Erfolg im Diesseits galt ihm als Zeichen von Gottes Zuneigung. Da seine Anhänger fleißig für diese Zuneigung arbeiteten, prosperierte die Wirtschaft in ihren Gemeinden. Allerdings fand die strenge Kirchenherrschaft Calvins nicht den allgemeinen Beifall. Er schrieb den regelmäßigen Besuch des Gottesdienstes vor und verbot alle Feste, wer prunkvolle Kleider trug, fluchte oder spielte, wurde bestraft. Gegen Häretiker ging er hart vor, so wurde der bedeutende spanische Arzt und Theologe Michael Servetus auf seinen Befehl 1553 verbrannt, weil er sich gegen die Trinitätslehre gewandt hatte. Der Kalvinismus verbreitete sich in weiten Teilen Ungarns, Polens und Frankreichs (Hugenotten).

## *Die Ausbreitung der Reformation in Österreich*

Studenten und Adelige, aber auch Bergknappen und Söldner, Handwerker und Kaufleute brachten Luthers Lehre und Luthers Schriften sehr bald in das heutige Österreich. Die Reformation erreichte zuerst die Bergstädte Nordtirols, dann folgten das Erzstift Salzburg, Wien und Innerösterreich, das zur Erzdiözese Salzburg gehörte. Der Schritt vom reformkatholischen zum evangelischen Lager war den Gläubigen oft selbst nicht bewusst, war jedoch durch das Wirken der evangelischen Prediger, welche die Stadträte zu gewinnen wussten, unvermeidbar. In Schwaz und in Hall in Tirol zog der ehemalige Mönch und Theologe Jakob Strauß die Massen an, indem er die Missbräuche der kirchlichen Praxis anprangerte. Einige Zeit blieb er ungestört, wurde aber dann auf Druck des Bischofs von Brixen, zu dessen Diözese Hall gehörte, ausgewiesen. Nach der Entlassung als Domprediger von Augsburg kam als nächster bedeutender Prediger Urban Rhegius als Kaplan nach Hall, er ging aber bald nach Augsburg zurück, wo er sich auf dem Reichstag von 1530 an der Formulierung der **Confessio Augustana** beteiligte. Auch der Adel wandte sich der Reformation zu, wie zum Beispiel der fromme Kufsteiner Ritter Martin Baumgartner. In seiner Jugend hatte er eine weite Pilgerreise in den Orient unternommen und ließ seine Reiseerinnerungen von einem Lehrer veröffentlichen. Er musste sich im Jahre 1526 wegen Begünstigung des protestantischen Predigers Wolfgang Ochsenhauter vor dem Innsbrucker Regiment rechtfertigen. Luther sandte ihm 1528 ein Trostschreiben.

Zunächst entstand in Österreich keine evangelische Kirchenorganisation, die Reformation bediente sich des schon bestehenden Pfarrsystems, in einzelnen Pfarren wurden einfach evangelische Prediger bestellt. So entstand das Paradoxon, dass evangelische Geistliche rechtlich gesehen katholischen Bischöfen unterstanden, diese ihnen aber nichts zu sagen hatten und nichts gegen sie unternehmen konnten, weil sie vom jeweiligen Grundherrn geschützt wurden. Von einer Klarheit der Lehre oder einer scharfen Trennung zwischen katholischen Bräuchen und Luthertum war in Österreich ohnedies noch lange nicht die Rede, es gab Mischformen aller Art.

## *Bischof Desperatus*

Paul Speratus (eigentlich Hoffer, 1484–1551) war von 1514 bis 1520 in Salzburg als katholischer Priester und danach als Domstiftprediger in Würzburg tätig, wo er bereits Luthers Lehren vertrat. Im Dom fiel sein Blick immer wieder auf ein schönes Gesicht, eine junge Frau hörte ihm besonders andächtig zu. Als er Anna Fuchs dann im Beichtstuhl fand, ergab ein Wort das andere, und bald folgten heimliche Treffen. Paul ließ sich rasch mit ihr trauen, durch Luthers Worte und Vorbild überzeugt. Doch die Sache kam heraus und das junge Paar musste bei Nacht und Nebel aus Würzburg fliehen. Auf der Flucht kamen die beiden nach Salzburg und dann nach Wien, wo Speratus mit der theologischen Fakultät der Universität in Konflikt geriet. Er wurde wieder einmal öffentlich wegen seiner Eheschließung angegriffen und reagierte darauf durch die erste reformatorische Predigt von Wien. Am 12. Jänner 1522 bestieg er die Kanzel des Stefansdoms und hielt eine flammende Rede, die sich vor allem gegen die Existenz des Priesterstandes richtete, sich auch gegen den Zölibat wandte und den göttlichen Segen des Ehestandes pries. Er bezichtigte die Wiener Geistlichkeit der

Doppelmoral, da die Dispensgelder[37] für die Nichteinhaltung des Zölibats, der »Hurenzins«, auch in Wien zu einer guten kirchlichen Einnahmequelle geworden waren. Das in großer Zahl herbeigeströmte Publikum, darunter viele Mönche, war begeistert, seine Gattin gerührt, die akademischen Glaubenswächter waren hingegen empört. Sie rissen neun Sätze seiner Predigt aus dem Zusammenhang als ketzerisch heraus und verlangten deren Widerruf. Speratus (= der Erhoffte) wurde verhaftet und als Ketzer exkommuniziert, was ihm den Spottnamen »Desperatus« (= der Verzweifelte) eintrug. Seine weitere Flucht führte über Ofen (= Buda) nach Iglau, wo er sich um die Stadtpfarrstelle bewarb und sie auch erhielt. Der Bischof von Olmütz erfuhr aber bald, welchen Vogel er sich da ins Nest gesetzt hatte, ließ ihn verhaften und zum Feuertod verurteilen. Im Kerker dichtete Paul ein Lied, das an vielen Orten zum Sturmlied der Reformation wurde:

*»Es ist das Heil uns kommen her*
*aus Gnad und lauter Güte*
*die Werk, die helfen nimmermehr*
*sie mögen nicht behüten.«*

Speratus wurde glücklicherweise begnadigt, musste Mähren aber für immer verlassen. Später sollte er es noch bis zum lutherischen Bischof in Marienwerder in Preußen bringen. Sein Streit mit der Wiener Universität ging übrigens 1524 schriftlich weiter und wurde von Luther veröffentlicht.

## *Adel und Reformation*

Besonders stark war das Luthertum in Oberösterreich verbreitet, und zwar beim Adel und bei den Bauern. Im Schloss Tollet im Hausruckviertel wohnte das Rittergeschlecht der **Jörger**, das sich tatkräftig für die neue Lehre einsetzte, besonders Landeshauptmann Wolfgang Jörger und sein Sohn Christoph. Sie standen mit Luther in Briefwechsel. Dieser empfahl ihnen seinen Landsmann, den ehemaligen Mönch und Mathematiker Michael Stiefel, der zum ersten lutherischen Pfarrer in Österreich wurde. Im Jahre 1527 verschärfte sich aber die Lage, der Lutheraner **Leonhard Kaiser**, der auch einige Zeit als Vikar in Waizenkirchen im Hausruckviertel tätig gewesen war, wurde in Schärding verbrannt. Vorsichtshalber kehrte Stiefel daher wieder nach Wittenberg zurück. Die Jörger erwarben später die Herrschaft Hernals in Wien (siehe S. 152). Luther stand auch mit Bartholomäus von Starhemberg in Verbindung, dem er 1524 anlässlich des Todes seiner Frau einen Trostbrief sandte. Weitere Adelige schlossen sich ebenfalls der Reformation an, darunter Mitglieder der Familien Dietrichstein, Khevenhüller, Ungnad, Puchheim und Zinzendorf. Ihre Söhne gingen wie etliche andere Studenten an die Universität Wittenberg, um die neue Lehre kennenzulernen. In Steyr wurde seit 1520, in Linz und Gmunden seit 1523 evangelisch gepredigt.

Auch in Innerösterreich (Steiermark, Kärnten und Krain) breitete sich das Luthertum rasch aus. In Schladming wurde die erste evangelische Predigt im Jahre 1525 gehalten, in Graz und Bruck 1526. Eine katholische Kirchenvisitation des Jahres 1528 kam zu dem Schluss, dass Graz bereits *»im Luthertum vergiftet*

*Pothiphar versucht Joseph, Ausschnitt aus der illustrierten Lutherbibel von 1769*

*sei«*. Als Förderer der Reformation ist der Landeshauptmann Siegmund Georg von Dietrichstein zu nennen, der über seine Mutter Barbara von Rottal ein Enkel Kaiser Maximilians I. war. Sein Bruder Adam blieb hingegen Katholik. Ein weiterer prominenter Lutheraner war **Hans Ungnad** von Sonneck († 1564). Ab 1530 Landeshauptmann der Steiermark, siegte er 1532 am Kreuzer Feld gegen die Türken und übernahm danach den Oberbefehl der habsburgischen Truppen an der Militärgrenze. Er verließ Österreich wegen seines Glaubens 1556 und stellte sich in den Dienst Württembergs. In Urach bei Stuttgart gründete er gemeinsam mit dem slowenischen Geistlichen Primus Trubar und dem kroatischen Geistlichen Stefan Konsul ein Institut zur Übersetzung und Drucklegung der Bibel und der lutherischen Schriften in südslawische Sprachen. Kaiser Ferdinand II. (1578–1637) schenkte diese Druckerei später dem Papst. Ungnad beabsichtigte übrigens eine evangelische Missionierung der Osmanen, konnte diesen Plan aber wegen der Gegenreformation nicht weiter verfolgen.

Auch in Kärnten wandten sich der Adel, die Bergknappen und die Bergbauern schon früh dem Luthertum zu. Der Führer des evangelischen Adels war **Bartholomäus Khevenhüller**, der ein interessantes Tagebuch hinterlassen hat. Auf seiner Burg Landskron ließ er in einer eigenen Druckerei fast 16 000 evangelische Bibeln herstellen. Auf seinem Stammsitz Hochosterwitz wirkte als Schlossprediger Gotthard Christalnik, der Schriften über Kärntens Geschichte verfasste. Die Städte Klagenfurt, Villach und Völkermarkt öffneten sich ebenfalls fast zur Gänze dem Protestantismus.

## *Der erste Märtyrer*

In Wien kam es allerdings schon 1524 zu einer Gegenreaktion: Der reiche Laubenherr und Tuchhändler **Caspar Tauber**, ein angesehenes Mitglied von Stadtregierung und Gottleichnamsbruderschaft, gab eine reformatorische Flugschrift heraus, in der er Kritik an der Ohrenbeichte und der Lehre vom Fegefeuer und der Heiligenfürbitte übte. Er wurde in den Kärntnerturm geworfen, wo er seine Worte widerrief. Zur Buße sollte er an drei Sonntagen im Büßerkleid, mit unbedecktem Haupt und ohne Schuhe, mit einer Kerze in der Hand und einem Strick um den Hals, an der Pforte des Stefansdoms stehen und öffentlich widerrufen.

Außerdem sollte er als Zeichen seiner Ketzerei für den Rest seines Lebens ein schwarzes Kreuz auf der Kleidung tragen. Am festgelegten Sonntag verweigerte er aber ganz unerwartet den öffentlichen Widerruf, berief sich auf die Bibel und appellierte an das Reich. Das Ende war schrecklich, er wurde zur Gänseweide nach Erdberg geführt und enthauptet, sein Leichnam wurde verbrannt und die Asche in die Donau gestreut[38]. Man kann sich die Wirkung vorstellen, die dieser Fall auf die reichen und gebildeten Bürger Wiens hatte, von denen viele mit der Reformation sympathisierten! Die meisten Studenten verließen Wien, weil sie sich anderswo ihres Lebens sicherer fühlten, die Universität sank zur Bedeutungslosigkeit herab.

Möglicherweise war König Ferdinand I. bei Tauber von einer Verbindung mit den Täufern überzeugt, denn sonst ging er nicht so scharf gegen die Lutheraner vor, das hätte er sich bei der ständigen Türkenbedrohung und aus wirtschaftlichen Gründen auch gar nicht leisten können. Unter seiner Regierung ist nur noch ein weiterer lutherischer Märtyrer bekannt, Martin Hofmann, der 1549 in Kärnten hingerichtet wurde.

## *Die Verfolgung der Täufer*

Anders als die Protestanten wurden die Wiedertäufer (Anabaptisten) oder Täufer, wie sie sich selbst nannten, aufs schärfste verfolgt, und zwar auch von den Lutheranern und den Kalvinisten. Die radikalen Predigten der Täufer, die oft zu einer auffälligen Änderung der Lebensweise der Zuhörer führten, verursachten Aufsehen und veranlassten die Obrigkeit zum Eingreifen. Besonders in Tirol hatten sie viele Anhänger gewonnen, in Schwaz zählte man im Jahre 1523 etwa achthundert. Die ersten Nachrichten über Verhaftungen und Prozesse stammen aus dem Jahre 1527. Im Fürsterzbistum Salzburg kam es am 25. Oktober und am 6. November 1527 zu den ersten Hinrichtungen, wobei die Betroffenen samt dem Haus, in das man sie eingeschlossen hatte, verbrannt wurden. Im Jahre 1528 begann König Ferdinand einen regelrechten Vernichtungsfeldzug. In Linz wurden der Leiter einer freien Gemeinde, **Wolfgang Brandhuber**, und siebzig seiner Gemeindemitglieder, in Bruck an der Mur zwölf Frauen und Männer nur um ihres biblischen Glaubens willen hingerichtet, viele weitere Hinrichtungen andernorts folgten. Da sich der Adel nirgendwo in Österreich den Täufern anschloss, wurden sie auch nicht beschützt.

Der Schneider **Leonhard Schiemer** träumte zwar zuerst davon, römisch-katholischer Weltpriester zu werden, trat dann aber in das franziskanische Barfüßlerkloster in Judenburg ein. Offenbar enttäuscht vom mönchischen Leben floh er nach Nürnberg und arbeitete wieder als Schneider. Erste Kontakte mit den Täufern brachten ihn 1527 nach Nikolsburg (heute Mikulov, bis 1572 Besitz der Liechtenstein, dann der Dietrichstein) in Mähren, wo **Balthasar Hubmaier**, der ein Jahr später in Wien hingerichtet[39] werden sollte, die lutherische Gemeinde in eine täuferische umgestaltet hatte. Dort war gerade ein Streit im Gange, und zwar zwischen den Fraktionen der »Stäbler« unter **Hans Hut**, die sich zum absoluten Gewaltverzicht bekannten, und den »Schwertlern«, die es für erlaubt hielten, wegen der Türkengefahr das Schwert zu tragen, zu gebrauchen und Kriegssteuer zu zahlen. Hubmaier stand auf der Seite der Schwertler. Wenig später besuchte Schiemer Wien, wo Hans Hut in der Kärntnerstraße eine Täufergemeinde leitete. Nach zwei Tagen ließ er sich taufen und begann seine missionarische Tätigkeit. Sein Weg führte ihn in die frühere Waldenserhochburg Steyr, dann nach Salzburg und Augsburg und schließlich nach Rattenberg am Inn, wo ihn die Täufergemeinde sofort zu ihrem Bischof machte. Einige Wochen später wurde er bereits verhaftet und peinlich verhört. Er gab an, in 28 Städten gepredigt und zweihundert Menschen für das Täufertum gewonnen zu haben. Während seiner Untersuchung verfasste Schiemer einige Sendschreiben, bis er am 25. Jänner 1528 in Rattenberg enthauptet wurde. Zwischen 1528 und 1540 starben dort auf Veranlassung der römisch-katholischen Kirchenbehörde weitere 70 Frauen und Männer. Schiemer war der Dichter des bekannten Wiedertäuferliedes:

*»Wir bitten dich, ewiger Gott,*
*neig zu uns deine Ohren,*
*heiliger Herr Zebaoth,*
*du Vierfürst der Heerscharen,*
*vernimm die Klag:*
*Ungemach und Plag*
*hat überhand genommen.*
*Der Behemoth*
*mit seiner Rott*
*ist in dein Erbteil kommen.*

*Es haben sich zu ihm verpflicht*
*viel der vermeinten Christen,*
*den wüsten Greuel aufgericht.*
*Sie toben und vernichten.*
*Das Heiligtum*
*de Christen fromm,*
*das haben sie zertreten.*
*Der wüst Unflat*
*in deiner Statt*
*läßt sich als Gott anbeten.«*[40]

Auf dem Reichstag zu Speyer wurde 1529 das **Wiedertäufermandat** zur Bekämpfung dieses Glaubens beschlossen, das die Bestimmungen für das ganze Reichsgebiet vereinheitlichte. Es ordnete an, dass jeder, der sich der Erwachsenentaufe unterzog, mit dem Tod zu bestrafen sei, und zwar ohne Verhandlung vor einem Inquisitionsgericht. Ebenso sollte jeder, der seinen neugeborenen Kindern die Taufe verwehrte, mit dem Tod bestraft werden. Flüchtige Täufer sollten dort, wo sie ergriffen wurden, sofort hingerichtet werden. Man begründete diese strengen Bestimmungen mit dem »Codex Justinianus«, in welchem die Erwachsenentaufe, in den ersten Jahrhunderten durchaus üblich, im Jahre 529 unter Todesstrafe gestellt worden war. Das neue Gesetz wurde gleich fleißig angewandt.

**Jörg Blaurock** (Georg Cajakob), der in Chur die katholische Priesterweihe empfangen hatte, war eine führende Persönlichkeit der Täuferbewegung. Er war verheiratet und kam 1525 nach Zürich, wo sich um Konrad Grebel und Felix Mantz, der zwei Jahre später in der Limmat ertränkt werden sollte, ein kleiner Kreis gebildet hatte, der sich in schroffem Gegensatz zu Zwingli befand. Als der Züricher Stadtrat im Jänner 1525 anordnete, dass alle Kinder spätestens acht Tage nach ihrer Geburt zu taufen seien, gründeten die Männer die erste Täufergemeinde. Grebel taufte Blaurock, der somit der erste gläubig Getaufte war, und dieser dann die anderen Mitglieder des Kreises. Er galt als unerschrockener Prediger, dichtete etliche Lieder und wirkte vor allem in der Schweiz und in Südtirol, wo er viele Leute zum Täufertum bekehrte. Jörg Blaurock wurde im September 1529 in Klausen (Südtirol) auf dem Scheiterhaufen verbrannt. Der Schwerpunkt der Täuferbewegung verlagerte sich ab 1530 nach Tirol, vor allem in die Südtiroler Täler. Die Tiroler Regierung bemühte sich nach besten Kräften, den Täufergemeinden ein rasches Ende zu bereiten.

**Jakob Hutter** (auch Huter oder Hueter) war Hutmacher. Vermutlich kam er auf der Wanderschaft in Klagenfurt mit den Täufern in Kontakt. Nach seinem Übertritt gründete er eine Gemeinde im Pustertal. Als die Verfolgung begann, flohen etliche Tiroler in mehreren Wellen nach Mähren, wo sie als friedliche und fleißige Leute bei den Grundherren gern gesehen waren. Hutter beschloss, vorerst noch in Tirol zu bleiben, und kümmerte sich um die noch verbliebenen Gemeindemitglieder. Erst 1533 ging auch er nach Mähren, wo das Täuferwesen damals seinen Höhepunkt erreichte: Auch Täufer aus der Pfalz, Schwaben und Schlesien hatten sich dorthin in Sicherheit gebracht. Unter Hutters Führung wurden mehrere gemeinsame Siedlungen gegründet, in denen die Einwanderer ihr Ideal der urchristlichen Gütergemeinschaft verwirklichten. 1535 beschloss jedoch der mährische Landtag die Ausweisung aller Täufer. Doch blieb das Täu-

*Die Tafel neben dem »Goldenen Dachl« in Innsbruck bezeichnet die Stelle, wo Jakob Hutter den Feuertod erlitt*

fertum bis ins 17. Jahrhundert in den abgeschlossenen Gemeinschaftssiedlungen, den »Haushaben«, erhalten. Ein Teil der Betroffenen ging wie die Waldenser in den Böhmischen Brüdern auf, andere verstreuten sich auf die umliegenden Länder und kamen bis Amerika, wo ihre Nachfahren noch heute ein altertümliches

*Dieses Kleinhäuslerhaus wurde aus Wilfersdorf ins Museumsdorf Niedersulz übertragen. Jetzt beherbergt es das erste Museum zur Geschichte der Habaner (Hutterer) in Österreich*

Tirolerisch sprechen. Hutter selbst kehrte nach Tirol zurück, wurde in Klausen verhaftet und zuerst in die bischöfliche Festung Branzoll (Bronzolo) gesteckt, dann aber nach Innsbruck verlegt. Da er trotz heftigster Foltern weder widerrief noch die Namen weiterer Täufer preisgab, wurde er schließlich verurteilt und starb am 25. Februar 1536 auf dem Scheiterhaufen vor dem Goldenen Dachl, eine Platte bezeichnet heute die Stelle. Laut der »Hutterischen Chronik«[41] richtete man allein in Tirol insgesamt 360 Täufer hin.

Aus den Verhörprotokollen der Täufer gehen Festigkeit im Glauben, Menschlichkeit und großes Wissen um religiöse Fragen hervor. Die Motive für die grausame Verfolgung waren wohl Angst vor den politischen und gesellschaftlichen Konsequenzen dieser Lebensform, Misstrauen wegen ihrer Abschließung und möglicherweise auch Neid auf ihre wirtschaftlichen Erfolge. Dazu kam der Abscheu vor den Ungetauften, ähnlich wie bei den Juden. Angesichts der Türkengefahr traute man ihnen auch Hochverrat zu, da der Großteil jeden Kampf ablehnte und keine Kriegssteuer entrichten wollte. Außerdem ist es gut möglich, dass die Täufer bei den hasserfüllten Katholiken sozusagen als Stellvertreter für alle Protestanten herhalten mussten und ihre Verfolgung auch als ständige Warnung an alle Lutheraner gedacht war, damit sich diese nicht allzu sehr in Sicherheit wiegen sollten. Aus den Täufern gingen in den Niederlanden die **Mennoniten** hervor, die der vormals katholische Priester Menno Simons († 1561) um sich sammelte und die sich streng gegenüber radikalen Gruppen abgrenzten. Nach anfänglicher Verfolgung lebten sie in stiller Duldung und sind heute in Österreich als Bekenntnisgemeinschaft anerkannt (siehe S. 258).

## *Die Position der Habsburger*

Ferdinand I. stand als »advocatus ecclesiae« (Schirmherr, Vogt) an der vordersten Front des Abwehrkampfes gegen die neuen Lehren und versuchte in seinen Ländern erfolglos, dem Ausbreiten der Reformation Halt zu gebieten (Ketzermandat von Ofen 1527). Die von ihm durchgeführten Visitationen, an denen auch katholische Laien teilnahmen, zeigten das stetige Vordringen des Protestantismus. Persönlich konnte er sich trotz des Augsburger Religionsfriedens 1555 nie damit abfinden, die Lutheraner waren und blieben für ihn Ketzer, deren Glauben er negativ sah, als *»solch valsch leeren dem heiligen Evangelium, unserm lang hergebrachten löblichen Glauben, Ordnung und Aufsatzung der christlichen Kirchen zuwider, auch zu nichts anderem denn erstörung der ainigkeit, verachtung der Ober- und Erbarkaiten, ungehorsam, aufrur, empörung, plutvergiessen und beschließlichen zu allem abfaal, unrat und ubel diennend.«* Das belastete seine Beziehung zu seinem Sohn und Nachfolger Maximilian (II., 1527–1576) schwer, der schon früh mit den protestantischen Lehren in Berührung gekommen war, vermutlich über seinen Erzieher Wolfgang Schiefer. Bei der Ausbildung einer evangelischen Kirchenstruktur in seinen Ländern wählte Ferdinand die gut österreichische Verzögerungstaktik und wartete die Entwicklung ab. Er selber erkannte die Wesensunterschiede der beiden Lehren nicht, sondern hielt bis zu seinem Tod nur Äußerlichkeiten und das unterschiedliche Leben der Geistlichen für die Hindernisse auf dem Weg der Evangelischen zurück zur Glaubenseinheit. Um diese Schranken zu beseitigen, unterstützte er die innere Reform der katholischen Kirche und das Konzil von Trient, rief die Jesuiten ins Land und verlangte vom Konzil die Zulassung des Laienkelchs und die Aufhebung des Zölibatzwangs für ganz Deutschland.

*Habsburger zur Reformationszeit: Karl V., Ferdinand I., Maximilian II., Maria von Ungarn, Medaille*

Auf dem zweiten Reichstag zu Speyer im Jahre 1529 forderte Ferdinand die Stände im Namen seines Bruders, Kaiser Karls V., zur Aufhebung des Reichstagsbeschlusses von 1526 auf. Dieser hatte das Wormser Edikt (Verbot des Lutheranertums) teilweise revidiert und den Reichsständen die persönliche Stellung zur Reformation überlassen. Zur Aufhebung dieser Bestimmung hätte ein einfacher Mehrheitsbeschluss genügt, und die neunzehn evangelischen Reichsstände wären zur Rückkehr in die katholische Kirche gezwungen worden. Daher lehnten sie Ferdinands Antrag in einer »protestatio« ab, was ihnen den Namen Protestanten eintrug. Damit war die endgültige Spaltung der Reichsstände in eine evangelische und eine katholische Partei vollzogen.

Auf dem Augsburger Reichstag 1555 führte Ferdinand die Verhandlungen, die in den Religionsfrieden mündeten. Dieser gewährte den weltlichen Reichsständen die Religionsfreiheit, die Untertanen hatten den Glauben ihres Landesherrn anzunehmen oder konnten auswandern. Die geistlichen Reichsstände aber hatten katholisch zu bleiben, sie verloren beim Glaubenswechsel ihre Würden. Dieser »Geistliche Vorbehalt« war das Werk Ferdinands, um dem weiteren Vordringen der Reformation Grenzen zu setzen. Durch die »Declaratio Ferdinandea« stellte Ferdinand aber den Landständen in den geistlichen Territorien die Konfession frei.

Ferdinands Söhne Maximilian II. und Karl († 1590) setzten in ihren Ländern die Bestimmungen des Religionsfriedens noch nicht durch, sondern gestatteten den Ständen weiterhin reformatorische Predigten und die Ausbildung eines Kirchenwesens, wenn auch mit unterschiedlicher Absicht. Maximilian hielt sich an seine Zusagen, die er in der Religionskonzession und in der Assekuration (für Niederösterreich) gemacht hatte. Er war genau wie sein Vater der Meinung, die

Schaffung eines gemeinsamen Ritus könne das Problem der Kirchenspaltung noch lösen. Dass er selbst dem Protestantismus sehr nahe stand, zeigt allein die Tatsache, dass seine Gattin Maria von Spanien die evangelischen Leibärzte nicht zu ihm ließ, als er auf dem Sterbebett lag. Sie hatte Angst, er würde zuletzt doch noch übertreten. Nach seinem Tod im Jahre 1576 begann sich jedoch die Gegenreformation abzuzeichnen.

Ganz anders verhielt sich Karl von Innerösterreich, der bei seinem Regierungsantritt in der Steiermark nur mehr Reste der päpstlichen Kirche vorfanden hatte. Er ließ schon durch die Ausformulierung seiner Zugeständnisse in der Grazer Religionspazifikation 1572 und im Brucker Libell 1578 erkennen, dass eine Aufhebung des protestantischen Kirchenwesens zumindest gedanklich in Reichweite lag. Zwei Jahre später wurde die protestantische Religionsausübung von ihm bereits in den innerösterreichischen Städten und Märkten verboten.

## *Der Jesuitenorden*

Parallel zur Reformation begann die innere Restauration der katholischen Kirche. Sie betraf auch die Klöster, eine Fülle von neuen Kongregationen (Oratorianer), neuen Mönchs- und Nonnenorden (Barmherzige Brüder, Ursulinnen) und Klerikerorden (Theatiner, Barnabiten = Paulaner, Piaristen, Jesuiten) entstand.

Bereits als Student der Theologie hatte der baskische Ritter **Ignatius von Loyola** eine Gemeinschaft gegründet, die sich zu unbedingtem Gehorsam dem Papst gegenüber verpflichtete. Dieser solle sie immer dahin senden, wo sie benötigt würden, ihre eigene Person war der Sendung unterzuordnen. Die »Societas Jesu« (SJ) wurde 1540 von Papst Paul III. bestätigt. Als ihre Hauptaufgaben galten von Anfang an die weltweite Mission und das Unterrichtswesen. Papst Julius III. wies ihnen 1555 als neue Aufgabe noch die Verteidigung und Verbreitung des Glaubens zu. Damit wurden sie zur Speerspitze der Gegenreformation. Der Orden ist streng militärisch organisiert, an seiner Spitze steht der General. Die Ordensprovinzen unterstehen einem Provinzial, die einzelnen Ordenshäuser einem Rektor. Das Ausleseverfahren ist hart, und neben den üblichen Ordensgelübden legen die Jesuiten als viertes dasjenige des unbedingten Gehorsams gegenüber dem Papst ab.

Sie bemühten sich sofort um die Seelsorge an den katholischen Fürstenhöfen, um so den nötigen Einfluss zu gewinnen. Man warf den Jesuiten häufig Skrupellosigkeit vor, denn sie vertraten die recht anfechtbare Lehre vom »geistigen Vorbehalt«. Diese »reservatio mentalis« erlaubt, dass man eine eidliche Aussage oder ein Versprechen anders meinen darf, als es dem Wortlaut entspricht, sofern nur der Zweck gut ist. Unter Probabilismus versteht man die Möglichkeit, bei Gewissenszweifeln gegen Gebot und Gesetz zu handeln, sofern diesbezüglich eine »probable«, also wahrscheinlich richtige Meinung eines Kirchenlehrers, gefunden werden kann.

Starke Unterstützung fanden die Jesuiten in Bayern (Ingolstadt). Das erste

*Die Jesuitenuniversität von Graz*

Jesuitenkolleg des Reiches wurde jedoch in Wien gegründet und von **Petrus Canisius** (1521–1597) geleitet. Die ersten Brüder konnten sich mit der einheimischen Bevölkerung nicht einmal verständigen, denn sie waren Romanen und vom romanischen Katholizismus geprägt. In Sachen Glaubensspaltung waren sie kompromisslos, sie wünschten keinen Ausgleich der Konfessionen, sondern die Rückkehr der Protestanten zur einzig wahren katholischen Kirche. Durch ausgezeichneten und modernen Unterricht sollte bei ihren Schülern der Wunsch nach einem frommen Leben geweckt werden, um aus ihnen eine katholische Elite zu bilden. Die Rechnung ging auf: Der Ruf der Schulen war so gut, dass ihnen selbst vornehme und reiche Protestanten ihre Söhne zur Erziehung anvertrauten und dann sehr erstaunt waren, wenn diese konvertierten. Von größter Wichtigkeit war selbstverständlich die Schulung des zukünftigen Klerus. Auch Kongregationen wie die Marianische Kongregation und Bruderschaften unter jesuitischer Führung dienten der Heranbildung von katholischen Eliten. So stand den Protestanten nun eine neue Art von Katholiken gegenüber, die im Glauben geschult waren und die evangelischen Argumente parieren konnten.

*Ferdinand II., Zeichnung von J. Berger nach einem Kupferstich*

Dieser Schulung diente der »Große Katechismus« des Petrus Canisius, der von Ferdinand I. 1555 in ganz Österreich vorgeschrieben wurde. Damit wurden die Beschlüsse des Konzils von Trient umgesetzt, das an der alleinigen Interpretationsvollmacht der Kirche festgehalten und die »Vulgata« zum vorgeschriebenen Bibeltext erklärt hatte, neben der die Tradition gleichermaßen als Quelle der Wahrheit zu gelten habe. Damit war die Abgrenzung zum Protestantismus endgültig vollzogen, da dieser die Tradition als Quelle der

Offenbarung ebenso wie die Vermittlerrolle des Klerus ablehnte und die Bibel in der Volkssprache verwendete. Mit dem Jesuitenschüler und Konvertiten Khlesl und dem ebenfalls von den Jesuiten erzogenen Kaiser Ferdinand II. setzten sich das Tridentinum und die folgende Liturgiereform (Missale Romanum, Ceremoniale Romanum, Rituale Romanum) in den habsburgischen Ländern vollkommen durch.

## *Die Juden in der Frühen Neuzeit*

Unter Ferdinand I. hielten sich zwar wieder einige Juden in Wien auf, dürften jedoch nicht dauerhaft in der Stadt gewohnt haben. Kaiser Maximilian II. erlaubte im Jahre 1571 sieben jüdischen Familien, in der Stadt zu wohnen, und ließ ihnen ein Haus bei der Himmelpforte zuweisen. Ein Jahr später erließ der Kaiser aber einen Ausweisungsbefehl für alle Israeliten in Österreich ob und unter der Enns. Möglicherweise blieben die Wiener Juden jedoch davon ausgenommen oder kehrten zumindest bald wieder zurück, denn der älteste Grabstein auf dem jüdischen Friedhof in der Seegasse stammt aus dem Jahre 1582. Ein besonderes Privileg der Wiener Judenschaft ist zwar nicht erhalten, der Ausdruck »befreite Judenschaft von Wien« und die hervorragende Stellung des Veit Munk lassen jedoch darauf schließen. Die jüdische Gemeinde trat auch öffentlich in Erscheinung, so anlässlich des feierlichen Einzugs von Erzherzog Matthias, dem späteren Kaiser, dem sie eine Ehrenpforte errichtete. Geschützt waren vor allem die Hofjuden. Sie waren durch individuelle Privilegien an den Hof gebunden, mussten kein Judenkennzeichen tragen und waren dem rechtlichen und fiskalischen Zugriff der Stadt entzogen. Zu ihnen gehörten Salomon und Israel Wolf, Abraham Brod, Salomon Munk, Lew Brod, Lew Pinkas, Moses und Markus Lew, Gerstl und Samson, David und Lasl Lazarus, Gerstl und Joachim Gerstl, Jakob Benisch. Bald hielten sich etwa dreihundert Israeliten legal in Wien auf, dazu kamen aber noch etliche, die als »unbefreit« galten, also kein Aufenthaltsrecht genossen. Diese stellten übrigens auch für die jüdische Gemeinde selbst ein Problem dar.

Die Juden lebten damals im Bereich der heutigen Judengasse und Seitenstettengasse, da ihre Geschäftsgewölbe am Hohen Markt lagen, also mitten unter den christlichen Stadtbewohnern, was immer wieder zu Problemen führte. Unter Ferdinand II., der sie erstmals 1619 unter seinen persönlichen Schutz stellte, wuchs die Judenschaft weiter an, und die ständigen Geldforderungen des Kaisers entwickelten sich zu einer regelmäßigen Steuer, für deren Einhebung eine Organisation der Judenschaft nötig wurde. Mit der kaiserlichen Verordnung von 1620 wurde daher eine Gemeinde geschaffen, die gegenüber der Obrigkeit als Einheit auftreten konnte. Sie verfügte über eine Synagoge, ein Lehrhaus, ein Rabbinatsgericht für innerjüdische Streitigkeiten und einen Ältestenrat zur Vertretung nach außen. Als in der Stern-Gasse (Nr. 6) eine Synagoge errichtet wurde, sollte sie nach außen wie ein gewöhnliches Wohnhaus aussehen. Die Vorschrift wurde aber offenbar nicht eingehalten, was Anlass zum Streit mit der Stadt gab. Diese wollte die Juden nicht in ihrer Mitte dulden, daher wurden ihnen vom Kaiser Ende 1624 neue Wohnungen im »Unteren Werd« (heute Leopoldstadt) angewiesen. Dort erhielten sie weitgehende Autonomie, waren von städtischen Abgaben und der Kennzeichnungspflicht befreit und rechtlich dem Obersthofmarschallamt unterstellt. Die Wiener Judenschaft vertrat auch die auf dem Land lebenden Israeliten von Niederösterreich.

Hier entwickelten sich im 17. Jahrhundert mehr als fünfzig kleine jüdische Ansiedlungen, die in den Steuerverzeichnissen genau verzeichnet sind. Mehr als zehn zu besteuernde Personen lebten aber nur in Langenlois, Weitersfeld, Groß-Schweinbarth, Achau und Zwölfaxing. Ebenfurth war die größte Siedlung mit 24 im Jahre 1652 und 45 im Jahre 1671 zu besteuernden Personen, dort stellten die Juden somit 20 bis 30 Prozent der Bevölkerung. Dass *»damahls gantze Dörffer voll Juden in Oesterreich waren«*, schrieb der englische Arzt und Reisende Edward Brown[42] 1668, als er auf seinem Weg von Venedig nach Wien durch die österreichischen Erbländer reiste. Die meisten Siedlungen waren jedoch viel zu klein, um Gemeinden zu bilden, und mussten sich daher mit anderen zusammenschließen. Aus der Interessengemeinschaft entstand als innerjüdische Organisationsform die Landesjudenschaft mit sporadischen, später mit regelmäßigen Zusammenkünften, die sich um die Mitte des 17. Jahrhunderts zwar von der Wiener Judenschaft löste, für eine Durchorganisation aber keine Zeit mehr finden sollte. Für die religiösen und rechtlichen Angelegenheiten war der Landesrabbiner zuständig.

# 3. Sonderfall Burgenland

## *Das Burgenland zwischen Türken und Katholiken*

Da das heutige Burgenland ein Teil Ungarns war (und Teil der Diözesen Raab/Györ und Gran/Esztergom), galten dort andere rechtliche Rahmenbedingungen als in den übrigen heutigen Bundesländern. Der ungarische Hochadel hatte wesentlich mehr Macht dem König gegenüber als der österreichische Adel. Die Habsburger selbst waren dort ebenfalls Grundherren und besaßen Eisenstadt-Forchtenstein und Ungarisch-Altenburg. Bis 1626 beziehungsweise 1647 waren große Gebiete des Burgenlands von Ungarn an Österreich verpfändet und gehörten daher zum landesfürstlichen Kammergut. Die Konfessionalisierungen spielten sich innerhalb der einzelnen Herrschaften und Städte ab.

Wie überall waren es auch in Westungarn die Städte, die sich als Erste der Reformation zuwandten. Flugschriften kursierten, 1522 traten Prediger in Ödenburg (Sopron) auf. Einer von ihnen war der Niederösterreicher **Simon Gerengel** aus Aspang, der erste protestantische Dichter Österreichs, der 1553 in Salzburger Kerkerhaft sein Johannesspiel verfasste. Als ab 1584 der evangelische Gottesdienst in Ödenburg unmöglich wurde, liefen die Einwohner zwanzig Jahre lang nach Deutschkreutz und Neckenmarkt aus. Unter den Ödenburger Lutheranern ist als bemerkenswerte Persönlichkeit **Christoph Lackner** (1571–1631) zu erwähnen, ein Kupferschmied, der aber dann in Italien studierte und im Jahre 1597 als gebildeter Humanist in seine Heimatstadt zurückkehrte, wo er als Rechtsanwalt, Mitglied des Stadtrates, Stadtrichter und schließlich ab 1613 als Bürgermeister tätig war. Im Jahre 1604 gründete er den »Bund der edlen Ödenburger Gelehrten«, der nach Paduaner Sitte auch Frauen als Mitglieder aufnahm, die Zusammenkünfte fanden in seinem Haus statt. Ziel der Gesellschaft waren die Pflege des Humanismus und die Unterstützung von Ödenburger Studenten an ausländischen Universitäten. Lackner besorgte den Aufbau der evangelischen Kirchengemeinde und kümmerte sich um das Schulwesen.

Die Magyaren tendierten eher zum Kalvinismus, die Deutschen zur Lehre Luthers. Ihre Zahl erhöhte sich infolge der Gegenreformation in Innerösterreich, als etliche Lutheraner, Adelige, Bürger und Politiker, nach Westungarn emigrierten. Nur die Kroaten erwiesen sich als resistent gegen alle reformatorischen Bestrebungen und blieben dem Katholizismus stets treu. Die Glaubensgeschichte des Burgenlands ist mit drei großen Namen verbunden: Batthyány, Nádasdy und Esterházy.

Thomas **Nádasdy** (1498–1562) war ein hochintelligenter Mann, der an einigen Universitäten studiert hatte. Nach dem Schlachtentod König Ludwigs II. von Ungarn im Jahre 1526 trug er entscheidend zur Wahl Erzherzog Ferdinands zum ungarischen König bei. Durch die Heirat mit Ursula Kanizsay erwarb er ein riesiges Vermögen, darunter Deutschkreutz, wo er sich später häufig aufhielt. König Ferdinand ernannte ihn zum Ban von Kroatien, als solcher siedelte er viele von den Osmanen bedrängte Kroaten im heutigen Burgenland an. Als Palatin von Ungarn kämpfte er in vielen kleineren und größeren Schlachten (besser gesagt Gemetzeln) erfolgreich gegen die Türken. Im Jahre 1546 sandte ihm ein Propst von Stuhlweißenburg (Szégesfehérvár) die Trauerpredigt Melanchthons für Martin Luther und versprach ihm weitere protestantische Dokumente, offenbar neigte Nádasdy schon damals zum Protestantismus. Bald waren die katholischen Geistlichen von seinen Gütern vertrieben und evangelische Prädikanten an ihre Stelle gesetzt. Vor dem König verbarg er aber seinen lutherischen Glauben. Sein Sohn Franz (1555–1604) war bei seinem Tod erst sieben Jahre alt und wurde unter Aufsicht der Mutter von protestantischen Lehrern und Erziehern unterrichtet. Er war ein heftiger Gegner von Katholizismus und Kalvinismus, dessen weitere Ausbreitung unter den Magyaren auf seinen Gütern er verhinderte, weil ihre Lehre mit unerwünschtem Bildungsdrang, Streben nach Unabhängigkeit und dem Recht auf Widerstand verbunden war (siehe S. 120). Als der Raaber Bischof **Georg Draskovich** nicht nur die katholischen, sondern auch die protestantischen Geistlichen und Grundherren zu einer Synode nach Steinamanger (Szombathely) lud, riet er den Protestanten ab, sie zu besuchen. In den vielen Kleinkriegen mit den Osmanen erwies er sich als besonders listenreich und unerhört grausam. Seine Gattin **Elisabeth Báthory**, eine der schlimmsten Verbrecherinnen, wurde vom Volk nur als Henkersfrau bezeichnet[43]. Trotz ihres evangelischen Glaubens blieb sie aber mit ihrem Sohn Paul (1598–1633) während des Aufstandes des Kalviners **Stephan Bocskai** zum Unterschied von anderen Familienmitgliedern kaisertreu. Im Jahre

1606 schloss Bocskai mit Rudolf II. den Wiener Frieden, der den ungarischen Protestanten Religionsfreiheit zusicherte, und übersandte ihm die Krone, die er vom türkischen Sultan erhalten hatte und die sich noch heute samt Behälter in der Wiener Schatzkammer befindet (Inventarnummern SK Inv. Nr. XIV 25 und SK Inv.-Nr. XIV 184). Paul erwies sich als eifriger Lutheraner, der für seine Kinder sogar ein eigenes Gebetbuch verfasste. In der Folge wandte er sich aber vom Kaiser ab und schloss sich gemeinsam mit Franz Batthyány der Partei des Fürsten von Siebenbürgen, des Kalviners **Gábor Bethlen**, an, dem sie 1620 als neuem ungarischem König huldigten. Das Strafgericht Kaiser Ferdinands II. war furchtbar. Die kaiserlichen Truppen mit dem kaisertreu gebliebenen Nikolaus Esterházy an der Spitze fielen in den Besitz der Verräter ein, brannten deren Höfe nieder und wateten förmlich in Blut. In Tschapring (Csepreg) zählte man 1223 Leichen, die zu bestatten waren, dazu kamen etliche Verbrannte und Verschleppte, in Deutschkreutz wird es wohl ähnlich gewesen sein. Dies nur als Beispiel für die Gräuel, unter denen die Bevölkerung auf beiden Seiten der Grenze damals ständig zu leiden hatte. Da der Kaiser im Dreißigjährigen Krieg und im Kampf gegen die Osmanen seine Magnaten aber benötigte, verzieh er Paul bald wieder und erhob ihn in den Grafenstand.

## *Konversion aus Liebe*

Doch nun zu dessen Sohn, der Franz hieß und der sein Leben im Jahre 1671 durch Henkershand in Wien beenden sollte[44]. Er wurde 1622 als Lutheraner geboren und galt als reichster Magnat von ganz Ungarn. Die ständigen Klein- und Großkriege mit den Osmanen machten ihn als verwegenen Heerführer bekannt, sein Corps kämpfte auch bei St. Gotthard und Mogersdorf mit. Durch den milden Frieden von Vasvár (Eisenburg) fühlten sich die ungarischen Magnaten vom Kaiser aber hintergangen und verschworen sich gegen ihn, woran auch Nádasdy beteiligt war. Sein Ehrgeiz hatte ihn in diese Situation gebracht, er wollte den Kaiser eigentlich gar nicht verraten, sondern sich nur die Stimmen der Stände für das Amt des Palatins sichern.

Dieses Amt hatte zu Nádasdys Jugendzeit Fürst Nikolaus **Esterházy** inne. Der aus einem wenig wohlhabenden, protestantischen Elternhaus stammende Nikolaus besuchte katholische Schulen und konvertierte zum Entsetzen seiner Eltern unter dem Einfluss seiner Lehrer zum Katholizismus. Durch zwei Ehen mit sehr vermögenden, aber protestantischen Witwen, die er zur Konversion überredete, wurde er steinreich. Vom Kaiser erhielt er 1621 die Herrschaften Eisenstadt und Forchtenstein und trieb auf seinen Gütern mithilfe der Ödenburger Jesuiten die Gegenreformation voran. *»1629 hat Esterházy Nikolaus seine ganze Herrschaft gezwungen, daß sie müssen Catholisch Religion annahmen, was zu Landsee und Lackenbach gehabt hat«*, berichtet die Ödenburger Chronik.

Nicht genug damit, verstand er es auch, Franz Nádasdy und dessen Mutter Judith, geb. Revay, und damit auch deren Untertanen für die katholische Kirche zu gewinnen. Er fädelte dazu geschickt zwei Heiraten ein. Die umschwärmte Witwe Judith hatte ein Auge auf einen Freund Esterházys, den katholischen Schatzmeister Graf Adam Forgach (Forgacs?), geworfen, trat ihm zuliebe trotz verzweifelter Einsprüche ihres Sohnes und all ihrer Leute zum katholischen Glauben über und zog mit ihm nach Galgocz. Die Prädikanten vertrauten nun voll auf Franz, der sich noch einige Zeit als eifriger Protestant gebärdete. Esterházy hatte aber eine überaus schöne und begehrenswerte Tochter namens Anna Julia, die Nádasdy auch in Großhöflein aufsuchte. Natürlich gab der Palatin die Zustimmung zu einer Mischehe nicht, sondern führte lange Diskussionen mit dem Freier über die richtige Auslegung der Bibel. Nádasdy wusste bald kein Argument mehr gegen Nikolaus' Rednergabe und Anna Julias schöne Augen. Und so konnte Nikolaus dem Wiener Jesuiten Wilhelm Lamormain zufrieden berichten: *»Durch die Güte Gottes ist Herr Graf Franz Nádasdy im kurz verflossenen Feste der Hl. Katharina am 25. Nov. im Markte Tschapring in der Pfarrkirche vor dem ganzen Volke, das teils aus dem Adel, teils aus den gewöhnlichen Gläubigen zusammenfloß, in Gegenwart einiger lutherischer Predikanten (da die übrigen zur angekündigten Generalversammlung erscheinend, aus schändlicher Furcht oder mit schlechtem Gewissen geheim entflohen) aus der angeborenen Ketzerei zur kath. Kirche übertreten, indem er sich lobenswürdig, weise und klug zum Staunen vieler als wahren und echten Sohn der kath. Kirche erkannte, verschmähend vor dem ganzen Volke den Betrug, die Falschheit und Boshaftigkeit der Predikanten und von seiner Bekehrung klare Rechenschaft gebend.«* Einige Monate später wurde die Ehe geschlossen und 40 000 Untertanen hatten ihren Glauben zu wechseln.

Aber auch die Kalviner und Lutheraner in und um Güssing, wo Graf Adam **Batthyány** die Gegenreformation einführte, teilten dieses Schicksal. Güssing war im Jahre 1525 in die Hände der Familie Batthyány gekommen, der erste Burgherr war Franz I. Batthyány (1497–1566). Auch er siedelte etliche von den Osmanen bedrohte Kroaten auf seinen Gütern an. Sein Sohn Balthasar (1543–1590) studierte an der Universität zu Padua und Paris, korrespondierte mit ausländischen Wissenschaftlern (in den Jahren 1582 bis 1597 arbeitete sogar eine Druckerei in Güssing), wurde Protestant, kaufte viele Handschriften und Bücher und begründete damit die Bücherei der Familie. Sein Sohn, Franz II. Batthyány (1577–1625), wurde 1603 in den Grafenstand erhoben. Er förderte den Kalvinismus, gründete eine Schule in Güssing und nahm die aus Deutschland und Österreich vertriebenen Prediger auf. Sein Sohn und Erbe Adam (1609–1659) war zwar als Protestant erzogen worden, trat aber 1629 unter dem Einfluss des aus Siebenbürgen stammenden Kardinals und Erz-

*Die Wallfahrtsbasilika von Frauenkirchen wurde nach den Zerstörungen des Vorgängerbaues durch die Türken von Paul Esterházy im Jahre 1695 anlässlich seiner Erhebung in den Fürstenstand gestiftet und von Francesco Martinelli erbaut. Sie wird von Franziskanern betreut. Möglicherweise befand sich an der Stelle in der Antike ein Aphrodite-Heiligtum*

bischofs von Gran Péter Pázmány, der selbst aus kalvinistischem Elternhaus stammte, zur katholischen Kirche über. Seine erste Gattin, die Wiener Hofdame Aurora Katharina Formentini, war nämlich streng katholisch, Pázmány selbst segnete den Bund. Nun hatten auch Adams Untertanen mit ihm die Religion zu wechseln.

Diese konvertierten Grundherren schufen durch ihre Anordnungen, durch die Einsetzung von katholischen Geistlichen und die Heranziehung der Orden (Gründung der Franziskanerklöster Güssing 1649 und des Klosters der Augustiner Eremiten Lockenhaus 1655 durch die Batthyánys, Gründung der Franziskanerklöster Eisenstadt 1624 und Frauenkirchen 1659 und des Servitenklosters Forchtenstein 1695 durch die Esterházys) die Voraussetzungen für die Gegenreformation, diese benötigte aber lange und erreichte die völlige Rekatholisierung der burgenländischen Bevölkerung nicht. Ausweisungen gab es keine, etliche Gruppen von Protestanten blieben vor allem dort bestehen, wo der ungarische Kleinadel oder die Städte ihre Besitzungen hatten.

## *Jüdisches Leben im Burgenland*

In der Frühen Neuzeit waren vollwertige jüdische Gemeinden in Österreich selten geworden, im Burgenland aber gab es einige, und zwar in Eisenstadt und Mattersdorf (heute Mattersburg), vermutlich auch in Kobersdorf und Lackenbach. Die Ansiedlung ging ursprünglich von den habsburgischen Landesfürsten aus, denen ein Teil des Gebietes verpfändet worden war, als sie noch nicht die ungarische Königswürde bekleidet hatten. Deshalb konnte Kaiser Maximilian I. einen Teil der ausgewiesenen steirischen und Kärntner Juden hier ansiedeln. Durch den Erbfall von 1526 wurden die Habsburger zu ungarischen Königen und gaben das Gebiet an ungarische Magnaten weiter.

Nach der Vertreibung der Juden aus Wien und Niederösterreich unter Kaiser Leopold I. wuchsen Zahl und Größe der Gemeinden, da die Esterházys ungefähr 3000 Vertriebene aufnahmen. Auf ihren Gütern entwickelten sich die »Siebengemeinden« (Scheva Kehillot) als Gemeindeverband. Das politische und geistige Zentrum war Eisenstadt, »Asch«[45], die anderen sechs Gemeinden waren Mattersdorf, Kittsee, Frauenkirchen, Kobersdorf, Lackenbach und Deutschkreutz,

*Jüdischer Friedhof in Eisenstadt*

»Zelem«[46]. Paul Esterházy stellte ihnen großzügige Schutzbriefe aus, um **Samson Wertheimer** (1658–1724) an sich zu binden, dessen Finanzdienste für ihn unentbehrlich waren. Da es in Wien ab 1670 keine jüdische Gemeinde mehr gab, übte Samson Wertheimer sein Amt als Oberrabbiner in Eisenstadt aus, sein Haus mit der Synagoge existiert noch heute. Dreißig Familien ließen sich 1671 in Mönchhof nieder, das dem Stift Heiligenkreuz im Wienerwald gehörte. Nach einigen Jahren wurde das Dorf von Husaren überfallen, die Juden ausgeplündert und misshandelt. Um einer Wiederholung vorzubeugen, befahl der Abt ihre Ausweisung. Sie fanden Aufnahme im benachbarten Frauenkirchen, das den Esterházys unterstand.

# 4. Der Sieg der Gegenreformation

## *Salzburg und der Bauernkrieg*

Im reichsunmittelbaren Erzbistum Salzburg machte sich die Reformation unter Erzbischof **Matthäus Lang von Wellenburg** (1519–1540) heftig bemerkbar, Luthers Denkschrift »Von der Freyheit eines Christenmenschen« war weit verbreitet. Nachdem zwei Pongauer Bauernburschen wegen ihres Abfalls vom katholischen Glauben 1525 hingerichtet worden waren, erhoben sich die Bauern, die Bürger und die Bergknappen von Gastein und Rauris. Die Aufständischen eroberten unter ihrem Anführer Michael Gruber die Stadt Salzburg und belagerten vierzehn Wochen lang ihren Herrn, der sich in die Festung geflüchtet hatte. Zu ihren Forderungen gehörten die freie Predigt des Evangeliums, die freie Pfarrerwahl und die Abschaffung der Leibeigenschaft. Die Bauern verlangten auch die Rückgabe der Allmende und die Freigabe der Jagd- und Fischereirechte. Beinahe hätten die Belagerer die Festung gesprengt. Die Legende weiß zu berichten, dass sich die Eingeschlossenen bald aus Mangel an Lebensmitteln hätten ergeben müssen. Da kamen sie auf eine List: An einem frühen Morgen wurde ein scheckiger Stier auf die breite Festungsmauer getrieben und so dem Feind gezeigt. In der kommenden Nacht strichen die Salzburger den scheckigen Stier weiß an und zeigten ihn am Morgen darauf wieder den Belagerern. Am dritten Morgen trabte ein pechschwarzer Stier über die Festungsmauer. So dachten die Aufständischen, die Bischöflichen hätten noch reichliche Vorräte und zogen ab. Voller Freude wusch man den Stier in der Salzach wieder rein, daher der Ausdruck »Salzburger Stierwascher«. In Wahrheit waren aber die Landsknechte des Söldnerführers Georg von Frundsberg dem Bischof zu Hilfe gekommen. Im folgenden Friedensvertrag kamen die Bauern recht gut weg, sie wurden amnestiert, ihre Führer mussten Abbitte leisten. Der Frieden hielt aber nicht lange.

Ein zweiter Aufstand, an dessen Spitze sich der Tiroler Bauernführer **Michael Gaismair** mit seinen Gefährten im Frühjahr 1526 stellte, endete erfolglos bei

Radstadt. Lang reagierte diesmal energischer, etliche Bauern wurden hingerichtet. In Radstadt ließ er den ehemaligen Franziskanermönch Georg Scherer (nicht zu verwechseln mit dem gleichnamigen Jesuiten und Gegner Luthers) enthaupten, woran dort die neue Evangelische Versöhnungskirche erinnert. In der Stadt Salzburg unterband er jede weitere Tätigkeit von Paul Speratus (siehe S. 123). Da die Bergwerke die Grundlage seines Reichtums bildeten, verfolgte er aber die Lutheraner von Gastein, die Bergherren und die Bergknappen, nicht weiter, sondern verbot ihnen lediglich die evangelische Predigt und das Abendmahl in beiderlei Gestalt. Der Bergmann **Martin Lodinger** vom »Lutherhof« unterhalb des Gamskarkogels bat Luther 1532 deshalb brieflich um Rat. Dieser war bekanntlich ein Feind der Bauernkriege und riet ihm, sich mit der *»geistlichen Empfahung«* des Abendmahles zu begnügen oder aber auszuwandern. Lodinger entschied sich 1533 für letzteres. Auch sonst kam es immer wieder zu kleineren Auswanderungswellen. Die nicht auswandern wollten, übten ihre Religion im Geheimen aus. Als Zuflucht und geheimer Versammlungsort soll ihnen dabei die »Entrische Kirche« (= unheimlich), eine Naturhöhle bei Gastein, gedient haben. Der Eingang liegt unter einem riesigen Felsvorsprung. Auch in Salzburg richtete sich die volle Wut der Regierung gegen die Wiedertäufer, unter Lang wurden 43 von ihnen hingerichtet, doch tauchten immer wieder neue Prediger auf.

Die direkten Nachfolger Langs gingen weder konsequent noch erfolgreich gegen die Protestanten vor. Im Jahre 1589 wurden zwar alle Protestanten aus der Stadt Salzburg selbst vertrieben, doch zwei Jahre später erlaubte Erzbischof Wolf Dietrich von Raitenau den Bergknappen sogar die Augsburger Konfession unter der Voraussetzung, dass die Befehle der Obrigkeit ausgeführt würden und dass es zu keinem Aufruhr käme. Erzbischof Michael von Kuenburg (1554–1560) begann hingegen mit der Ausweisung protestantischer Bürger und Handwerker. Die **Salzburger Provinzialsynode von 1569** gilt als Markstein für die Rekatholisierung Salzburgs, aber auch der innerösterreichischen Länder.

*Fürsterzbischof Paris Lodron*

1610 wurde die Erlaubnis Raitenaus zurückgenommen. Erzbischof Paris Graf Lodron (1619–1653) sollte dann die Gegenreformation in seinem Land durchführen. Die Jesuiten wurden nicht dazu herangezogen.

## *Die Gegenreformation in den Ländern der Habsburger*

Hatte es im 16. Jahrhundert durchaus Ansätze von Toleranz gegenüber den Protestanten gegeben, so setzte der landesfürstliche Absolutismus diesen Bestrebungen bald ein Ende. Der von Rudolf II. zum Generalreformator ernannte Passauer Offizial bei Maria Stiegen in Wien, **Melchior Khlesl** (1553–1630), Sohn eines lutherischen Bäckers aus Wien (Kärntnerstrasse 21), betrieb den Protestanten gegenüber eine Einschüchterungpolitik: Angebliche oder tatsächliche Überschreitungen der landesfürstlichen Privilegien, Streitigkeiten um die Patronatsrechte der Pfarren oder vorgebliche Zweifel am wahren Luthertum der Prädikanten wurden dazu benützt, ihre Stellung auszuhöhlen.

*Protestanten als Bilderstürmer: zerstörte Heiligengesichter über einem Portal der Wiener Minoritenkirche*

Wie es damals in den Gemeinden zuging, vor allem dann, wenn der Grundherr oder der Pfarrherr nicht auf der Seite der Evangelischen stand, zeigt der Fall Moosbrunn, der stellvertretend für unzählige ähnliche Fälle erzählt werden soll. Die evangelische Bevölkerung wollte im Jahre 1579 den Schullehrer Gallus Spitzweck zum neuen Pfarrer haben, weil dieser den verstorbenen Pfarrer Bartholomäus Haynoga bereits wiederholt vertreten hatte. Abt Urban Pernatz von Melk († 1587), der damalige Pfarrherr, setzte jedoch einen gewissen Matthäus Krinis ein, einen Katholiken. Natürlich wehrten sich die Leute, aber Krinis war nicht auf den Mund gefallen, beschimpfte sie alle zusammen und jeden einzeln nach allen Regeln der Kunst und ließ selbst die üble Nachrede der Zauberei nicht aus. Das wollten die Gemeindemitglieder nicht auf sich sitzen lassen, der Streit eskalierte, und schließlich machten die Bauern dem Vikar, den sie unter anderem *»ainen Phariseischen Jesuwittischen, Heuchler vnnd gleichsner«* schimpften, den Prozess. Sie verhörten ihn wegen *»vnbillichen wandels, Türannisierens, vnd vnnotigen aufruers, auch vnngründtlichem der warheyt nicht gemeß falschem bericht vnnd anclagens wider Edliche in der Gemain zue Moßprun namblich das alle Pünct«*[47]. Auch der Moosbrunner Bauer Peter Adam schloss sich der Klage an. Diese muss allerdings begründet gewesen sein, denn Melchior Khlesl sorgte schließlich 1580 selbst dafür, dass Matthäus Krinis mit seiner Geliebten (!) Moosbrunn verlassen musste.

Die von den Evangelischen heftig angegriffenen Jesuiten, darunter der berüchtigte Georg Scherer, der das Luthertum *»einen elenden stücklichten zerlumpten und zerflickten Glauben«* nannte, bemühten sich ihrerseits, möglichst viele Evangelische zur Konversion zu bewegen, unter anderem war ihnen dies bei Khlesl gelungen. Scherer ist übrigens beim Hexenprozess gegen die Plainacherin zu erwähnen[48], der letztlich auch der Einschüchterung der Protestanten diente. Sie waren viel weniger durchorganisiert als die katholische Kirche und oft uneinig und befanden sich daher ohnedies in der schwächeren Position. Zuerst noch vorsichtig, legte Khlesl bald alle Skrupel ab: Von Überzeugungsarbeit vor Ort in den Pfarren bis zur Gewalt war ihm jedes Mittel recht, er war von seiner Sendung überzeugt. *»Bei dieser Arbeit begehre ich entweder zu sterben oder mit Gottes Hilfe und Gnade das katholische Wesen in Österreich – und wenn es sein muß, mit weltlicher Gewalt – in einen besseren Stand zu bringen.«*

Khlesl war schon in jungen Jahren als guter Prediger und Verteidiger des katholischen Glaubens gegen die evangelischen Geistlichen aufgefallen. 1579 wurde er zum Dompropst von St. Stephan und zum Kanzler der Universität Wien ernannt, 1581 berief ihn der Bischof von Passau zum Offizial (Generalvikar) des niederösterreichischen Teils seiner Diözese mit Sitz in Wien. Bei seinem Amtsantritt soll Khlesl in ganz Niederösterreich nur fünf gut verwaltete katholische Pfarren vorgefunden haben. Als er 1588 Administrator des Bistums Wiener Neustadt und 1598 auch Administrator von Wien wurde, unterstanden ihm fast alle Pfarren im Land. Ab 1599 war er Kanzler des kaiserlichen Statthalters Erzherzogs Matthias. Als dieser im Jahre 1612 Kaiser wurde, nannte man Khlesl wegen sei-

*Kardinal Melchior Khlesl,*
*der »Vizekaiser«*

ner Machtfülle allgemein den »Vizekaiser«, von Beliebtheit konnte keine Rede sein. Anders in Rom, dort nahm ihn Papst Paul V. im Jahre 1616 als ersten Wiener Bischof in das Kardinalskollegium auf.

Im Reich und in Böhmen agierte Khlesl als Realpolitiker wesentlich vorsichtiger als in Österreich, da er ja die Unterstützung der Protestanten gegen die Türken benötigte und einen großen Religionskrieg vermeiden wollte. Nach dem »Prager Fenstersturz« von 1618 trat er daher für Verhandlungen mit den böhmischen Ständen ein und geriet prompt in Konflikt mit der Kriegspartei um den künftigen Kaiser Ferdinand II. Auf dessen und des Kaiserbruders Erzherzog Maximilians III. Befehl wurde er 1619 in der Wiener Hofburg verhaftet, womit sich die beiden allerdings den Kirchenbann zuzogen. Unter dem nächsten Papst, Gregor XV. (1621–1623), zog die Kirche den Prozess an sich. Khlesl wurde im abgelegenen Kloster Georgenberg bei Schwaz gefangen gehalten und dann nach Rom überstellt. Im Jahre 1627 kehrte er rehabilitiert nach Wien zurück und war noch bis zu seinem Tod als Bischof tätig. Er wurde im Stefansdom beigesetzt.

## *Vom Auslaufen und Wallfahrten*

Die protestantischen Landstände von Österreich unter der Enns residierten im Landhaus und hielten dort zwischen 1574 und 1578 auch ihre Gottesdienste ab. Einer ihrer bekanntesten Prediger war **Josua Opitz** (1542–1585), der wegen seiner scharfen Zunge und seiner Angriffe auf die »Papisten« von diesen sehr gefürchtet wurde. Die Religionsassekuration galt nur für die Schlösser des Adels auf dem Lande, Kaiser Maximilian II. hatte den Ständen aber zusätzlich die mündliche Erlaubnis gegeben, die Confessio Augustana auch in den in der Stadt liegenden Freihäusern ausüben zu dürfen. Sein Sohn Kaiser Rudolf II. fühlte sich nicht daran gebunden und hob die Landhauskirche auf. Nicht einmal ein »Fußfall der Fünftausend« im Jahre 1579 vor dem Statthalter Erzherzog Ernst vermochte die Entscheidung rückgängig zu machen: Dabei überreichte eine Gruppe von vierzehn führenden Protestanten dem Statthalter Erzherzog Ernst eine Bittschrift um Zulassung der Augsburgischen Konfession, während fünftausend Wiener vor der Hofburg auf den Fuß fielen, um die Bitte zu unterstützen. Die Folge war eine Verschärfung der Situation. Die Führer der Demonstration wurden verhaftet und ausgewiesen, zur Sicherung der Ruhe wurden dreihundert Soldaten nach Wien verlegt. Auf den Adelsschlössern außerhalb der Stadt galt jedoch die Religionsassekuration. Den Bürgern blieb daher nur noch die Möglichkeit, aus ihrer Stadt zu den Schlossgottesdiensten in Rodaun, Inzersdorf, Vösendorf oder Hernals »auszulaufen«.

Im Jahre 1515 war der kaiserliche Hofbaumeister **Hans Geyer** von Osterburg (1457–1525) mit der Herrschaft Hernals belehnt worden. Der Herrensitz

*Das Auslaufen nach Hernals*

befand sich auf dem Areal Elterleinplatz zwischen Kalvarienberggasse, Kindermanngasse und Bartholomäusplatz, daneben stand die Kirche St. Bartholomäus inmitten eines Friedhofs. Geyer schloss sich mit seiner Familie der neuen Lehre Luthers an und ließ berühmte protestantische Prediger rufen, die in dieser Kirche und, da sich diese bald als zu klein erwies, vom Erker des Schlosses aus predigten. Die Wiener kamen in Massen, *»um das Gotteswort zu hören«*. *»Mehr als Zehntausende waren es manchmal, die an den Sonntagen nach Hernals zogen, auf dem weiten Weg im Gebet verharrten, knieten, die Arme weit ausgebreitet zum Himmel gestreckt. Sie waren jedoch alle von der Seligkeit befallen, beten zu können in der Gemeinsamkeit duldender Glaubensgenossen.«* Dieses Auslaufen war den Katholiken rund um die Habsburger ein Dorn im Auge, 1577 wurde die Kirche daher gesperrt und das Auslaufen verboten. Daraufhin stellten die Herren von Geyer ihren unbeeindruckten Glaubensbrüdern den Saal ihres Schlosses als Gebets- und Predigtraum zur Verfügung. 1587 verkaufte die Familie Geyer den Besitz ohne lehensherrliche Zustimmung an die ebenfalls protestantischen Freiherren von Jörger, ein oberösterreichisches Geschlecht (siehe S. 123). Da die Kapitulations-Resolution von 1609 neuerlich die freie Religionsausübung zuließ, fanden in der Patronatskirche unter **Helmhardt von Jörger** wiederum evangelische Gottesdienste, Hochzeiten, Taufen und Begräbnisfeiern statt, die öffentlich zugänglich waren. Der Zustrom war unvorstellbar groß, weder Kirche noch Schlosssaal reichten, um all die Menschen zu fassen, und so wurde aus einem Fenster heraus gepredigt. Der erste evangelische Pfarrer war Johannes Satorius, Hernals war bis 1620 eine evangelische Pfarre. Es gab auch eine evangelische Schule und eine Buchhandlung. Der Superintendent von Plauen Dr. Matthias Hock, ein gebürtiger Österreicher, konnte sagen: *»... Hernals kann als wahrer Hort und Schutz der gereinigten Lehre gerühmt werden, die von Hohen und Niedrigen aus Wien in fast unzählbarer Menge besucht wird ...«* Nach Sartorius' Tod wirkten hier die bedeutenden Prädikanten Johann Mühlberger, Elias Ursinus und der Schwabe M. David Streudlin. Die Jörgers legten großen Wert auf gute Kirchenmusik, die der Komponist Andreas Rauch leitete. Noch heute wird ein bekanntes Lied von ihm gesungen:

*Danket dem Herren,*
*denn er ist sehr freundlich,*
*und seine Güte währet ewiglich,*
*der allem Fleisch sein Speise gibt,*

*der dem Vieh sein Futter gibt,*
*den jungen Raben, die ihn anrufen.*
*Der Herr hat nicht Lust an der Stärke des Rosses*
*noch Wohlfallen an jemands Gebeinen,*
*der Herr hat Gefallen an denen die ihn fuhrchten*
*und auf seine Güte warten.*

Helmhardt Jörger war einer der Führer der evangelischen Stände, die nach dem Tod von Kaiser Matthias im Jahre 1619 dessen Nachfolger Ferdinand II. die Erbhuldigung bis zur Bestätigung ihrer Religionsfreiheit verweigerten und mit den aufständischen böhmischen Ständen in Verbindung traten. Nachdem aber dann ein Großteil der evangelischen Stände – 33 Mitglieder der Herrenstandes und 32 des Ritterstandes – gegen die Zusicherung ihres Glaubens die Huldigung leistete, wurden jene, die sich weiterhin weigerten, zu Rebellen erklärt, geächtet und ihre Güter konfisziert. Helmhardt Jörger wurde am 16. April 1621 als Hauptrebell in Wien festgenommen und zum Tode verurteilt. 1622 wurde er zwar begnadigt, seine Güter wurden aber eingezogen und vom Kaiser dem Domkapitel von St. Stephan zuerkannt. Die in der Nähe des Zisterzienserstifts Lilienfeld gelegenen Besitzungen erwarb dieses. Die evangelischen Seelsorger und Musiker mussten Hernals 1625 verlassen und gingen nach Inzersdorf. Jörger starb 1631 in Linz.

Am 24. August 1625, dem Festtag des Kirchenpatrons Bartholomäus, wurde der erste katholische Gottesdienst in der Hernalser Pfarrkirche gefeiert. Die Jesuiten beschlossen klugerweise, an die Tradition des Auslaufens anzuknüpfen. Pater **Carolus Mussart** legte 1638 seine Gedanken und Vorschläge als Denkschrift vor: Gerade in Hernals müsste ein Sinnbild, ein Machtzeichen der siegreichen Gegenreformation entstehen, »... *Denn es habe das Ansehen, dass ... nicht ohne sonderbare Vorsehung Gottes diese Wallfahrt von St. Stephan nach Hernals erweckt worden und aufgenommen sey, damit eben an demjenigen Orte, an welchem die Ketzer meistenteils ihre Wohnung gehabt und ... ausgetrieben worden seyen, wo auch lange Zeit die Burg der lutherischen Sekte gestanden, anjetzt das ansehnlich gewaltige Trophäum der katholischen Religion und Andacht aufgerichtet werden sollte ...*« Ein Kreuzweg mit sieben Stationen (die einzig erhaltene befindet sich an der Längsseite der Alserkirche in der Schlösselgasse) wurde auf derselben Route eingerichtet, die zuvor die Lutheraner eingeschlagen hatten. Sie entsprach in ihrer Länge vom Stefansdom bis zum Heiligen Grab, das bei der Kirche errichtet wurde, genau der Via Dolorosa in Jerusalem. Die Einweihungsfeierlichkeiten wurden für den 23. August 1639 angesetzt, den Vortag des Bartholomäus-Festes. Ganz Wien war auf den Beinen, niemand wollte das Spektakel versäumen: An der Spitze des Zugs schritt die Wiener Geistlichkeit, dann folgten die Zöglinge der katholischen Institute mit Fahnen, Bildern und den für die Kreuzwegskapellen bestimmten Statuen. Danach kamen die Ratsherrn, Bürger und Bruderschaften, gefolgt vom Hofstaat. Der Erzbischof trug das Allerheiligste unter dem Baldachin, hinter ihm schritt der Kaiser, umgeben von seiner Schweizer Garde. So feierlich diese öffentliche Prozession auch gewesen war, so wenig waren es die folgenden, bei denen sich die Wiener in den am Weg liegenden Schenken kräftig betranken. Daher verlegte man die Prozession als Bußgang in die Fastenzeit. Die Türken bereiteten dem frommen Treiben im Jahre 1683 ein jähes Ende, die Madonna am linken Seitenaltar diente ihnen als Ziel für Schießübungen, sie wird deshalb bis heute »Türkenmadonna« genannt. Die Befreiung aus der Türkennot gab gleich Anlass zu einem neuen Volksfest, den Hernalser Eselsritt.

*Der Kalvarienberg von Hernals um 1725: Wallfahrten statt Auslaufen*

Die Bußgänge wurden wieder aufgenommen. Dafür schüttete man neben der Kirche einen künstlichen Berg auf, in dessen Mitte sich eine kleine Kirche befand (aus ihr ging die heutige Hernalser Pfarrkirche hervor). Auf 72 Stufen gelangten die Wallfahrer an sieben kleinen Kapellen vorbei, in denen sie bunte Kreuzwegreliefs betrachten konnten, hinauf zur weithin sichtbaren Kreuzigungsgruppe, und an weiteren sieben Kapellen vorbei wieder hinunter. Die Anlage wurde bald zu einer Wiener Sehenswürdigkeit. Rund um die Kirche entstand eine Budenstadt, in der Andenken, Naschereien (zum Beispiel das »Gigerlfutter« aus gehackten Feigen, Krachmandeln, verzuckerten Orangenschalen und Prominzen = Pfefferminzpastillen) und Kinderspielzeug verkauft wurden. Das Kalvarienbergfest wurde zum fröhlich lärmenden Treiben. Vergeblich versuchte Kaiser Joseph II., den Wienern den Spaß zu verderben, indem er die alte Kirche abreißen ließ. Bald nach seinem Tod feierte man in Hernals weiter, gab es doch noch die längst durch den Paulanerorden vergrößerte Kalvarienbergkirche. Nach vielen späteren Zerstörungen und Umbauten sucht man den Kalvarienberg heute vergeblich, die Reliefs mit ihren lebensgroßen grellbunten Figuren von 1709 gibt es aber noch, sie befinden sich in einem Gang rund um die Kirche. Interessant ist die 13. Station: Maria zu Füßen kauert ein kleiner, hässlicher Mann, der herumliegende Nägel und sonstiges Werkzeug in einen Korb sammelt. Er soll die Habsucht verkörpern, die Besucher hielten ihn aber für einen Juden und ließen gern an ihm ihren Zorn über die »Mitschuld« seines Volkes am Kreuzestod Christi handgreiflich aus. Daher musste der hölzerne Kopf des »Körberljuden« rasch durch einen widerstandsfähigeren aus Eisen ersetzt werden.

*Der »Körberljud« vom Kalvarienberg in Hernals*

## *Die Gegenreformation in Niederösterreich*

Kaiser Ferdinand II. hatte den evangelischen Ständen zwar ihren Glauben 1620 zugesichert, zwang jedoch 1627 alle evangelischen Patronatsherren, katholische Priester einzusetzen. Alle Prediger hatten das Land zu verlassen. Die systematische Rekatholisierung des Volkes wurde aber erst unter Kaiser Ferdinand III. (1608–1657) durchgeführt. 1652 wurde für jedes Landesviertel eine Reformationskommission eingerichtet, die gründliche Arbeit leistete. Wer nicht konvertierte, musste auswandern. Im Abschlussbericht für das Waldviertel ist die Rede von über 22 000 Konvertiten. Viele waren allerdings Scheinbekehrte, die auf diese Art ihren Besitz nicht verschleudern mussten, sondern ihn in aller Ruhe verkaufen konnten. Die meisten wanderten in den fränkischen Raum aus, doch zeigte sich, dass es danach immer noch Reste heimlichen Ketzertums gab. Deshalb wurde 1657 eine Reformationskommission für das ganze Land unter der Enns eingerichtet, deren Tätigkeit allerdings durch die zweite Türkenbelagerung Wiens etwas gebremst wurde. Doch noch 1697 wurden etliche Evangelische zur Auswanderung gezwungen.

## *Oberösterreich*

Nachdem Rudolf II. auf seine Herrschaft in Österreich und Ungarn verzichtet hatte, wollten die Stände Zugeständnisse von König Matthias erreichen (Bewegung von Horn), was tatsächlich gelang: Die Capitulations-Resolution gewährte ihnen die freie Religionsausübung. Kaiser Ferdinand II. hatte jedoch keineswegs die Absicht, sich an die Zugeständnisse seiner Vorgänger zu halten. Die Lutheraner lehnten zwar das Widerstandsrecht ab, der Wortführer der oberösterreichischen Stände, **Georg Erasmus von Tschernembl** († 1626), war jedoch Kalvinist und vertrat den Standpunkt: *»Wer den Erbherrn macht, kann den Erbherrn rejizieren.«* Er verweigerte Ferdinand II. mit einigen Gleichgesinnten die Erbhuldigung und verbündete sich mit den böhmischen Ständen, die den Kurfürsten Friedrich V. von der Pfalz († 1632) als neuen König (Winterkönig) gewählt hatten. Nach dessen Niederlage musste er fliehen, er starb fern der Heimat in Genf.

Die kaiserlichen Patente von 1624 verfügten die Ausweisung aller Prediger und Schulmeister aus Oberösterreich, und eine Reformationskommission nahm die Rekatholisierung der Städte in Angriff. Dabei kam es auch dort zur Emigration einer erheblichen Zahl von evangelischen Bürgern. Die Besetzung des Landes durch die Bayern (Frankenburger Würfelspiel[49]) und die Ersetzung der Prediger durch katholische Geistliche aus Italien machte bei den Bauern böses Blut, sie gründeten den »Sierninger Schutz- und Trutzbund«. Als das Reformationspatent des Kaisers die allgemeine Konversion bis Ostern 1626 vorschrieb, begann der Aufstand unter **Stefan Fadinger**. Neben den ländlichen Unterschichten beteiligten sich auch Ackerbürger und Handwerker bis hin zur städtischen Intelligenz daran, ja vereinzelt sogar niedere Adelige. Im Verlauf der Rebellion gingen an die zehntausend Protestanten zugrunde, die evangelische Kirche in Oberösterreich erholte sich nie wieder von dem Schlag. Aus dem Mühlviertel und dem Machland wanderten viele Protestanten aus, und im April 1627 wurde schließlich auch der Adel zur Konversion oder Auswanderung gezwungen.

## *Innerösterreich*

Am 12. Dezember 1596 huldigten die steirischen und am 28. Jänner 1597 die Kärntner Stände ihrem neuen Landesherrn Erzherzog Ferdinand (dem späteren Kaiser Ferdinand II.), der die Religionsfrage damals noch nicht anschnitt. Ein Jahr darauf befahl er den Städten Judenburg und Graz, die evangelischen Gottesdienste einzustellen und verfügte die Ausweisung der Prediger und Schulmeister. Am 21. Juli 1599 wurde durch die »Hauptresolution« die Rekatholisierung des Landes verfügt. Die Reformationskommission wurde vom Seckauer Bischof **Martin Brenner** († 1616) geleitet, sie hinterließ im ganzen Land unübersehbare Spuren: Pfarrhäuser wurden ausgeraubt, Kirchen geplündert und zerstört, Prediger und Schulmeister verfolgt, Widerspenstige gefangen und nach Graz abgeführt. Ein solcher Prediger war **Paul Zahn** (Odontius), dessen Gedenkstein heute noch in der Kirche von Oederan zu sehen ist. Die Inschrift lautet: *»Dies ist die Gestalt, die Züge, die Paulus Odontius hatte – der ein Prediger war, rühmlich durch Leiden bekannt.«* Er war Schlossprediger der Witwe des Pankraz von Windischgrätz auf Waldstein bei Übelbach gewesen, bis das Schloss im April 1602 durch die Soldaten des Grazer Schlosshauptmanns gestürmt und Odontius gefangen nach Graz abgeführt wurde. Obwohl sich die Jesuiten um seine Seele bemühten, war er nicht zur Konversion zu bewegen. Er wurde vom Grazer Stadtgericht zum Tode verurteilt, da er ketzerische, böse Reden entgegen dem landesfürstlichen Befehl gehalten, dadurch Rebellion und Aufruhr angezettelt und sich den obrigkeitlichen Befehlen widersetzt habe. Erzherzog Ferdinand begnadigte ihn zur Galeerenstrafe. In der Nähe von Triest gelang ihm die Flucht in seine Heimat Sachsen. 1599 und 1600 emigrierten allein aus der Steiermark etwa 2500 Evangelische, etliche davon nach Westungarn (siehe S. 139). Die Lehre war trotzdem nicht ganz erloschen, daher wiederholte die Reformationskommission im Jahre 1625 ihre Maßnahmen.

In Kärnten begann die Reformationskommission im September 1600 ihre Tätigkeit und zog zehn Wochen lang durchs Land. Sie besuchte in dieser Zeit rund zweihundert Orte, zerstörte fünf Kirchen, vier Friedhöfe, fünf Pfarrhäuser, verbrannte an 27 Orten Bücher und vertrieb etwa dreißig Prediger und Lehrer. Auch dort stand die Bevölkerung vor der Wahl, sich zu bekehren oder auszuwandern. Am 1. August 1628 erschien das Generalmandat, das die Adeligen in Kärnten *»der Reformation unterwarf«*. Das Wort ist hier im Sinne von Reformationskommission zu verstehen. Rund 160 Edelleute verließen daraufhin das Land, der Rest entschied sich für die Konversion.

## *Der Dreißigjährige Krieg*

Der Streit zwischen Katholiken und Protestanten war auch im Reich nach wie vor in vollem Gange, der Augsburger Religionsfrieden hatte ihn nur vorübergehend beigelegt. Zum offenen Bruch führte 1618 der »Prager Fenstersturz«. Nach der Niederlage am Weißen Berg im Jahre 1620 erging ein furchtbares kaiserliches Strafgericht über Böhmen, das seine Selbstständigkeit verlor und zu einem habsburgischen und katholischen Erbland gemacht wurde, in dem die Deutschen das Sagen hatten. Dreihundert Jahre lang sollte es dabei bleiben. Dies erklärt die tiefen Ressentiments zwischen Deutschen und Tschechen und deren völlig unterschiedliche Art der Geschichtsdarstellung.

Nun traten aber die protestantischen Stände Deutschlands in den Krieg ein, weil sie um ihre Machtstellung fürchteten. Der Kaiser fand seinerseits in **Albrecht von Wallenstein** († 1634) einen genialen Heerführer. Dieser eroberte mit seinen Söldnern innerhalb von zwei Jahren ganz Norddeutschland bis an die Ostsee, womit Ferdinand II. unumschränkter Herr ganz Deutschlands war. Nach Wallensteins Entlassung landete jedoch der Schwedenkönig **Gustav II. Adolf** (1594–1632) mit seinem Heer an der deutschen Ostseeküste, um den evangelischen Glaubensbrüdern in Deutschland zu Hilfe zu kommen und seine eigene Macht zu erweitern. Rasch drang er bis zum Rhein und zur Donau vor, sodass der Kaiser seinen General zurückrufen musste. Als der Schwedenkönig in der für die Schweden siegreichen Schlacht bei Lützen fiel, zog sich Wallenstein zurück und begann Geheimverhandlungen mit den Schweden, was in Erfüllung des kaiserlichen Wunsches zu seiner Ermordung in Eger führte. Der Krieg geriet nun völlig außer Kontrolle, Söldnerscharen zogen plündernd und mordend durch Städte und Dörfer, alles wurde verwüstet, Landstriche entvölkert. Schwedische Heere gelangten sogar zweimal bis vor die Tore Wiens. Nach mehrjährigen Verhandlungen wurde schließlich 1648 in Westfalen Frieden geschlossen. In religiöser Hinsicht blieb alles beim Alten, und die Vertreibung der Protestanten aus den österreichischen Ländern und aus dem Erzstift konnte ungehindert weitergehen.

# 5. Barock und Fürstenmacht

## *Die Salzburger Exulanten*

Das äußere Defereggental im heutigen Osttirol gehörte damals zu Salzburg, das innere wurde aber von der österreichischen Regierung verwaltet. Im Jahre 1683 wurde ein gewisser Martin Veldner verhört und als Lutheraner des Landes verwiesen. Hellhörig geworden, fragte sich das erzbischöfliche Amt, ob es in dem Tal vielleicht noch mehr Protestanten gäbe, und sandte zwei Kapuzinermönche hin, um nach solchen zu fahnden und ihre Rückkehr zur katholischen Kirche zu veranlassen. Zur Überraschung der Mönche und der Behörden gab es aber dort nicht nur einige Evangelische, sondern rund die Hälfte der 1400 Bewohner des Tales gehörte zu ihnen. Salzburg verfügte nun gemeinsam mit Österreich die Massenausweisung dieser Menschen. Die Betroffenen sollten ihre Kinder nicht mitnehmen dürfen, sie sollten sie der katholischen Kirche anvertrauen und ihr ganzes Vermögen zurücklassen, Zuwiderhandelnde sollten als Galeerensklaven verkauft werden. Die evangelischen Reichsstände, die sich als Schutzinstanz für alle Protestanten im Reich sahen, warfen dem Erzbischof daraufhin den Bruch des Westfälischen Friedens vor: Dieser hatte ja den Andersgläubigen das Recht auf freie Emigration eingeräumt, ihnen zur Ordnung ihrer Vermögensangelegenheiten eine dreijährige Frist zugestanden und ihnen erlaubt, das verlassene Land beliebig oft zu kurzen Besuchen betreten zu dürfen. Nach langem Hin und Her verfügte der Kaiser, man möge den Deferegger Protestanten samt ihren Kindern und ihrem Vermögen freien Abzug gewähren. Die 621 Erwachsenen und 289 Kinder fanden eine neue Heimat in Franken und in Schwaben.

Anderen Protestanten erging es weit schlechter. Einige Familien der Bergknappen aus den Salzbergwerken Dürrnberg und Berchtesgaden im Abtswald trafen einander zu geheimen Gottesdiensten, einer der Anführer war **Joseph Schaitberger**. Er wurde 1686 mit etwa 100 anderen Dürrnbergern als Ketzer des Landes verwiesen. Sie alle mussten ihre Kinder zurücklassen, ihr Hab und

Gut wurde eingezogen. Von Nürnberg aus richtete Schaitberger evangelische Sendbriefe an seine lutherischen Glaubensbrüder am Dürrnberg, im Defreggertal und an die emigrierten Salzburger und wurde dadurch zum geistigen Leiter der evangelischen Bevölkerung Salzburgs. Er machte allen seinen Glaubensbrüdern Mut, als Erzbischof Leopold Anton von Firmian am 31. Oktober 1731 das berüchtigte **Emigrationspatent** unterschrieb. Schaitbergers Haus in der alten Heimat, das Lechnerhaus in der Blaik auf dem Weg von Hallein zum Predigtstuhl, steht noch heute. Er ist der Dichter des bekannten Exulantenliedes:

*Ich bin ein armer Exulant, also muss ich mich schreiben.*
*Man tut mich aus dem Vaterland um Gottes Wort vertreiben.*
*Doch weiss ich wohl, Herr Jesu mein, es ist dir auch so gegangen.*
*Jetzt soll ich dein Nachfolger sein;*
*mach's Herr, nach deinem Verlangen.*
*Ein Pilgrim bin ich auch nunmehr, muss reisen fremde Strassen,*
*drum bitt ich dich, mein Gott und Herr, du wollst mich nicht verlassen.*

*Ach steh mir bei, du starker Gott, dir hab ich mich ergeben,*
*verlass mich nicht in meiner Not, wann's kosten soll mein Leben.*
*Den Glauben hab ich frei bekennt, des darf ich mich nicht schämen.*
*Ob man mich einen Ketzer nennt und tut mir's Leben nehmen.*
*Ketten und Banden war mir eine Ehr, um Jesu Willen zu dulden,*
*denn dieses macht die Glaubenslehr und nicht mein bös Verschulden.*

*Ob mir der Satan und die Welt all mein Vermögen rauben,*
*wenn ich nur diesen Schatz behalt: Gott und den rechten Glauben.*
*Herr, wie du willst, ich geb mich drein, bei dir will ich verbleiben.*
*Ich will mich gern dem Willen dein geduldig unterschreiben.*
*Muss ich gleich in das Elend fort, so will ich mich nicht wehren,*
*ich hoffe doch, Gott wird mir dort auch gute Freund bescheren.*

*Nun will ich fort in Gottes Nam' – alles ist mir genommen,*
*Doch weiss ich schon, die Himmelskron werd ich einmal bekommen.*
*So geh ich heut von meinem Haus, die Kinder muss ich lassen.*
*Mein Gott, das treibt mir Tränen aus, zu wandern fremde Strassen.*
*Ach führ mich Gott in eine Stadt, wo ich dein Wort kann haben,*
*damit will ich mich früh und spat in meinem Herzen laben.*

*Soll ich in diesem Jammertal noch lang in Armut leben,*
*Gott wird mir dort im Himmelssaal eine bessere Wohnung geben.*
*Wer dieses Liedlein hat gemacht der wird hier nicht genennet,*
*des Papstes Lehr hat er veracht und Christus frei bekennet.*[50]

## *Die Vertreibung und Rückkehr der Juden unter Kaiser Leopold I.*

Seit 1640, also noch vor dem Ende des Dreißigjährigen Krieges, war es in Wien immer wieder zu Ausschreitungen gegen Juden gekommen. Die Stimmung verschlechterte sich, nicht zuletzt deshalb, weil der spätere Erzbischof Leopold Kollonitsch, damals noch Bischof von Wiener Neustadt, ausgesprochen judenfeindlich war. In einer Predigt soll er den Juden Morde an Christen, Diebstähle, Verrat des Landes an die Türken, Kuppelei und Unzucht mit Christinnen vorgeworfen haben. Möglicherweise bezog er sich damit auf den Hofjuden Hirschl Mayr, einer bei Israeliten und Christen gleichermaßen umstrittenen Figur, und die Ermordung der Jüdin Eleonora. Möglicherweise war Hirschl in einen Machtkampf bei Hof verwickelt. Judenfeindlich war auch Kaiserin Margarita Teresa, die spanische erste Gemahlin Kaiser Leopolds I. Sie bildete sich ein, keinen Sohn gebären zu können, solange Juden in der Stadt lebten(s. Anhang S. 263), und lehnte deren Geschenk, eine silberne Wiege, ab. Also untersuchte 1670 eine kaiserliche Inquisitionskommission, ob und wie die Judenschaft reduziert werden könne, und sprach sich für deren vollständige Abschaffung aus Wien und Niederösterreich aus. Nur die Hofkammer warnte als ungehörte Stimme der Vernunft, dass durch die Ausweisung Wirtschaft und Fiskus Schaden nehmen würden.

Die Frist für den Abzug war sehr knapp bemessen, nach ihrem Ablauf durfte sich kein Israelit mehr in der Stadt aufhalten – es sei denn nach einer Taufe. Die Judenstadt wurde in Leopoldstadt umbenannt, die Häuser wurden geschätzt, von der Stadt übernommen und verkauft. Aus der großen Synagoge wurde die Pfarrkirche St. Leopold, aus der alten Synagoge die Margarethenkirche, die im 19. Jahrhundert abgerissen wurde. Der Weiterbestand des Friedhofs in der Rossau wurde gesichert. Ein Jahr später mussten auch die niederösterreichischen Juden das Land verlassen, Häuser und Synagogen wurden von den Gemein-

*Der jüdische Friedhof Rossau in der Wiener Seegasse befindet sich im Hof eines Pensionistenheimes. Er ist der älteste erhaltene Friedhof von Wien und wurde von 1540 bis 1783 belegt*

den übernommen, der Umbau von Synagogen zu Kirchen ist jedoch nicht belegt, und von den Friedhöfen blieb keiner erhalten. Das Ausweisungsdekret betraf auch die burgenländischen Israeliten, die unter dem Schutz der Familien Esterházy, Batthyány und Nádasdy Gemeinden gebildet hatten. Sie durften aber nach einigen Monaten zurückkehren und etliche ihrer ausgewiesenen Glaubensbrüder aus Wien und Niederösterreich fanden ebenfalls dort Zuflucht. Viele Wiener Juden gingen nach Nikolsburg oder ins Reich, manche nach Krakau oder gar ins Osmanische Reich, zu dem Belgrad damals gehörte. Als die Stadt dann von den Österreichern erobert wurde, flohen viele der dorthin gewanderten Wiener und Niederösterreicher weiter nach Nikolsburg.

Drei Jahre nach der Ausweisung erstellte die Hofkammer ein Gutachten über den riesigen finanziellen Schaden, vor dem sie ja vergeblich gewarnt hatte, und riet zur Wiederaufnahme der Juden. Diese selbst boten dem Kaiser eine große Geldsumme für die Erlaubnis, zumindest der Hälfte der Vertriebenen die Rückwanderung zu gestatten, doch vorerst vergeblich. 1672 wurde Israeliten aus Böhmen, Mähren und Schlesien – sofern es sich nicht um zuvor Vertriebene handelte – gestattet, österreichische Märkte zu besuchen. Als man 1708 entdeckte, dass etliche niederösterreichische Adelige heimlich Haus- und Hofjuden hielten, mussten auch diese das Land verlassen.

In Tirol erhielt Samuel May 1578 einen Schutzbrief von Erzherzog Ferdinand II., der ihm erlaubte, sich in Innsbruck niederzulassen. Auch jüdische Ärzte und andere Gelehrte, die an italienischen Universitäten Naturwissenschaften, Astronomie und Medizin studiert hatten, wirkten am Innsbrucker Hof. Zwischen 1618 und 1623 durften die Israeliten sogar einen Betraum in einem ihrer Häuser einrichten. Nach dem Tode des Herzogs verbot die feindselig gesinnte Stadt aber den weiteren Zuzug jüdischer Familien. Mit Ausnahme zweier einflussreicher Familien mussten alle Juden im Jahre 1674 Innsbruck verlassen. Nach ihrer Vertreibung aus Hohenems ließen sich aber bereits zwei Jahre später wieder einzelne Familien, darunter die Dannhausers und die Bernheims, in Innsbruck (und andere in Sulz) nieder. Auf Betreiben der Stadtverwaltung wies die Provinzialregierung im Jahre 1714 die Juden nochmals aus Innsbruck aus, weil sie *»den christlichen Charakter der Stadt bedrohten«*. Nur die Gebrüder Lazar und Gabriel Uffenheimer durften bleiben, was Maria Theresia später sogar deren acht Nachkommen gestattete, ansonsten bestätigte sie den *»judenfreien Status«* der Stadt.

Im heutigen Vorarlberg übte Hohenems eine gewisse Anziehungskraft auf die Israeliten aus. Unter Reichsgraf Kaspar von Hohenems (1573–1640) siedelten sich etliche von ihnen in dem reichsfreien Territorium an und erhielten im Jahre 1617 einen für sie sehr günstigen Schutzbrief, der sogar die Gründung einer jüdischen Schule vorsah. Das Gebiet fiel 1765 an die Habsburger (Vorlande). Trotz der Vertreibungen des 17. Jahrhunderts entwickelte sich eine traditionsreiche Gemeinde[51], die 1940 zwangsaufgelöst wurde. In der Steiermark, in Kärnten und in Salzburg gab es hingegen die ganze Neuzeit hindurch bis ins 19. Jahrhundert keine Niederlassungserlaubnis für Israeliten. Eine Sonderstellung nimmt – nicht nur in Bezug auf die Juden – das Burgenland ein (siehe S. 139).

Für Wien gewährte der Kaiser nach 1680 dem dringend benötigten Hofjuden **Samuel Oppenheimer** (1630–1703) die Niederlassung – übrigens sehr zu dessen Schaden. Der Bankier versorgte den undankbaren Kaiser großzügig mit Geldmitteln für den unerhörten Luxus des Kaiserhofes. Weit wichtiger war aber seine Tätigkeit als Armeelieferant für das österreichische Heer, das im Osten gegen die Osmanen und im Westen gegen die Franzosen im Spanischen Erbfolgekrieg kämpfte. Prinz Eugen von Savoyen (1663–1736) hielt große Stücke auf ihn und

*Das jüdische Museum in Hohenems erinnert an die einst blühende, heute verschwundene Gemeinde*

*Der Bau der Karlskirche wurde mit jüdischer Hilfe finanziert*

pries ihn als »*Retter aus Türkennot*«. Bei Oppenheimers Tod schuldete ihm der Staat rund sechs Millionen Gulden. Statt aber nun ihre Verpflichtungen dem Nachlass gegenüber zu erfüllen, ließ die österreichische Regierung den Bankrott der Firma erklären. Infolge dieser unüberlegten Handlung ließ der Staatsbankrott nicht lange auf sich warten[52]. 1684 war Oppenheimers Neffe, der überlegte und vorsichtige »Judenkaiser« **Samson Wertheimer**, aus Deutschland nach Wien gekommen und sein Geschäftspartner geworden. Da er eine unüberwindliche Abneigung gegen die Finanzierung von Kriegen hatte, konnte er die Krise überstehen und wurde vom Kaiser zum neuen Hoffaktor ernannt. Er diente nach Leopold noch dessen Söhnen Joseph I. und Karl VI. Auch der Bau der Karlskirche und des Schönbrunner Schlosses wurde mit seiner Hilfe finanziert.

Hofjuden gab es in ganz Europa, sie waren miteinander versippt und verschwägert, was die nötige Diskretion und Schnelligkeit bei internationalen Geldgeschäften garantierte. Einige von ihnen gründeten regelrechte Dynastien, wie die Oppenheimers, Wertheimers und Gomperz'. Das Ansehen und das Schicksal der Hofjuden lagen jedoch stets in der Hand des jeweiligen Landesherrn, der sie unter Druck setzen und zwingen konnte, praktisch jeden noch so unrentablen oder sogar ruinösen Auftrag zu übernehmen. Manche Hofjuden (vor allem Wertheimer) arbeiteten daher für mehrere Fürsten, wodurch ihr Risiko gestreut war.

Der Hofjude erhielt kaiserliche Schutzbriefe, die ihm und seiner Familie den Aufenthalt in der Stadt und die freie Religionsausübung zusicherten, welche unauffällig zu erfolgen hatte. Aus diesem Grund errichtete Samson Wertheimer seine Laubhütte auf dem flachen Dach seines Hauses. Als sein Sohn aber später die seine vor dem Haus errichten wollte, wurde befürchtet, die Christen würden die feiernden Juden mit Schweinsschwarten bewerfen und so einen Tumult auslösen. Die Angst war nicht unbegründet, denn da das verarmte Volk den Hoffaktor für das Luxusleben der Oberschicht verantwortlich machte, hatte ein solcher Tumult zu Samuel Oppenheimers Ruin mit beigetragen[53]. Um die Christen nicht zu reizen, wurde den Juden untersagt, sonntags vor zehn Uhr das Haus zu verlassen und christliche Dienstboten zu halten. Diese Verbote waren zwar nichts Neues, hier betrafen sie aber Familien von Rang und Einfluss.

Die hochgebildeten Hoffaktoren waren meist gleichzeitig die Vorsteher der jüdischen Gemeinden und Rabbiner. In Wien durfte die »Judenschaft« allerdings bis 1848 keine Gemeinde gründen. Ständig bekam sie – trotz ihrer Unentbehrlichkeit für den jeweiligen Kaiser – neue Judenordnungen auferlegt, die stets weitere Einschränkungen und neue Steuern bedeuteten. 1721 wurde sogar die Wiedereinführung der Kennzeichnungspflicht überlegt und 1723 die von Christen abgesonderte Wohnung verlangt. Noch 1784 (!) wurde ihnen der Bau einer Synagoge verboten, die Gottesdienste mussten in Privathäusern stattfinden.

## *Orthodoxe in Altösterreich*

Weitgehend in Vergessenheit ist heute geraten, dass sich unter Kaiser Leopold I. orthodoxe Serben auf österreichischem Boden ansiedelten, was natürlich ebenfalls Fragen der Toleranz aufwarf. Als die Österreicher die Osmanen 1689 bis Skopje zurückgedrängt hatten, schlossen sich viele Serben unter ihrem Patriarchen Arsenije III. Crnojević (1674–1706) den Österreichern an. Auf der Flucht vor der osmanischen Gegenoffensive führte der Patriarch dann 40 000 Menschen nach Norden und 1690 auf österreichisches Gebiet. Er erhielt von Kaiser

Leopold I. Privilegien, die seinem Volk Land um Karlowitz (Sremski Karlovci) und die Glaubensfreiheit garantierten, die Serben bildeten quasi einen Staat im Staate. Der Bischof starb übrigens in Wien. Im 18. Jahrhundert wurde Karlowitz zum kulturellen Mittelpunkt aller Serben und anfangs auch der orthodoxen Rumänen, die unter der Hoheit der Habsburger lebten, als im Jahre 1713 das orthodoxe Erzbistum gegründet wurde. Trotz der de iure Gleichstellung mit den römisch-katholischen Untertanen waren die Orthodoxen de facto aber sehr wohl dem Druck zur Konversion ausgesetzt, weshalb etliche ihrer Geistlichen und Adeligen die Unierung befürworteten. Nachdem Maria Theresia mit den Türken Frieden geschlossen hatte, schränkte sie die serbischen Privilegien immer mehr ein, worauf in den Jahren 1751 und 1753 etwa hunderttausend Serben nach Russland auswanderten. Joseph II. schaffte das Recht der Serben auf ihren selbstständigen Glauben und ihre politische und kirchliche Eigenständigkeit ganz ab. Zur Regelung der serbischen Frage richtete man in Wien 1777 die Illyrische Hofdeputation ein und gestaltete die alten Rechte zu bloßen Kirchen- und Schulrechten um. Das Toleranzpatent stellte das orthodoxe mit dem römisch-katholischen Bekenntnis gleich.

## *Der Sieg über die Osmanen*

Nachdem das osmanische Heer im Jahre 1664 zwischen St. Gotthard und Mogersdorf im heutigen Südburgenland geschlagen worden war, herrschte einige Zeit Ruhe. Im Jahre 1683 setzte sich jedoch unter der Führung von Großwesir Kara Mustafa ein rund 200 000 Mann starkes Heer die Donau aufwärts gegen Wien in Bewegung. In der Stadt brach sofort Panik aus, denn die Truppen des Kaisers waren für eine offene Feldschlacht viel zu schwach. Man verbesserte und verstärkte in aller Eile die Verteidigungsanlagen der Stadt, fällte alle Bäume auf dem Glacis und riss die Vorstädte nieder, um den Angreifern möglichst keine Deckungsmöglichkeit zu bieten. Der kaiserliche Hof, zahlreiche Adelige und viele reiche Bürger brachten sich westwärts in Sicherheit, bevor die Türken die Stadt in einem weiten Bogen umschlossen. Graf Rüdiger von Starhemberg verfügte zur Verteidigung nur über 16 000 Mann, die Lage war kritisch. Am 12. September erschien buchstäblich in letzter Minute das Entsatzheer, stürmte vom Kahlengebirge herab und fügte den Belagerern eine vernichtende Niederlage zu. Die Osmanen ließen bei ihrem erzwungenen Aufbruch ihr ganzes Feldlager zurück, man machte schöne Beute. Neben Zelten, Waffen und Kostbarkeiten zählten dazu auch Menschen, die »Beutetürken«. Bald galt es in besseren Kreisen als schick, einen solchen als Diener zu seinem Gefolge zählen zu können oder ein Kind oder gar eine schöne türkische Frau in sein Haus zu bekommen. Man sorgte natürlich mit mehr oder weniger Nachdruck für ihre Bekehrung zum wahren Glauben. So nahmen auch der Feldmarschallleutnant Franz Ferdinand Graf von Salburg und seine Mutter Sidonia Elisabeth zwei der zurückgelassenen Kinder zu sich, Achmet und Hatti, ließen sie unterrichten und brachten sie als Paten am 1. Mai 1686 nach Garsten zur Taufe. Abt Anselm nahm die kirchliche Handlung mit größter Feierlichkeit vor, die Kinder erhielten selbstverständlich die Namen der Paten, Franz und Elisabeth. Es waren so viele Neugierige gekommen, dass einer auf den Schultern des anderen stand. Ähnlich ging es bei den Taufen der anderen 650 Gefangenen zu, die ebenfalls meist hochgestellte Taufpaten hatten.

Nach dem Sieg gingen die kaiserlichen und verbündeten Truppen ihrerseits zum Angriff über, sie verfolgten die Türken bis tief nach Ungarn hinein und fügten ihnen schwere Niederlagen zu. Unter den christlichen Kämpfern war ein junger Franzose, der sich besonders auszeichnete, Prinz Eugen von Savoyen. Als Oberbefehlshaber des Heeres erfocht er später noch viele Siege, populär wurde er durch den Sieg bei Belgrad im Jahre 1717. Dass seine Truppen mit den Feinden, aber auch mit der Zivilbevölkerung, um keine Spur vornehmer umgingen als vorher die Türken mit den Österreichern, braucht wohl nicht betont zu werden. Die Begeisterung der Serben über ihren Befreier hält sich daher bis heute in Grenzen.

*Die »Heilige Liga« von 1684 gegen die Türken: Papst, Kaiser, Polenkönig und Doge, Medaille*

An Europas Fürstenhöfen wurde nun alles Türkische zur großen Mode. Als psychologisch erklärbare Reaktion auf die endlich überwundene Furcht vor den Osmanen deutete man diese zu harmlosen Typen um, sei es als Figuren in der Oper oder in der Kostümmode (selbst Maria Theresia ließ sich im türkischen Gewand malen), als Sagengestalten oder gar als Ziel beim Türkenkopfstechen, z.B. beim Damenkarussell in der Wiener Hofreitschule. Türkenköpfe an Häusern, Brunnen oder Schornsteinen sollten das Böse abwenden, vergleichbar mit den alten, gotischen Dämonenfratzen an den Kirchen. Türkische Musik fand ihren Eingang in unsere Kultur ebenso wie etliche Lehnwörter (z.B. Hurra! von Vurha = Schlag! Los!). Auch Ortsbezeichnungen wie Türkenschanze, Türkenstraße und Ähnliches erinnern an diese Zeit, ebenso Familiennamen wie Turk, Türk, Türke, Török, Turek, Murath, Maurather, Oman, Osmann. Ihre inzwischen durch und durch österreichischen Nachkommen mit christlichen Vornamen leben zwar über ganz Österreich verstreut, es gibt aber Bezirke mit einer Häufung der betreffenden Namen[54], was auf einen Beutetürken als gemeinsamen Vorfahren dieser Personen schließen lässt.

*Kaiser Leopold I., ein Rest des Türkendenkmals im Stefansdom*

## *Barock und Absolutismus*

Die neu gewonnene Sicherheit stärkte den fürstlichen Absolutismus und die Verbundenheit der Habsburger mit der katholischen Kirche. Der Sieg wurde von ihnen als ihr ureigenster Verdienst betrachtet, welcher ihr »Gottesgnadentum« bestätigte. Nun war man nicht mehr auf die Finanzhilfe des Adels gegen die Türken angewiesen und konnte daher jede Rücksicht auf die Protestanten fallen lassen. Die Kirche hatte daher auch einen Sieg zu feiern, den Sieg über die Reformation. Mit Gottes Hilfe hatte sie das Übergreifen der protestantischen Ideen auf die Habsburger verhindert. Jetzt galt es, die Siege zu feiern. Der Kaiser, der hohe Adel und die Kirchenfürsten bauten Prunkschlösser und Kirchen, traten mit aller Pracht auf und dachten dabei nicht an die Nöte des Volkes. Nicht nur die Schlösser glänzten vor Marmor, Gold und bunten Bildern, sondern auch die Kirchen, zur höheren Ehre Gottes und um die rekatholisierten Österreicher gebührend zu beeindrucken. Kirchen und Kaiserhof wurden zur Bühne, auf der die Angehörigen der oberen Stände als Darsteller agierten, um das neue, barocke Lebensgefühl auszukosten, bis wieder einmal eine Seuche das Land heimsuchte. Dann hatten die Prediger ihre große Zeit, und die Kirche profitierte nochmals, denn das Unheil war die Strafe Gottes für alle begangenen Sünden, die nur sie allein vergeben konnte.

Ein berühmter Prediger war Johann Ulrich Megerle (1644–1709, weitere Pseudonyme: Gaudentius Hilarion, Hilarius von Freudenberg, Theophilus Mariophilus), ein Gastwirtssohn aus Kreenheinstetten, einem Ortsteil von Leibertingen in Baden-Württemberg. Er besuchte das Jesuitengymnasium in Ingolstadt und das Gymnasium der Benediktiner in Salzburg. 1662 trat er im Kloster Maria Brunn bei Wien in den Orden der Augustiner-Barfüßer ein und wählte den Namen **Abraham a Sancta Clara**. Einige Jahre später trat er bereits in Wien als populärer Sonntagsprediger auf, 1677 wurde er Hofprediger von Kaiser Leopold I. Tausende strömten zusammen, wenn er in seiner urwüchsigen Sprache von den Nöten der Zeit sprach und es nicht versäumte, das ausschweifende Leben und die Unmoral der höheren Stände anzuprangern, wobei er aber die »gottgewollte« Ordnung nie in Frage stellte. Er war ein scharfer Beobachter und konnte sich sehr gut in seine Zuhörer einfühlen, daher gelang es ihm sogar während der Pest und der Türkenbelagerung, ihnen etwas Mut zu machen. Schiller hatte ihn vor Augen, als er den Charakter des redegewaltigen Kapuzinerpredigers in »Wallensteins Lager« zeichnete.

## *Kryptoprotestantismus und Transmigration*

Die habsburgischen Erbländer waren ebenso wie die Oberpfalz von den Bestimmungen des Westfälischen Friedens über die Duldung Andersgläubiger ausgenommen, was die Verfolgung der Protestanten rechtlich möglich machte. Jeder musste katholisch sein, jede andere Überzeugung war ein »crimen laesae majestatis«, ein Majestätsverbrechen. Selbst die private, häusliche Ausübung einer anderen Religion war verboten. Während des 17. Jahrhunderts wurden entdeckte Protestanten ins Ausland abgeschoben. Gelang es aber, sie noch eines anderen Verbrechens, z.B. der Störung des Gottesdienstes, zu überführen, wurden sie als Aufrührer angesehen und bestraft. Das galt auch, wenn sie heimlich aus dem Ausland zu einem Besuch in die Heimat kamen, obwohl der Augsburger Religionsfriedens von 1555 den Ausgewiesenen ein solches Besuchsrecht ausdrücklich eingeräumt hatte. Die vorgesehenen Strafen reichten vom Vermögensentzug bis zum Galeerendienst.

Die Behörden versuchten zwar, jeden Kontakt der Einheimischen mit ausländischen Protestanten zu unterbinden, waren dabei aber nicht sehr erfolgreich. Als besonders gefährlich galten die lutherischen Erbauungsbücher, sie wurden konfisziert, doch schmuggelten die Protestanten immer wieder neue ein. Selbst protestantische Prediger wagten sich für kurze Zeit ins Land, etliche waren vom »Corpus Evangelicorum«, der evangelischen Partei der Reichsstände, zur Erkundung der Lage und zur Stärkung der Geheimprotestanten in die österreichischen Länder und nach Salzburg entsandt worden. Gingen Einheimische auf Reisen in evangelische Länder, so kamen sie dort mit der unerwünschten Lehre in Berührung. Trotz aller Ausweisungen und Strafen wurden daher immer wieder Protestanten entdeckt.

Da die Abschaffungen das eigene Land wirtschaftlich jedoch stets schwer getroffen hatten, man den Türken aber neues und dünn besiedeltes Land im Osten abgewonnen hatte, dachte man um. Wozu sollte man tüchtige Leute in fremde Länder emigrieren lassen, wenn man sie selbst gut gebrauchen konnte? Hatte nicht die Gemeinde Neppendorf im Jahre 1725 der Obrigkeit in Hermannstadt mitgeteilt, *»Neppendorf ist fast verwüstet«*, und gebeten *»zu vermitteln, damit uns einige Leute, welche die bey uns stehenden wüsten Häuser besitzen sollten, angewiesen werden rück mögten«*? Siebenbürgen war mit der dort üblichen religiösen Toleranz der gegebene Aufenthaltsort für die Lutheraner, was die dort bereits ansässigen Sachsen allerdings gar nicht so sahen. Im Juni 1734 legte in Linz das erste Schiff mit Inhaftierten aus dem Salzkammergut in Richtung Siebenbürgen ab. Bei weiteren 54 Transporten, die meisten davon unter Maria Theresia, folgten an die viertausend Personen. Da man sie als Aufrührer und Irrgläubige, die von der Augsburger Konfession abwichen, verurteilt hatte, galt für sie das Emigrationsrecht des Augsburger Religionsfriedens nicht.

Die »Fortschaffung« war daher als Strafe zu verstehen. Kinder und Ehegatten wurden meist von den Transmigrierten getrennt, die Betroffenen durften nicht selbst für den Verkauf ihres Eigentums sorgen und nur wenige Habseligkeiten mitnehmen, sie kamen unbemittelt in das neue Land.

Wir kennen das Schicksal der Gruppen, die unter Karl VI. deportiert wurden: Von den 624 Personen aus den Pfarren Hallstadt, Gosau, Laufen, Ischl und Goisern, die als Erste von der Transmigration betroffen waren, starb ein Viertel in den ersten achtzehn Monaten, die Überlebenden gründeten die »Landlergemeinden« Neppendorf und Großau (heute Turnisor und Cristian)[55]. Da sich die evangelischen Reichsstände für sie in einem »Intercessions-Schreiben« beim Kaiser eingesetzt hatten, durfte jeder wenigstens seine unmündigen Kinder und eine Kiste voller Habseligkeiten mitnehmen. Der gutmütige Salzamtmann Graf Ferdinand Friedrich von Seeau, der ihre Verfolgung stets nur halbherzig betrieben hatte, sorgte dafür, dass sie auch über etwas Bargeld verfügten. Von den 180 Personen aus der Herrschaft Paternion in Kärnten starb im ersten Jahr bereits die Hälfte, der Rest floh in evangelische Länder. Wie schlecht die Transmigrierten von den Siebenbürger Sachsen aufgenommen wurden, zeigt das Schreiben, das der Bürgermeister von Hermannstadt Michael Csekelius und der Königrichter Simon Baussnern an die Deputierten der sächsischen Nation in Wien verfassten. Darin ist die Rede von befürchteten 10 000 Familien von Siedlern. Gegen die Ansiedlung *»dieser odiösen Emigranten«* nehmen die Schreiber Stellung, weil diese *»ein grossmächtiges Odium auf sich laden werden«* und zudem *»nicht anders als Bettler, die weder zu ihrem Unterhalte noch auch zu ihrem ferneren Stabilimente etwas mit sich bringen«*, der Nation zur Last fallen würden.

Und doch gab es in der 1. Hälfte des 18. Jahrhunderts bei den Habsburgern schon zögernde Ansätze einer gewissen Toleranz: Joseph I. hatte 1707 in der »Altranstätter Konvention« einem Teil Schlesiens freie Religionsausübung gewährt. Da er mit dem spanischen Erbfolgekrieg militärisch und finanziell bereits völlig ausgelastet war, wollte er die Eröffnung einer zweiten Front unbedingt vermeiden. Karl XII. von Schweden war nämlich den Evangelischen in Schlesien mit einigen Regimentern zu Hilfe gekommen und hatte einen Teil des Landes besetzt. Nur aus dem Grund duldete der Kaiser dort die Protestanten. In Teschen bildete sich recht bald sogar eine eigene evangelische Kirchenbehörde, die sich allerdings zum Großteil aus Katholiken zusammensetzte.

Als Josephs Bruder Karl VI. Triest zum Freihafen erhob, wurden Menschen aller Nationen und Religionen eingeladen, sich in der Stadt niederzulassen und Handel zu treiben. Damit wurde die Stadt für Juden, orthodoxe Christen, Protestanten und Armenier attraktiv. Von einer grundsätzlichen Toleranz kann aber bei Karl keine Rede sein, noch nicht einmal im Notfall. So versprach er 1737 in einem Aufruf den Bewohnern Bosniens, ihnen für den Fall des Überlaufens von den Türken ihren Besitz zu garantieren – sofern sie zum Christentum überträten.

Erstaunlicherweise war es gerade Maria Theresia, welche in Triest die Politik ihres Vaters fortsetzte. 1746 wurde die jüdische Gemeinde dort als eigenständig und unabhängig anerkannt, im Statut von 1771 bestätigte die Herrscherin deren korporative Rechte und gestand in einem weiteren Privileg den einzelnen Gemeindemitgliedern individuelle Rechte zu. Sie stellte die Staatsräson über die Kirche und erlaubte, für die zahlreichen evangelischen Offiziere der österreichischen Flotte sogar eigene Gottesdienste abzuhalten! Auch in Galizien und der Bukowina durften die deutschen Kolonisten in Privathäusern evangelische Andachten abhalten. Toleranz übte sie auch einer kleinen Gruppe von muslimischen Kaufleuten gegenüber, die sich um 1730 herum in Wien ansiedelten und wegen ihrer Tracht und Lebensart von der Bevölkerung heftig begafft und bestaunt wurden. Die Beziehungen zum Osmanischen Reich sollten intensiviert werden, daher gründete Maria Theresia 1754 die Orientalische Akademie, um Dolmetscher heranzuziehen. Einer der berühmtesten Zöglinge war der spätere Orientalist Joseph Hammer-Purgstall (1774–1856). In seiner »Geschichte des Osmanischen Reiches« bewies er übrigens unter anderem, dass die Legende um den bei Belgrad aufgefundenen und in Wien aufbewahrten »Kopf des Kara Mustafa« eine Erfindung zweier Jesuiten war. Der echte Kopf war zum Sultan nach Adrianopel gebracht worden.

Maria Theresia zeigte selbst in Wien Toleranz den Juden gegenüber – sofern es sich um Sepharden handelte. Seit dem 16. Jahrhundert bereits vereinzelt in Österreich nachweisbar, nahmen sie den Waren- und Geldhandel mit dem islamischen Osten in die Hand, was dank der Hilfe ihrer Verwandten auf dem Balkan und in Istanbul für sie kein Problem darstellte. Nach dem Frieden von Passarowitz im Jahre 1718 bzw. dem Belgrader Vertrag von 1739 konnten sie sich ständig in Wien niederlassen. Sie waren – genau wie die zuvor erwähnten Muslime – türkische Staatsbürger und standen unter dem Schutz des Sultans, daher hatten sie wesentlich mehr Rechte als die jüdischen Untertanen der Habsburger (ausgenommen die Triestiner Juden). Zur Gründung einer sephardisch-jüdischen Gemeinde in Wien kam es bereits im Jahre 1737.

Eines ihrer wichtigsten Mitglieder war Diego de Aguilar (1699–1759), der mit seinem jüdischen Namen Moshe Lopez Pereyra hieß. In den Zwanzigerjahren des 18. Jahrhunderts kam er – vermutlich über Amsterdam – nach Wien, wo er als Hofjude die Reorganisation des österreichischen »Tabakgefälles« übernahm. Sein Wort hatte großes Gewicht bei Kaiser Karl VI., der ihn mit einem portugiesischen Adelsprädikat belohnte. Graf Wenzel Kaunitz war mit ihm befreundet. Aguilar setzte sich wiederholt und erfolgreich für andere Juden ein. Er selber war eine geheimnisumwitterte Persönlichkeit.

Der kleine Moshe soll in Spanien seinen Eltern, die Marranen waren, von den Häschern der Inquisition geraubt, auf den Namen Diego de Aguilar getauft und zum Geistlichen bestimmt worden sein. Er brachte es bis zum Bischof und hatte auch Aufgaben im Bereich der Inquisition. Eines Tages kam eine Marranin zu ihm und bat ihn, das Leben ihrer Tochter zu retten, sie sei wegen ihres Rückfalls ins Judentum zum Scheiterhaufen verurteilt worden. Als er ablehnte, eröffnete ihm die Frau, dass die Verurteilte seine eigene Schwester und sie selbst seine Mutter seien. Sie nannte ihn bei seinem jüdischen Namen, worauf er sich an seine Kindheit erinnerte. Da er die Schwester nicht mehr retten konnte, starb die Mutter aus Kummer. Entsetzt zog er die geistliche Tracht aus und floh nach Österreich. Er nahm nichts außer einer goldenen Kette mit, die ihm Maria Theresia während einer Spanienreise geschenkt hatte und die ihm bei ihr als Erkennungszeichen dienen sollte.

Die fromme Geschichte kann jedoch nicht ganz stimmen, denn beide Elternteile, zwei seiner Kinder und ein Schwager waren mit ihm nach Wien gekommen, lebten hier bis zu ihrem Tod und wurden in der Seegasse begraben. Leider sind die Archive verbrannt, die mehr Licht in sein Leben hätten bringen können. Eines Tages erfuhr Aguilar, dass die Regierung die Abschaffung der Juden aus Österreich beabsichtigte. Da ihn Maria Theresia nicht empfangen wollte, sorgte er für eine Intervention des Sultans, der sie durch einen Sendboten erfolgreich darum bat, den Ausweisungsbefehl zu widerrufen. Aguilar verließ Wien möglicherweise unter dem Schutz dieses Sonderbotschafters, da die spanische Regierung seine Auslieferung verlangte. Er starb 1763 in London.

Aguilar gilt als Gründer der sephardischen Gemeinde, die damals ihren Gottesdienst im Haus 307 im heutigen 1. Bezirk (Naglergasse) abhielt, dann übersiedelte man in die Obere Donaustraße. 1778 erließ die Regierung eine Regulation für die türkisch-israelitische Synagoge, sie bestand aus vierzehn *»Puncten, die der … Kais.Königl. Commissarius der gesamten Alhir sich befindlichen Turkischen Judenschaft um alhiessige Türkische Jüdische Synagoge in gute Ordnung zu bringen und in selber zu erhalten ex offo aufgesetzt«* hat. Im Jahre 1818 gab es 210 sephardische Juden, 1868 bereits doppelt so viele. Als das Bethaus im Jahre 1824 abbrannte, adaptierte man das Haus 321 in der damaligen Großen Hafnergasse (Große Mohrengasse) als Synagoge. Die Gemeinde wuchs und prosperierte, sie wurde von ihren sieben reichsten Mitgliedern geleitet. Mithilfe des Sultans kauften sie schließlich das Grundstück 401 in der Großen Fuhrmanngasse (heute Zirkusgasse 22), die neue Synagoge wurde 1868 eingeweiht. Die Wiener türkisch-israelitische Gemeinde bewahrte Aguilars Andenken noch lange, bis 1938 wurde an jedem Jom Kippur ein Gebet für ihn gesprochen, bis zur Zerstörung befand sich außerdem eine Torakrone mit seinem Namen in der Synagoge.

## *Die Minderheiten unter Maria Theresia*

Im Herzen war Maria Theresia den Juden nicht gut gesinnt und lehnte sie persönlich und sogar physisch ab, weshalb sie nur selten einen von ihnen in Audienz empfing. Dabei verbarg sie sich hinter ihrem Paravent. Drei Jahre vor ihrem Tod schrieb sie noch: *»Künfftig sollen keine Juden, wie sie Nahmen haben, zu erlauben, hier zu sein, ohne meiner schrifftlichen Erlaubnus. Ich kenne keine ärgere Pest von Staatt als diese Nation, welche Betrug, Wucher und Geldvertragen, Leut in Bettelstand zu bringen, alle üble Handlungen ausüben, die ein anderer ehrlicher Man verabscheute; mithin sie, sovill sein kan, von hier abzuhalten und zu vermindern.*[56]*«* Getaufte Juden akzeptierte sie hingegen sogar als enge Berater, wie den Kronjuristen Joseph Freiherr von Sonnenfels (siehe S. 183). Im Jahre 1752 lebten in Wien 452 zugelassene Juden. Maria Theresia erließ 1753 und 1764 restriktive Judenordnungen.

Zu Beginn ihrer Regierungszeit hatte man ihr eingeredet, die Juden würden das preußische Heer bei der Besetzung Prags unterstützen. Die mährischen und böhmischen Juden hielten auch während der Kriege gegen Preußen Kontakt zu ihren preußischen Glaubensbrüdern, beispielsweise zu Moses Mendelssohn, was sie in Wien zwangsläufig verdächtig machte. Die Preußen verließen Prag am 16. November 1744, und gleich darauf wurde das Prager Ghetto überfallen. Bereits am 18. Dezember ließ Maria Theresia alle Juden aus Prag und Böhmen ausweisen. Weil sich sofort ein wirtschaftlicher Rückschlag einstellte, gewährte sie 1748 den Juden einen befristeten Aufenthalt von 10 Jahren in Böhmen. Zusätzlich mussten sie eine jährliche Steuer bezahlen, die zusammen mit einem neuerlichen Großbrand zur enormen Verschuldung der jüdischen Gemeinde führte. 1745 vertrieb sie die Juden aus dem eroberten Teil Schlesiens und verfügte die »*Abschaffung der Juden aus ganz Oberösterreich*«, obwohl es dort längst keine sesshaften Juden mehr gab. Ihre Judenpolitik war also alles andere als einheitlich.

Außer in den genannten Einzelfällen verdient Maria Theresia, die Tochter einer Konvertitin, in Sachen religiöser Toleranz gewiss kein Lob, sie setzte ganz im Gegenteil die unmenschlichen Maßnahmen, die ihr Vater gegen die Kryptoprotestanten ergriffen hatte, durch das Transmigrationspatent vom 20. Juni 1752 in verstärktem Maße fort. Allein in den sechs Jahren zwischen 1752 und 1758 wurden aus Oberösterreich 2042, aus der Steiermark 82 und aus Kärnten 850 Personen nach Siebenbürgen transmigriert; in den Jahren 1773 bis 1776 folgten noch 182 Steirer[57]. Sie verurteilte damit ein Drittel, also mehr als tausend unschuldige Menschen, die in den ersten Jahren nach der Deportation starben, zum Tode. Nur ein Drittel der Deportierten wurde in Siebenbürgen »hausansässig«, das letzte Drittel vegetierte als Tagelöhner in den siebenbürgischen Städten dahin. Dabei wollte sie diesen Leuten ein solches Schicksal ersparen, denn jeder konnte ja zum wahren Glauben konvertieren. In Rottenmann, Judenburg, Kremsmünster und Klagenfurt wurden daher »Konversionshäuser« eingerichtet. Die Transmigration war nur für die Hartnäckigen, die »Seductores, Conventiculantes und Relapsi«, gedacht.

## *Von Salzburg nach Ostpreußen*

In Salzburg bildeten die bereits geschilderten Ereignisse (siehe S. 160) nur das Vorspiel zur großen Vertreibung unter **Erzbischof Leopold Firmian** († 1744). Nach seiner Wahl im Jahre 1727 holte er aus Bayern Jesuiten, um die Ketzerei auszurotten. Sie veranstalteten auf Marktplätzen oder auf freiem Feld fromme Versammlungen, zu denen alle Einwohner kommen mussten. Wer nicht erschien, musste damit rechnen, vor Gericht gestellt und bestraft zu werden. Gleichzeitig wurde der Besitz lutherischer Bücher unter Strafe gestellt, die Häuser danach durchsucht, Reisende überprüft. Im März 1731 begann die Reformationskommission ihre Tätigkeit und konnte 20 678 Personen als evangelisch ausforschen. Am 5. August 1731 versammelten sich die Evangelischen in Schwarzach und schlossen in höchster Verzweiflung den »Salzbund«, um sich ihren Glauben zu erhalten. Sie suchten um Duldung an, nicht um Auswanderung. Die Zusammenkunft war für den Erzbischof Grund genug, ihnen Rebellion vorzuwerfen und sie damit bei den evangelischen Reichsständen in Misskredit zu bringen. Am 31. Oktober 1731 erließ er das **Emigrationspatent**. Die Unbehausten sollten binnen acht Tagen, die Bauern je nach Besitzgröße innerhalb von einem bis drei Monaten abziehen. Mitten im strengen Winter wurden 4000 kinderreiche Familien zur Auswanderung gezwungen, das war fast ein Fünftel der damaligen Gesamtbevölkerung seines Landes! König Friedrich Wilhelm I. von Preußen versprach ihnen in Ostpreußen eine neue Heimat. Der preußische Kommissar übernahm 20 694 Personen, von denen 15 508 dort angesiedelt wurden. 508 erlagen den Reisestrapazen, etliche fanden unterwegs eine neue Heimat. Der Augsburger Pfarrer Samuel Urlsperger vermittelte für etwa 250 die Auswanderung nach Georgia, USA. Im Spätherbst 1732 wanderte weiters eine Gruppe von Bergknappen vom Dürrnberg nach Holland aus, und 1733 verließen noch einmal etwa 700 Bauern mit ihren Familien das Gasteiner Tal. Das menschenverachtende Verhalten des Erzbischofs ist unverzeihlich, er schlug selbst jede Bitte um Konversion ab. Eine Nachfahrin des Erzbischofs errichtete im Jahre 1879 in Salzburg eine Stiftung für evangelische Waisenkinder, um damit *»eine Schuld abzutragen, da ein der Familie Angehöriger, vielleicht allzu fanatisch, manche evangelische Familie ins Verderben gejagt hat.«*

*Der Fischzug Josephs II. um 1783, Satire auf die Klosteraufhebung.*
*Stich von Mansfeld*

# III.

# DER LANGE WEG ZUR TOLERANZ

# 1. Die Aufklärer

Ganz langsam entstand im 18. Jahrhundert ein neues Weltbild, und zwar zuerst im Westen Europas (John Locke, Jean-Jacques Rousseau, François Voltaire), die Philosophie orientierte sich an der nun einsetzenden Entwicklung der Naturwissenschaften. Zahlreiche Erfindungen, die dem menschlichen Geist und nicht dem Heiligen Geist zu verdanken waren, veränderten das tägliche Leben und machten es einfacher. Da stellte sich bald die Frage, ob sich nicht auch andere Probleme durch die menschliche Vernunft und ohne Hilfe der Kirche lösen ließen. Die Erkenntnis durch die Vernunft, der Rationalismus, steht im Gegensatz zum Empirismus, der Erkenntnis durch sinnliche Wahrnehmung. Diese neue geistige Bewegung, die sich den Gebrauch der Vernunft und des Verstandes auf die Fahnen heftete, bezeichnen wir als Aufklärung.

Den Aufklärern ging es also nicht nur um die Lösung von wissenschaftlichen Problemen, sondern auch um gesellschaftliche und politische Änderungen. Die Febronianer, Jansenisten und Freimaurer wollten den Staat und die Gesellschaft nach vernünftigen Grundsätzen reformieren. Daher wandten sie sich gegen die Bevormundung des Bürgers durch Absolutismus und Kirche, vor allem gegen den Einfluss der Jesuiten. Sie forderten die Trennung von Staat und Kirche, religiöse Toleranz und Religionsfreiheit. Obwohl die meisten Fürsten der Aufklärung ablehnend gegenüberstanden, vor allem in Frankreich, gab es auch einige, die sich deren Gedanken zu eigen machten und die ihre Länder (Russland, Preußen, Salzburg und Österreich) nach aufklärerischen Grundsätzen regierten.

Der Begriff **Febronianismus** verdankt seinen Namen Justinus Febronius, unter dem sich kein Geringerer verbarg als der Weihbischof von Trier, **Johann Nikolaus von Hontheim** († 1790). Er veröffentlichte unter diesem Pseudonym sein »Buch von dem Zustand der Kirche und der rechtmäßigen Gewalt des römischen Papstes, die in der Religion widrig gesinnten Christen zu vereinen«. Die baldige Indizierung durch Papst Clemens XIII. verhinderte die Ausbreitung der Schrift nicht. Den Anlass zur Entstehung des Febronianismus hatten päpstliche Eingriffe in die bischöflichen Rechte gegeben. Die Erzbischöfe von Köln, Mainz, Trier, Salzburg und der Bischof von Freising wehrten sich in der Emser Punktation 1786 und forderten die Errichtung einer von Rom weitgehend unabhängigen katholischen deutschen Nationalkirche nach dem Vorbild der protestantischen Landeskirchen und nach gallikanischem Muster, in der den weltlichen Landesherren größere Vorrechte eingeräumt werden sollten. Das Papsttum sollte auf einen bloßen Ehrenprimat reduziert werden. Die Schlüsselgewalt käme nämlich nur der Gesamtkirche zu, jeder Bischof habe seine Gewalt von Gott. Oberste Kircheninstanz sei daher nicht der Papst, sondern das allgemeine Konzil, das weder der Berufung noch der Bestätigung durch den Papst bedürfe.

Der etwas ältere **Jansenismus**, benannt nach **Cornelius Jansen** (Jansenius, †1638) war hingegen eine Gnadenlehre, die wegen der Überbetonung der Gnade 1653, 1705 und 1713 päpstlich verurteilt wurde. Der Jansenismus setzte die Gewissensfreiheit über jegliche Machtwillkür. Seine Feindschaft gegen die Jesuiten und die Ablehnung der Suprematie des Papstes gehen auf die Entstehung und die ersten Jahre der Utrechter Kirche zurück (siehe S. 210). Er fand in den Niederlanden Verbreitung und beeinflusste Männer wie **Gerhard van Swieten** und Gottfried de Haën, die von Maria Theresia nach Wien berufen wurden und ihr Ohr hatten. Van Swieten war nicht nur Leibarzt, sondern auch Präsident der kaiserlichen Kommission für Erziehung und Leiter der Zensurbehörde.

Nicht aus der katholischen Tradition stammten hingegen die **Freimaurer**. Seit der Mitte des 18. Jahrhunderts bildeten sich in den habsburgischen Erbländern trotz der päpstlichen Bannbullen von 1738 und 1751 **Logen**, die bald einen Teil der adeligen Jugend, der Gelehrten und Künstler, ja selbst etliche Priester und Ordensangehörige zu ihren Mitgliedern zählen konnten. Die Bruderschaft führt ihren Ursprung auf die übernational organisierten Bauhütten des Mittelalters zurück, die mit dem Ende des Kathedralenbaues ihre Bedeutung verloren hatten und nur durch Geldspenden angenommener Mitglieder (accepted masons) weiter existierten. Da die Ideen der Aufklärung zur überlieferten Ethik der Maurer passten, vereinigten sich vier alte Werkmaurerlogen 1717 zur Ersten Großloge von England. Damit war aus der Werkmaurerei die spekulative Freimaurerei entstanden, die bald in ganz Westeuropa verbreitet war, unter anderem auch als Illuminatenorden. Die Logenbrüder traten für die Menschenrechte und für unbedingte Toleranz ein, innerhalb der Logen wurden Standesunterschiede abgelehnt, man förderte einander auch im profanen Leben nach Kräften. **Franz Stephan von Lothringen**, Maria Theresias Ehemann, wurde 1731 als erster europäischer Fürst in den Bund aufgenommen. Maria Theresias Schwiegersohn Herzog Albrecht Kasimir von Sachsen-Teschen, zählte zu seinen Führern. Die Ideen der englischen Aufklärung wirkten damit direkt auf das Kaiserhaus ein. Die Toleranz der Freimaurer ging sehr weit: In Ungarn wurden 1777 sogar Atheisten in den Logen geduldet, allerdings unter der Voraussetzung, dass sie ihre Grundsätze nicht zu verbreiten suchten. In Freimaurer- und Illuminatenkreisen setzte man sich auch mit der orientalisch-islamischen Philosophie und Dichtung auseinander. Es bildeten sich vereinzelt sogar Zirkel, die sich am religiösen Leben islamischer Mystiker (Sufismus) orientierten.

Ein bedeutender Vertreter der Freimaurerei in Österreich war **Joseph von Sonnenfels** (1732–1817). Sein Vater, Lipmann Perlin (1705–1768), ein Sohn des Landesrabbiners von Brandenburg, war in seinen frühen Jahren von Berlin nach Eisenstadt gezogen. 1733 ging er als Hebräisch-Lehrer nach Nikolsburg und ein Jahr später nach Wien. Zwischen 1735 und 1741 trat er gemeinsam mit seinen zwei Söhnen Joseph und Anton zum katholischen Glauben über und nahm den Namen Alois Wien(n)er an. 1745 wurde er Professor für Hebräische Sprache an der Wiener Universität und verfasste zahlreiche Übersetzungen für den Hof, wofür er 1746 in den erblichen Adelsstand (von Sonnenfels) erhoben wurde. Sein Sohn Joseph lernte bei ihm Hebräisch und besuchte das Piaristengymnasium. Statt wie ursprünglich beabsichtigt Geistlicher zu werden, entschied er sich für eine Laufbahn als Soldat und diente bis 1754 im Deutschmeisterregiment in Klagenfurt und Wien. Dann studierte er in Wien Rechtswissenschaften und arbeitete in der Obersten Justizstelle. 1763 wurde er an die Wiener Universität als Professor für Polizey- und Kameralwissenschaft berufen und entfaltete eine reiche publizistische Tätigkeit im Sinne der Aufklärung. Er sprach sich in seiner 1775 erschienenen Schrift »Über Abschaffung der Tortur« entschieden gegen die strenge Folter aus, die im darauf folgenden Jahr tatsächlich abgeschafft wurde. Als Direktor der Illuminationsanstalt führte er die öffentliche Beleuchtung der Stadt mit Öllampen ein. Er brachte es 1779 zum Wirklichen Hofrat bei der Geheimen böhmischen und österreichischen Hofkanzlei, zum Beisitzer der Studien- und Zensurkommission und 1810 zum Präsidenten der k. k. Akademie der bildenden Künste. Seit 1784 war er Großmeister der Loge »Zur wahren Eintracht« und stand den Illuminaten um Ignaz von Born nahe.

Sonnenfels war ein überzeugter Kämpfer für die neue hochdeutsche Schriftsprache, die mit der allgemeinen Schulpflicht eingeführt worden war, und verurteilte den Gebrauch des Dialekts generell. Er fühlte sich weder den jüdischen Traditionen noch der jiddischen Sprache oder dem Wiener Dialekt verbunden. Er behauptete, dass in Wien *»die best gekleidete Dame der höheren Gesellschaft so pöbelhaft rede wie ihre Küchenmagd«*. Ebenso wie die Kaiserin lehnte er den Versuch der Jesuiten ab, eine eigene zweite Schriftsprache für den deutschen Süden zu entwickeln, die der gesprochenen Sprache möglichst nahe sein sollte, um dem Volk einen leichteren Zugang zur Bildung zu ermöglichen.

## *Maria Theresia und das Staatskirchentum*

Maria Theresia war zwar fromm, ja fast bigott, umgekehrt war sie aber nicht willens, der Kirche die Position der zweiten oder gar der ersten Macht im Staate zu belassen. Sie sah sich im Sinne der Aufklärung bereits als Dienerin des Volkes, war sich aber auch ihres Gottesgnadentums noch voll bewusst. Ohne die Gnade Gottes hätte sie ihre Feinde nie überwinden können, Gott selbst hatte sie also auf den Thron berufen. Daher war sie gewillt, das Beste, wie sie es verstand, daraus zu machen. Seit ihrem Urahn Ferdinand I. war sie der erste Landesfürst[58], der mit praktischem Sinn und Energie die Lösung der unzähligen Probleme im Staate anging. Ihre Berater wählte sie klug, aber nicht zur Freude der Kirche. Ihr Kanzler Kaunitz galt als Atheist, Van Swieten war Jansenist und Freimaurer, Sonnenfels getaufter Jude, ihr Beichtvater Müller Chorherr und Jansenist. Diese Wahl ist recht erstaunlich, wenn man daran denkt, wie sie die Minderheiten behandelte (siehe S. 176). So verschieden die vier hier genannten Männer und ihre Anschauungen auch waren, eines hatten sie gemeinsam: Sie sahen in den Jesuiten den größten Feind des Staates. Und so gelang es ihnen, die Herrscherin gegen diese einzunehmen. Übrigens war auch schon ihr Vater, Kaiser Karl VI., nicht gut auf die Jesuiten zu sprechen gewesen, obwohl er von ihnen erzogen worden war: Er unterstellte die Universität und damit den Orden der staatlichen Kontrolle, denn die Lehrmethoden der Jesuiten wurden zu seiner Zeit bereits angegriffen.

In den Sechzigerjahren begann Maria Theresia mit ihren kirchenpolitischen Reformen. Sie zeugten bereits von einem Geist, den man zumeist als »Josephinismus« bezeichnet, obwohl man weiß, dass ihr Sohn Joseph weder dessen Urheber noch allein dafür verantwortlich war. Die neuen Maßnahmen wurden zuerst in der Lombardei erprobt und dann von der österreichisch-böhmischen Hofkanzlei für die Kernländer der Monarchie übernommen. Unter anderem wurde die Steuerfreiheit des Klerus beseitigt, seine Kontakte mit der Kurie kontrolliert, die Hälfte der kirchlichen Feiertage abgeschafft und der Ordenseintritt vor dem 24. Lebensjahr verboten. Trotz persönlicher Bedenken gab die Kaiserin 1773 den Ausschlag zur Auflösung des Jesuitenordens, indem sie sich überraschend auf die Seite von Portugal, Spanien, Parma und Frankreich stellte. Sofort begann man über die möglichen Gründe zu spekulieren. So hieß es, ein gewisser Joseph Julian Monsperger aus Wiener Neustadt, der 1764 aus dem Jesuitenorden ausgetreten und Professor des Hebräischen an der Universität Wien geworden war, habe zuvor im Professhaus hinter einem Gemälde einen Wandschrank voller Papiere entdeckt, die »Beichten der Großen und Mächtigen« enthielten, darunter Beichten der Kaiserin Maria Theresia selbst, der Erzherzöge und anderer wichtiger Persönlichkeiten. Monsperger habe den Fund an Papst Clemens XIII. († 1769) übersandt, dessen Nachfolger Clemens XIV. († 1774, Lorenzo Ganganelli) habe wiederum alles der Kaiserin geschickt. Sicher waren für ihre Haltung

*Karikatur aus dem »Humoristischen Volksblatt Kikeriki«, Jg. 1874*

aber ganz andere Gründe ausschlaggebend, vor allem die bourbonischen Heiraten ihrer Kinder. Papst Clemens XIV. wies bei der Aufhebung der Societas Jesu zwar auf deren frühere Verdienste bei der Vertiefung und Ausbreitung des Glaubens hin, im Sinne des Friedens und zur Vermeidung von Streit und Zwietracht innerhalb der Kirche müsse er den Orden aber aufheben. Zu einer eingehenden Untersuchung der Verfehlungen, die man den Jesuiten vorwarf, kam es nicht, der Ordensgeneral und andere leitende Brüder wurden aber in der Engelsburg eingekerkert. Danach litt der Papst an der fixen Idee, die Jesuiten würden ihn eines Tages vergiften. Als er wenig später starb, untersuchte daher eine internationale Ärztekommission seinen Leichnam auf Giftspuren, konnte jedoch nichts dergleichen nachweisen. Seit der Zeit nannte sich übrigens kein Papst mehr Clemens. Nachfolger wurde Pius VI. (siehe S. 196)

## *Die Revolution von oben*

Als Kaiser Joseph II. (1741–1790) im Linzer Dom zur Messe erwartet wurde, hatte man ganz vorne für ihn einen kunstvollen Betstuhl auf kostbare Teppiche gestellt. Er räumte ihn eigenhändig zur Seite, setzte sich mitten unter die übrigen Andächtigen auf die Holzbank und sprach: *»Vor Gott sind alle Menschen gleich!«*

Diese und ähnliche erbauliche Geschichten werden gern erzählt, wenn es um die persönliche Frömmigkeit des Kaisers geht. Als treuen Sohn der katholischen Kirche weist ihn das allerdings noch nicht aus. Die Religion, und zwar jede, war für ihn ein Mittel zur Gewissensbildung und zur Erziehung des Menschen zu Pflichterfüllung und gutem Zusammenleben, was er als Voraussetzung für jedes persönliche Glück und das Gedeihen des Staates betrachtete. Daher war Religion keine Privatangelegenheit, sondern Sache des Staates und damit Sache des Kaisers. *»Die Kirche ist eine Abteilung der Polizei, die den Zielen des Staates zu dienen hat, bis die Aufklärung des Volkes soweit gediehen ist, dass sie ihre Ersetzung durch die weltliche Polizei erlaubt«*, lehrte Sonnenfels.

Josephs Vorfahren hatten sich schon häufig in innerkirchliche Angelegenheiten eingemischt, Klostervisitationen vorgenommen und Reformen veranlasst, in Ausübung der Vogteirechte Kirchengut verwaltet, Bischöfe ein- und abgesetzt oder bei Papstwahlen ein gewichtiges Wort mitgesprochen. So gesehen stand er mit ihnen in einer Reihe. Neu war jedoch der Eingriff in den Kultus im Namen der Vernunft, doch gerade das verstanden die Untertanen nicht, es erinnerte auch zu sehr an den bisher so heftig bekämpften Protestantismus. Bei Maria Theresia war die Ratio noch mit eigener traditioneller Religiosität verbunden gewesen, daher hatte sie nicht an die Grundfesten von Papsttum und Kirche gerührt und war auch nicht mit den religiösen Gefühlen ihrer Untertanen in Konflikt geraten. Joseph II. setzte sich jedoch nach ihrem Tod über alle katholischen Traditionen hinweg, der völlige Bruch mit dem Papsttum drohte.

Der Jurist Karl Anton Martini (1726–1800), der Politikwissenschaftler Joseph Sonnenfels (siehe S. 183) und zuvor schon der Staatskirchenrechtler Paul Joseph Riegger (1705–1775) hatten an der Wiener Universität die geistigen Grundlagen für die josephinischen Reformen geschaffen. Staatskanzler **Wenzel Anton Graf Kaunitz** (1711–1794) war sogar ein persönlicher Freund Voltaires und ein Verfechter des Gallikanismus, wonach sich die Kirche dem Staat unterzuordnen hätte: *»Die Hoheit des Staates über die Kirche erstreckt sich auf die gesamte kirchliche Gesetzgebung und Praxis, die vom Menschen aufgestellt und geübt wird, und was die Kirche sonst an Zustimmung und Sanktion der weltlichen Macht verdankt. Infolgedessen muss der Staat immer die Macht haben, zu begrenzen, zu ändern oder früher gemachte Zugeständnisse rückgängig zu machen, wann immer es die Staatsräson, Mißbräuche oder veränderte Umstände erforderlich machen.«*

Das Ziel des Kaisers war die Schaffung einer Nationalkirche innerhalb der österreichischen Territorien mit ihm an der Spitze. Jeder einzelne Untertan inklusive der Geistlichen sollte ausschließlich dem Staat (und somit dem Kaiser) gehorchen und nicht dem Papst in Rom. Um dessen Einfluss auszuschalten, unterband Joseph jeden direkten Kontakt seiner Untertanen mit diesem. Alle Bischöfe hatten den Eid auf den Kaiser abzulegen, und zwar vor dem Eid auf den Papst. Sie durften sich nur mehr schriftlich und über den österreichischen Gesandten mit diesem in Verbindung setzen. Selbst die Annahme von päpstlichen Titeln oder das Studium an der deutschen Universität in Rom wurden den Österreichern verboten. Entscheidungen über Ehehindernisse waren nicht mehr dort zu fällen, sondern waren nun Sache der Landesbischöfe. Päpstliche und andere kirchliche Verordnungen mussten dem Kaiser vorgelegt werden, ohne sein »Placet« gab es keine Kundmachung. Nur in den geistlichen Angelegenheiten, bei der Aufsicht über den Klerus und in Disziplinarfragen behielten die Bischöfe ihr Verordnungsrecht. Der Klerus war nur mehr zuständig für die Seelsorge, die Spendung der Sakramente und die Predigten. Jede kirchliche Bücherzensur neben der staatlichen wurde untersagt, letztere aber trotz der neu eingeführten Pressefreiheit und der Freiheit der Kritik beibehalten. 1783 wurden alle bischöflichen Seminarien und alle theologischen Bildungsanstalten an Stiften und Klöstern geschlossen und deren Fonds und Stiftungen eingezogen. Der Priesternachwuchs sollte durch den Staat in zwölf Generalseminarien (darunter Wien, Graz und Innsbruck) zu tüchtigen Staatsdienern ausgebildet werden, der Staat bestellte die Professoren und schrieb die Lehrpläne und die Lehrbücher vor. Diese neuen Anstalten bewährten sich übrigens nicht.

Alle diese Maßnahmen waren einschneidend, aber Joseph war damit noch nicht ans Ende seiner Reformen gekommen. Mit dem Klostergesetz vom 12. Januar 1782 verfügte er für die Erblande die Aufhebung aller Niederlassungen derjenigen Orden, deren Mitglieder rein kontemplativ lebten, in seinen Augen also unnütz und auch nicht gottgefällig waren. Den unmittelbaren Anlass hatten Missstände in der Kartause Mauerbach gegeben. Die Aufhebung betraf daher in sämtlichen Kronländern zuerst die Kartäuser, aber auch etliche Eremiten, Kapuziner, Benediktiner und die Frauenklöster, vor allem die Clarissen. Ein Drittel aller Klöster war betroffen, ihre Nonnen und Mönche durften in ausländische Klöster ihres eigenen Ordens auswandern oder einen anderen (nützlichen) Orden wählen.

*Ein Skandal in der Kartause Mauerbach brachte den Anstoß zu den Klosteraufhebungen Joseph II*

*Die »Wüste« St. Anna in Mannersdorf, ein 1783 aufgehobenes Kloster der Unbeschuhten Karmeliter*

Bestanden in den Erblanden weiterhin Klöster ihres eigenen Ordens, dann konnten sie eines davon wählen. Sie konnten aber auch in die Welt zurückkehren und erhielten in dem Fall eine Pension. Die Mönche konnten – wie unter Maria Theresia bereits die Jesuiten – Weltgeistliche werden, was bei dem herrschenden Priestermangel nicht unerwünscht war. Das eingezogene Klostergut wurde in den Religionsfonds eingebracht. Unschätzbares Kulturgut ging dabei verloren, nicht zuletzt durch unlautere Machenschaften oder die himmelschreiende Ignoranz der Behörden veruntreut, versteigert, verschleudert, vernichtet, was sogar Begräbnisstätten von Habsburgern und deren Inhalt traf (Gaming, Seckau!). Von Pietät oder auch nur Sorgfalt keine Spur. Nur die Bücher fanden zumindest teilweise den Weg in die Hofbibliothek.

Den Religionsfonds hatte Joseph II. 1782 gegründet, indem er diverse alte Fonds, darunter Eremitenfonds und die Böhmische Salzkasse, mit der Vermögensmasse der mehr als 700 aufgehobenen Klöster, Kirchen, Kapellen, Benefizien und Bruderschaften vereinigte. Die Verwaltung erfolgte bis 1802 zentral in Wien durch staatliche Kommissionen mit kirchlichen Vertretern. Die Mittel dienten den Personal- und Sacherfordernissen der neu errichteten Pfarren, ältere Pfarren bekamen Zuschüsse. Den Klöstern, die bestehen blieben, und dem weltlichen Klerus wurde 1788 eine bedrückend hohe Einkommensteuer auferlegt, um ihre Einkünfte bis aufs Existenzminimum in den Religionsfonds umzuleiten.

Die einzige Reform, die sich dort, wo sie glückte, bewährte, war die längst fällige Diözesanregulierung. In Tirol und Vorarlberg gelang sie nicht, und in Salzburg hatte Joseph nichts zu sagen. Die anderen österreichischen Länder wurden endgültig aus der Diözese Passau gelöst. Gehörten vorher mitten im Gebiet einer Diözese Kirchen zu verschiedenen anderen (auch ausländischen) Diözesen,

*Blick auf das 1289 von den Kuenringern gestiftete erste österreichische Clarissenkloster in Dürnstein, das von Joseph II. aufgehoben wurde*

was stets zu vielen Reibereien geführt hatte, so wurden nun einheitliche Diözesangebiete mit festen Grenzen geschaffen, Bischofssitze verlegt (Wiener Neustadt nach St. Pölten, Seckau nach Graz, Gurk nach Klagenfurt) und neue Bistümer gegründet (Linz und das bereits 1859 mit Graz-Seckau vereinigte Leoben). Die Pfarren wurden ebenfalls neu geordnet, an die 500 Pfarren neu errichtet, die allerdings nicht alle besetzt werden konnten, weil es nicht genug Priester dafür gab. Die Aufklärer um den Kaiser traten daher für die Aufhebung des Zölibats ein, doch in dem Punkt folgte er seinen Beratern nicht, da er den totalen Bruch mit der katholischen Kirche ja doch vermeiden wollte.

Durch das Hofdekret vom 22. Mai 1783 wurde die Auflösung aller alten **Bruderschaften** verfügt. Damals waren etliche Bruderschaften mit den Kirchen verbunden (siehe S. 97), zum Beispiel Sakramentsbruderschaften, Marien- und Rosenkranz-Bruderschaften, in denen die Laien die Kirche unterstützten, Geselligkeit und eigene Religiosität pflegten und sich bestimmten Aufgaben, zum Beispiel der Armenfürsorge, widmeten. Allein in Wien gab es 116 Bruderschaften, die natürlich alle über eigenes Vermögen verfügten. Sie sollten nun durch ein einziges Armeninstitut, »Die tätige Liebe des Nächsten in Beziehung auf hilflose Arme« genannt, ersetzt werden. Der Kaiser schritt auch gegen das mit dem Bruderschaftswesen eng verbundene Wallfahrtswesen ein. Für Pilgerfahrten ins Ausland gab es keine Pässe mehr, ja sogar die traditionsreichen Wallfahrten nach Mariazell wurden abgeschafft und die Gnadenstatue entkleidet. Im Dezember 1782 wurden die Pfarrprozessionen auf den Fronleichnamstag und die drei Bitttage beschränkt. Da die Bevölkerung murrte, wurden für jede Pfarre zwei weitere Prozessionen ohne Heiligenbilder erlaubt, was aber 1785 wieder abgestellt wurde. Nur in Notfällen durfte der Bischof außerordentliche Bittgänge anordnen. Die alljährliche Dankprozession für die Befreiung Wiens von den Türken hörte 1783 auf. Die Bestimmungen wurden laufend verschärft: Das Dekret vom 11. Juli 1789 befahl sogar, dass allen Prozessionen, die Kreuz oder Fahnen mittrugen, diese weggenommen, deren Träger mit fünfzig Stockhieben bestraft und die Teilnehmer eingesperrt werden sollten.

Die Schließung der Klöster, die Errichtung neuer Pfarren und das Verbot der beliebten Bruderschaften und Wallfahrten waren Maßnahmen, die das ganze Volk direkt in seinem Alltagsleben betrafen und Ablehnung hervorriefen. Noch mehr galt dies für die Schließung aller innerörtlichen Friedhöfe aus Gründen der Hygiene am 23. August 1784. Doch damit nicht genug, griff Joseph so stark ins innerkirchliche Leben ein, dass ihn der Preußenkönig Friedrich II. spöttisch *»des Heiligen Römischen Reiches Erzsakristan«* nannte. Der Kaiser wollte die Anbetung Gottes im Geist und die tätige Nächstenliebe fördern, alle nur auf die Sinne wirkenden Zeremonien hingegen abschaffen, denn die Prunk- und

*Die Basilika von Mariazell*

Prachtentfaltung bei Gottesdiensten, Begräbnissen und Hochzeiten hatte eine Kehrseite: Die meisten Untertanen konnten sich das alles gar nicht leisten und darbten jahrelang dafür. Und so wurde alles ge- und verordnet, von der Wiege bis zum Grabe, von der Anzahl der Kerzen bis zur Abschaffung der Särge, von den Prozessionen bis zur Kleidung der Prediger, von der Entfernung vieler Kirchenbilder bis zur Überklebung von Brevierseiten, von den Themen der Predigten bis zu den Sakramentalien, von den Liedern bis zu den Wallfahrten, von der Bekleidung der Statuen in der Kirche bis zur Aufstellung der Reliquien, von den Kirchentaxen bis zu den Friedhöfen, vom Kerzenverkauf an den Kirchentüren bis zum Wetterläuten usw., usw. Ein geradezu unglaubliches und äußerst umfangreiches Regelwerk war entstanden. Das Volk, zu dessen Bestem alles nur gedacht war, begann verständnis- und fassungslos, dann undankbar und schließlich kräftig und unüberhörbar zu murren. Daraufhin hob der Kaiser zumindest die Vorschriften bezüglich der Leichenbestattung durch ein Handbillet auf: *»Da ich sehe und täglich erfahre, daß die Begriffe der lebenden Leute noch so materialistisch sind, daß sie einen unendlichen Preis darauf setzen, daß ihr Körper langsamer faule und länger ein stinkendes Aas bleibe, so ist mir wenig daran gelegen, wie sich die Leute wollen begraben lassen, und werden Sie also durchaus erklären, daß ... ich keinen Menschen, der nicht davon überzeugt ist, zwingen will, vernünftig zu sein.«*

## *Die Toleranzgesetzgebung Kaiser Josephs II.*

Innerhalb dieser einen Staatskirche sollte offenbar auch Platz für andere Religionen geschaffen werden. Daher ermöglichte das Patent vom 13. Oktober 1781 den beiden durch den Westfälischen Frieden anerkannten protestantischen Kirchen, also Lutheranern und Reformierten, und den Orthodoxen in den Habsburger Kronländern die Religionsausübung, nicht aber den Böhmischen Brüdern. Von einer völligen Gleichstellung konnte aber noch keine Rede sein. So musste jede Eheschließung als offizieller Akt in der Hand der Staatskirche bleiben, da es Aufgabe der Pfarrer war, die Matrikel zu führen. Der nichtkatholische Geistliche war höchstens als Zeuge zugelassen und konnte private Vormerkbücher führen. Das Studium an den Universitäten war nun auch für »Akatholiken« möglich. Der

Übertritt von der katholischen zur evangelischen Kirche wurde gestattet, allerdings ab 1787 dem Papst zuliebe erschwert: Man hatte sich vor so einem Schritt einem sechswöchigen katholischen (!) Glaubensunterricht in einer Pfarre oder einem Kloster zu unterziehen. Ein protestantisches Bethaus durfte nur dann errichtet werden, wenn es in dem betreffenden Gebiet zumindest einhundert evangelische Familien oder fünfhundert evangelische Einzelpersonen gab. Von außen durfte nichts an diesen Bethäusern an Kirchen erinnern, es waren weder Rundfenster noch Türme gestattet. Der Eingang war so zu wählen, dass er von einem Innenhof aus in das Bethaus führte, keinesfalls durfte der Zutritt direkt von einer Hauptstraße aus möglich sein, und das Bethaus musste mindestens fünfzig Meter von einer solchen entfernt sein.

*Medaille zur Erinnerung an das Toleranzpatent*

Schon vor dem Toleranzedikt hatte es im 18. Jahrhundert lutherische Gottesdienste in Wien gegeben, und zwar in den Gesandtschaftskapellen der evangelischen Länder Dänemark und Schweden, der Besuch war für die Wiener jedoch lange wegen des Spitzelwesens riskant. Nach Erlassung des Toleranzpatents kaufte die lutherische Gemeinde einen Teil des von Joseph II. aufgelassenen Königinklosters (Dorotheergasse 18) zur Errichtung einer Kirche. Der reformierte Gottesdienst war in der holländischen Gesandtschaftskapelle besucht worden, jetzt baute die Gemeinde die Kirche des Königinklosters zu ihrer Kirche um. Die evangelischen Gemeinden kämpften jedoch mit finanziellen Problemen, denn sie mussten den katholischen Pfarren für alle Amtshandlungen ihrer Pfarrer Stolgebühren entrichten.

Und auf einmal zeigte sich, dass es sehr viele Protestanten gab! Über 150 Jahre lang hatte sich die evangelische Lehre im Untergrund verborgen, Gegenreformation und Barock überstanden und ihre Traditionen bewahrt. Und nicht nur das: In manchen Gegenden bekannte sich die gesamte Bevölkerung als »akatholisch«, wie es in schönem Amtsdeutsch hieß. Sofort nach der Erlassung des Patents bildeten sich eine Menge »Toleranzgemeinden«, und zählte man alle diese Menschen (ohne Berücksichtigung der heutigen Bundesländer Burgenland und Salzburg), so lag ihre Zahl bei siebzig- bis achtzigtausend! Verglichen damit, dass im 16. Jahrhundert 90 Prozent der Bevölkerung evangelisch gewesen waren, war das trotz allem nur ein kleiner Rest, doch zeigte man sich selbst darüber allgemein erstaunt. Gemeinden, in denen es besonders viele Protestanten gab, waren in Oberösterreich die Orte Eferding, Scharten, Thening, Wallern und Wels, Kematen, Rutzenmoos, Attersee, Goisern, Gosau und Hallstatt, in Niederösterreich Mitterbach, St. Ägyd am Neuwald und Naßwald, in der Steiermark Ramsau und Schladming, St. Johann am Tauern, Unterwald am Schoberpass, in Kärnten Arriach, Bleiberg, Feffernitz, Feld am See, Fresach, Gnesau, St. Ruprecht bei Villach, Unterhaus und Zlan, Dornbach, Eisentratten und Trebesing, Weißbriach, Hermagor und Treßdorf. In Neukematen (Piberbach, Oberösterreich) steht übrigens das älteste erhaltene Toleranzbethaus, das noch immer dem ursprünglichen Zweck dient. Fast unverändert bis heute blieb auch das Watschiger Toleranzhaus (Hermagor, Kärnten).

Auch die Juden sollten gleichgeschaltet werden. Am 19. Oktober 1781 wurde die »**Verordnung betreffend Toleranz für die Juden**« in Kraft gesetzt. Wie das Gesetz betonte, wollte Joseph die Juden dem Staate nützlicher und brauchbarer machen, dafür eröffnete er ihnen neue Entfaltungsmöglichkeiten und gestand ihnen größere Freiheiten in der Religionsausübung zu. Die Jiddisch sprechenden Untertanen sollten an die christlich-deutsche Leitkultur angepasst werden, um seinem Ziel einer zentral verwalteten Habsburgermonarchie mit deutscher Staatssprache näher zu kommen. Sie bekamen daher alle von seinen Beamten deutsche Namen zugeteilt, manchmal nach ihrem Herkunftsort, manchmal nach ihrem Wunsch und manchmal ganz einfach nach der Laune (oder Geldgier) des Bürokraten.

Sie wurden aufgefordert eigene Schulen zu errichten, der Besuch der Universitäten wurde ihnen erlaubt, noch vorhandene Kleidervorschriften aller Art wurden beseitigt. Der Kaiser erließ den österreichischen Juden nun auch die Leibmaut (eine Kopfsteuer), hob die Judenhäuser (Ghettos) auf und gestand ihnen die Gewerbefreiheit zu, aber noch ohne Bürger- und Meisterrecht. Dafür mussten sie ihre Kinder auf deutschsprachige Schulen schicken (da es noch nicht genügend jüdisch-deutsche gab), ihre Berufe durften sie nur bei christlichen Meistern lernen, was aber weniger mit ihrer Religion als mit der Verwaltung zu tun hatte. Sie sollten sich im Handel betätigen oder Manufakturen betreiben oder sich der Landwirtschaft zuwenden. Die Idee, aus ihnen Bauern zu machen, stieß nicht auf ihre Akzeptanz, ansonsten waren die meisten Juden aber recht zufrieden, vor allem die aufgeklärten. Denn es gab auch eine jüdische Aufklärung, die Haskala (הלכשה). Das Wort ist von der hebräischen Wortwurzel לכש s-k-l abgeleitet, die auch im Wort Sechel (Verstand) steckt. Haskala(h) bedeutet also so viel wie Bildung, Aufklärung und bezeichnet eine jüdische Geistesbewegung der Zeit von 1770 bis 1880, deren Ziel die jüdische Emanzipation war. Der Weg der Juden vom Rand der Gesellschaft, wo sie eine rechtlich, religiös und sozial diskriminierte Minderheit waren, zur Eingliederung in ebendiese Gesellschaft begann mit der Anerkennung durch Joseph. Mit der allmählichen rechtlichen Gleichstellung näherten sich Juden und Christen einander stärker an, was von beiden Seiten oft recht unterschiedlich bewertet werden sollte.

Durch das Patent vom 11. Dezember 1785 wurde dann auch noch die **Freimaurerei** legalisiert, allerdings (wie damals auch alles andere) der Kontrolle des Staates unterworfen und reglementiert. Eine österreichische Großloge wurde eingerichtet, der alle anderen Logen unterstellt wurden, deren Zahl jeweils auf eine Einzige in jedem Kronland beschränkt wurde. Das kam einem Verbot aller Logen, die von der Hochgradmaurerei abwichen (also auch der Illuminaten) gleich. Joseph selbst hatte den Beitritt immer zurückgewiesen, aus dem Patent ist seine eigene Einstellung zur Freimaurerei ersichtlich: »*Die sogenannten Freimaurer-Gesellschaften, deren Geheimnisse mir eben so unbewußt sind, als ich deren Gauckeleien zu erfahren wenig vorwitzig jemals war, vermehrten und erstrecken sich jetzt auch schon auf alle kleinsten Städte ...; mir ... ist genug zu wissen, daß von diesen Freimaurer-Versammlungen dennoch wirklich einiges Gute für den Nächsten, für die Armuth und Erziehung schon ist geleistet worden, um mehr für sie ... hiemit zu verordnen, ... so lange sie Gutes wirken, unter den Schutz und die Obhut des Staates zu nehmen und also ihre Versammlungen förmlich zu gestatten sind.*« Viele von Josephs früheren Parteigängern aus den Kreisen der Maurerei wandten sich nun enttäuscht vom Kaiser ab. Da aber zu der Zeit bereits die meisten Untertanen inklusive der orthodoxen Juden mit ihm unzufrieden waren, kam es auf diese auch nicht mehr an.

Zufrieden war nur die Beamtenschaft, denn um seine Reformen, die er selbst als den »*Nutzen und das Beßte der größeren Zeit*« verstand, erfolgreich durchzuführen, hatte der Kaiser die Bürokratie verstärkt. Zur besseren Kontrolle der Untertanen waren auch das Meldewesen und die Hausnummern eingeführt worden und ebenso ein recht gut funktionierendes polizeiliches Überwachungs- und Spitzelwesen.

Zusammenfassend ist zu sagen, dass Joseph zwar die Kirche in völlige Abhängigkeit vom Staat brachte, dabei aber Reformen durchsetzte, die die Kirche aus eigener Kraft niemals hätte schaffen können. Durch die Beschneidung der Privilegien von Adel und Klerus und den eigenen bescheidenen Lebensstil verhinderte er eine Radikalisierung der Volksmeinung nach französischem Muster. Als besonders wichtiger Schritt ist dabei das **Untertanenpatent** aus dem Jahre 1781 anzusehen, welches das Ende der Leibeigenschaft einleitete. Es ermöglichte schließlich die Mobilität der Arbeitskräfte, ohne die eine wirtschaftliche Weiterentwicklung des Landes und dessen Industrialisierung nicht möglich gewesen wären.

## *Der Papst in Wien*

Papst Pius VI. (Giovanni Angelo Braschi, 1717–1799) war ein gut aussehender Mann. Seine dunklen Augen und die liebenswürdigen und vornehmen Gesichtszüge wurden durch das gepflegte, weiße Haar betont. Ein deutscher Rom-Pilger schrieb: *»Er hat eine vorteilhafte Gestalt und in allen seinen Manieren etwas Majestätisches und Edles, welches er mit der natürlichen Sanftmut seines Charakters gut zu verbinden weiss. Er bezaubert jedermann durch sein Betragen.«* Der Papst war sich seiner guten Erscheinung sehr bewusst, er war ziemlich eitel. Seine weltmännische Gewandtheit und seine höfische Beredsamkeit paarten sich mit einer barocken Prunkliebe, die nicht ins Zeitalter der Aufklärung passte.

Kaiser Joseph II. hatte die päpstliche Diplomatie in eine schwierige Lage gebracht. Die Tage der Reformation schienen wiedergekommen zu sein, die Entwicklung nahm einen Verlauf, der nicht zu hemmen war, und ausgerechnet ein Habsburger stand an ihrer Spitze. Im Vatikan setzte man auf diplomatische Verhandlungen, der Papst entschloss sich aber gegen den Rat seiner Kardinäle zu einer Reise nach Wien, um durch persönlichen Einsatz beim Kaiser noch zu retten, was zu retten war. Die Wiener Aufklärer waren gar nicht erfreut über die Ehre des Besuches, sie fürchteten, der Papst würde durch seine Wesensart die Wiener bezaubern und den Kaiser beeinflussen. Sie ließen daher Pamphlete drucken, in denen der Papst herabgesetzt wurde.

Der Papst hatte für seinen Wienbesuch geschickt die Kar- und Osterwoche gewählt. Er reiste am 27. Februar ab Rom über Venedig, Udine, Görz und Graz und traf am 22. März in Wien ein. Der Kaiser war ihm bis Neunkirchen entgegengefahren. Das Volk lief in ungeheuren Mengen zusammen, denn es hatte ja noch nie einen Papst gesehen. Seit Maria Theresias Begräbnis und seit dem Einzug des türkischen Gesandten vor etlichen Jahren war seine Ankunft das größte Ereignis, das die Stadt erlebte. Der Papst saß rechts vom Kaiser im Wagen und spendete unaufhörlich seinen Segen. Die Leute knieten dabei nicht nieder, wie es der Heilige Vater gewohnt war, und sogar Juden befanden sich unter den Zuschauern.

Der Kaiser ließ dem Papst völlig freie Hand bei den kirchlichen Handlungen, bei denen er selbst unter dem Vorwand einer Augenerkrankung aber nicht erschien. Er ließ den Heiligen Vater stets von mehreren Kompanien Soldaten der Ungarischen Leibgarde begleiten, was zwar merkwürdig war, diesen jedoch vor dem Andrang des Publikums schützen sollte. Ein Kapuzinerpater namens Ignaz Aurelius Fessler, Freimaurer und später evangelischer Bischof von St. Petersburg, wohnte am 25. März der Papstmesse in der Kapuzinerkirche bei: »... *am Ende der Messe befestigte sich in mir die Überzeugung, dass ich entweder einen in Liebe zu Gott brennenden Seraph oder den größten Schauspieler auf Erden gesehen habe. Ich glaube nicht, dass Anstand und Würde in Stellung und Haltung des Körpers, Ebenmaß und Rundung in allen Bewegungen, Feuer und Inbrunst der Liebe im Blick und Erhebung der Augen den Himmel, Kraft und Verklärung der Andacht in dem ganzen Antlitz unter den laut gesprochenen Gebeten, menschlicher Weise höher getrieben werden können, als ich es hier gewahrte und anstaunte.*«

Am Gründonnerstag spendete der Papst dem Kaiser und dessen Bruder Maximilian die Kommunion in der Kammerkapelle und nahm dann statt der Majestät die Fußwaschung in der Hofburg vor. Am Karfreitag besuchte er in einigen Kirchen (Minoriten, Schotten, Am Hof, St. Stephan und St. Michael) das Heilige Grab, den Karsamstag verbrachte er alleine. Eine öffentliche Kundmachung gab bekannt, dass Seine Heiligkeit sich zusammen mit Seiner Majestät dem Kaiser am Ostersonntag früh um neun Uhr nach der Metropolitankirche von St. Stephan begeben werde, *»um allda den Gottesdienst abzuhalten, nach dessen Ende* *der Heilige Vater von dem Balkon der Kriegskanzlei auf dem Hofe dem versammelten Volke den Segen erteilen«* wurden. Dieser Anschlag hing überall zwischen Anzeigen von Galanterie-Händlerinnen und Werbezetteln für Handpomaden und Ähnlichem. Obwohl sie dann ohne den Kaiser stattfand, ließ die Zeremonie nichts an Würde und Pracht vermissen.

Am Ostersonntag war der ganze Platz Am Hof voller frommer oder neugieriger Menschen in froher Erwartung, sie saßen auf den Häusern, in den Fenstern, auf den Dächern, ja sogar auf der Denksäule in der Mitte, man schätzte ihre Zahl auf sechzigtausend oder mehr. Sie mussten bis zur dritten Nachmittagsstunde warten, bis endlich der Papst mit der Tiara auf dem Haupt auf den Altan der Jesuitenkirche heraustrat. Er nahm auf einem erhöhten Thron unter einem goldbestickten Baldachin Platz und intonierte mit weit hallender Stimme die Absolutionsformel, die von vierhundert Hofchorsängern aufgenommen wurde. Danach erhob er sich, ließ sich die Tiara abnehmen und trat nach vorne, wo er langsam in abgemessener Rundung Arme und Hände hob und die Augen gegen den Himmel richtete. In verklärter Andacht begann er inbrünstig zu beten. Ein Zeitgenosse beschrieb den Auftritt: »*... also mag Moses auf des Hügels Spitze gestanden, mit dem Stab Gottes in der Hand, von Aaron und Hur unterstützt, seine Arme empor gehalten haben, als er für Josua und seine Männer wider Amalek betete. ... Endlich ließ dieser zweite Moses seine Arme sinken und erhob die Rechte, um zu segnen. Auf sein Amen wurde von der Freyung her mit gewaltigem Feuern geantwortet und zugleich erscholl der Donner der Kanonen von den Wellen der Stadt.*« Darauf verkündigte der Kardinal Batthyányi dem Volke einen vollkommenen Ablass. »*Der Andrang war so gewaltig gewesen, dass die Bevölkerung ... das Geländer auf dem Wall zerbrach und einige samt dem päpstlichen Segen in den Stadtgraben purzelten.*« Der Aufklärer und Illuminat Alois Blumauer, der bedeckten Hauptes dem Segen beigewohnt und deshalb von der Menge zurechtgewiesen worden war, soll gesagt haben: »*Ist der Segen gut, so geht er auch durch den Hut!*« Das Volk liebte den Papst, es ignorierte alle aufklärerischen Schriften, hielt sich an den lang vermissten äußeren Glanz und fragte nicht zu viel. Der Papst wurde bis zu seiner Abreise mit Schmeicheleien und Höflichkeiten betäubt.

Beim Kaiser erreichte er weder bei den Verhandlungen vor noch nach Ostern mehr als ein paar kleine Zugeständnisse, die der Kaiser machte, um dem völligen Bruch auszuweichen. Dann verschärfte sich der Ton, bis der Papst erklärte, er könne den Kaiser nicht mehr als Sohn der Kirche betrachten und bedauere sogar, ihm die Kommunion gespendet zu haben. Nach außen hin wurde aber der Schein der Eintracht gewahrt, am 14. April spazierten beide gemeinsam im Augarten und im Prater umher. Nach weiteren fruchtlosen Gesprächen trat der Papst am 22. April die Weiterreise nach München an, wo er beim Kurfürsten Karl Theodor nicht mehr Erfolg als in Wien haben sollte. Der Kaiser begleitete ihn noch bis Maria Brunn, wo sie beide in der Klosterkirche beteten. Beim Abschied umarmte und küsste der Papst den Kaiser, dann gab er ihm seinen Segen. Joseph schrieb danach an seinen Bruder Pietro Leopoldo nach Florenz: *»Ich will es dir nicht verhehlen, dass ich recht erfreut über seine Abreise bin; denn gerade in den letzten acht Tagen ist mir die Sache durch die Kniffe und zweideutigen Schmeicheleien, welche er in die Unterhandlungen und in alle seine Gespräche zu bringen verstand, schier unerträglich geworden.«* Und in Rom spottete man, der Papst habe in Wien eine Messe gehalten ohne Gloria für sich und ohne Credo für den Kaiser.

Doch zu Weihnachten 1783 stand dieser in Rom ganz unvermutet vor dem überraschten Papst, der eigentlich den schwedischen König erwartet hatte. Diesmal gelangen die Verhandlungen, man einigte sich auf zwölf Punkte, die Josephs Reformen etwas abschwächten. Der Papst konnte auf diese Art wenigstens sein Gesicht wahren, und der Kaiser vergab sich fast nichts. Der drohende Bruch war ausgeblieben.

Pius' Kämpfe gegen das Staatskirchentum gingen in Neapel und in der Toskana weiter, bis diese Sorgen in den Hintergrund traten. Als Antwort auf die Erklärung der Menschen- und Bürgerrechte durch die französische Nationalversammlung schrieb er am 10. März 1791: *»Kann man etwas Unsinnigeres ausdenken, als eine derartige Gleichheit und Freiheit für alle zu dekretieren?«* 1796 besetzten die Franzosen zum ersten Mal den Vatikan. Der Papst wurde gezwungen, einen Millionenbetrag an Frankreich zu zahlen. Als er sich daraufhin mit Österreich und Neapel verbündete, griffen die Franzosen erneut an und riefen am 15. Februar 1798 die Republik in Rom aus. Pius wurde für abgesetzt erklärt und zunächst nach Siena, dann nach Florenz verbannt. Bereits schwerkrank, wurde er schließlich unter entwürdigenden Umständen nach Frankreich deportiert, wo er im Sommer 1799 in Valence starb.

# 2. Vom Josephinismus zur Revolution

## *Die Bündelung der Kräfte*

Auch Leopold II., der damals noch als Pietro Leopoldo die Toskana regierte, hatte mit Pius VI. seine Erfahrungen gemacht: Der Papst hatte 85 Sätze der auf Leopolds Wunsch einberufenen Synode von Pistoia als irrig verurteilt, was den Großherzog jedoch auch nicht an seiner Reformtätigkeit hinderte. Joseph durfte von seinem designierten Nachfolger also mit Recht die Fortsetzung seines eigenen Werkes erwarten. Leopold hatte nach Josephs Tod jedoch ganz andere Sorgen. Die Erbländer waren durch dessen Reformen in Unordnung geraten, und aus Frankreich nahten Gefahren, für deren Abwehr alle Kräfte gebraucht wurden. Durch seine Krönung mit der Stefanskrone und deren Rückgabe versöhnte Leopold zuerst die Ungarn. Dann beendete er den Krieg gegen die Osmanen durch den Frieden von Sistova und stellte in den österreichischen Niederlanden die alte Verfassung wieder her, wobei er eine allgemeine Amnestie gewährte. Dann musste die Kirche versöhnt werden: Die Generalseminarien wurden aufgelöst, die Priesterausbildung den Bischöfen überlassen und das Klosterstudium wieder eingeführt. Reguläre Abtwahlen wurden wieder gestattet. Das schon zur Auflösung bestimmte Stift Lilienfeld durfte bestehen bleiben, der abgesetzte Abt von Kremsmünster wurde wieder eingesetzt. Liefen Gesuche zur Wiederherstellung von Kapellen und Bruderschaften bei ihm ein, so wurde diesen meist stattgegeben, ebenso wurden die Beschränkungen des Kultus gemildert. Die Toleranzbestimmungen wurden erweitert, das religiöse Bekenntnis durfte bei der Besetzung von Ämtern nicht mehr berücksichtig werden und die Protestanten bekamen das Recht, eigene Schulen zu errichten. Leopold war zwar grundsätzlich genauso aufgeklärt gesinnt wie sein verstorbener Bruder, war aber klüger, bedächtiger, mit mehr Hausverstand und Einfühlungsvermögen gesegnet und vor allem weit weniger fanatisch. Sein unerwarteter Tod, über den zahlreiche Spekulationen angestellt wurden, bereitete seinem Wirken bereits 1792 ein viel zu frühes Ende.

Die kuriosen bischöflichen Visitationsberichte aus der damaligen Zeit vermitteln ein recht drastisches Bild der Zustände: Das Volk trank, tanzte und die unehelichen Geburten nahmen zu. Trotz der Verbote übten die Katholiken weiter ihre alten Bräuche aus, wie das Bekleiden von Heiligenstatuen, und an den früheren, jetzt aufgehobenen Feiertagen wollte niemand arbeiten. Es gab viel zu wenig Priester und die es gab, die waren nicht angesehen oder vertraten falsche Anschauungen. Die Geistlichen waren zu Beamten herabgewürdigt, denn sie mussten von der Kanzel aus staatliche Vorschriften verkünden, zum Beispiel die Termine der Pockenschutz-Impfung. Und wessen Schuld war das? Die der Aufklärung natürlich!

## *Gott erhalte Franz den Kaiser*

Um die Erziehung von Erzherzog Franz, des ältesten Sohnes seines Bruders Leopold, hatte sich noch Joseph II. persönlich gekümmert, sogar schon in Florenz. Dann ließ er seinen Neffen im Alter von 16 Jahren nach Wien holen, um dessen Erziehung noch besser kontrollieren zu können. Franz erhielt eine Wohnung im zweiten Stock des Schweizerhofs, die er als Kaiser behielt und bis zu seinem Tod bewohnte. Von seinen Fenstern konnte er in den Inneren Burghof und auf der anderen Seite über die Stadtmauer hinaus aufs Glacis sehen. Da er lernen sollte, sich in die Staatsgrundsätze Josephs hineinzudenken, arbeitete der Kaiser, der im Laufe seiner 25-jährigen Mit- und Alleinregierung sechstausend (!) Dekrete und Verordnungen verfasst hatte, auch die Instruktionen an die Erzieher schriftlich und punktgenau aus. Alles war geregelt, nichts dem Zufall überlassen, der junge Mann hatte einfach nur zu gehorchen. Als Lektüre waren ihm nur gut gewählte Zeitungen und Bücher erlaubt, vor allem »... *Militär-Geschichten ...; Alles aber, was Kindereien, unnütze Wortgespräche, Poesien und bloße gewitzelte Werke sind, mit diesen hat er seine Zeit nicht unnütz zu verlieren, weil sie zu nichts dienen, als die Seele schlapp zu machen.*« Franz wollte dem verehrten Onkel alles recht machen, schaffte das aber nie, denn er war ruhig und bedächtig, immer *»etwas steif«* und *»von übelgebundenem Wesen«*, geriet also seiner Mutter Maria Ludovica von Bourbon-Spanien nach, der er ja auch äußerlich ähnelte.

Er war erst vierundzwanzig Jahre alt, als er den Thron besteigen musste, und er hatte dieses und sein Land sofort gegen die Franzosen zu verteidigen. Jahrelang lebte er in geradezu panischer Angst davor, die Französische Revolution könne auf seine Länder übergreifen, diese ins Chaos stürzen und ihn selber wie seine Tante Marie Antoinette womöglich auch den Kopf kosten. Daher gründete er bald nach ihrem Tod im Jahre 1793 eine eigene Geheimpolizei, um Zensur, Polizei- und Spitzelwesen zu verstärken. Diese neue Behörde deckte auch gleich eine Verschwörung auf, die unter dem Namen **Wiener Jakobinerverschwörung** bekannt wurde. Es handelte sich freilich dabei eher um eine harmlose Gedankenspielerei von Intellektuellen (darunter Freimaurer), die sich den Ideen der französischen Jakobiner um Robespierre verschrieben hatten. In Ungarn waren diese Ideen schon gefährlicher, denn dort gab es mit schöner Regelmäßigkeit immer wieder Gruppen, die nach Unabhängigkeit von Habsburg riefen. Also verhängte man einige Todesurteile und Kerkerstrafen, und 1797 wurde die Freimaurerei ebenso wie alle anderen Geheimgesellschaften verboten. Der Kaiser begann nun die konservativen Kräfte um sich zu sammeln, zu denen natürlich auch die Kirche zählte. Trotz vieler Zugeständnisse verließ er jedoch den von Joseph II. eingeschlagenen und von seinem Vater fortgesetzten Weg zum Staats-

*Das spätere Josefsdorf auf dem Kahlenberg war vor seiner Auflassung ein Kloster*

kirchentum im Grunde nicht. Die Diözesan- und Pfarrregulierung und der Religionsfonds blieben erhalten.

1802 ordnete Franz die Ausbildung von Ordens- und Weltgeistlichen neu, er überließ sie wieder völlig den Bischöfen und Klöstern. Ein Großteil der josephinischen Vorschriften bezüglich deren Organisation wurde außer Kraft gesetzt, Auflösungen durfte es keine mehr geben. Auch die direkten Eingriffe in den Kultus gingen zurück: Die Auswahl der Kirchenlieder und die Zahl der Andachten wurde den Pfarren überlassen. Etliche josephinische Geistliche, die auf der Kanzel eine recht freie Sprache führten und sich in ihrer Rede fast gar nicht von protestantischen Predigern unterschieden, bekamen sogar Redeverbot. Viele Freigeister trauerten nun Kaiser Joseph II. nach, den sie zuletzt doch gar nicht mehr geschätzt hatten. Nun wurde er zum Mythos, neben dem der Neffe verblassen musste. Die Toleranzgesetzgebung blieb, mit Ausnahme des Freimaurerpatents, weiterhin bestehen und wurde sogar erweitert. Die jüdischen Untertanen erwiesen sich nämlich als wertvolle Stütze im Kampf gegen Napoleon und wurden dafür belohnt.

1794 wallfahrtete man wieder nach Mariazell, sogar unter Führung des Wiener Kardinals Migazzi. Der Kaiser gestattete 1797, die Magna Mater Austriae neuerlich mit ihren Gewändern zu schmücken, denn er hatte ja auch ihren Beistand und die Gnade Gottes in den Franzosenkriegen bitter nötig. Nach der Niederlage gegen Frankreich bei Austerlitz im Jahre 1805 verlor Österreich im Frieden von Pressburg zwar vorübergehend Tirol, Venetien und Vorderösterreich, erhielt jedoch erstmals das säkularisierte Fürsterzbistum Salzburg, das ab 1. Mai 1816 als neues Kronland endgültig zu Österreich gehören sollte.

## *Vom Fürsterzbistum zum Kronland*

**Hieronymus Graf Colloredo** (1732–1812) stand dem Jansenismus (siehe S. 182) nahe. Er wurde 1762 Bischof von Gurk und war von 1772 bis 1803 der letzte regierende Fürsterzbischof von Salzburg. Er war ein besonders intelligenter Mann von schneller Urteilskraft, ein ausgezeichneter Menschenkenner und geschickter Verhandler, was sogar seine Feinde zugeben mussten. Als glühender Anhänger der Reformpolitik Kaiser Josephs II. versuchte er diese im Erz-

*Mariapfarr, Trachtenmusikkapelle mit Samson*

bistum nachzuahmen. Von seinen vielen kirchlichen Verordnungen ist besonders der Hirtenbrief vom 29. Brachmonat (Juni) 1782 interessant, da er tiefe Einblicke in das Brauchtum jener Zeit gibt. Der Brief war nicht direkt für die Gläubigen bestimmt, wurde aber dennoch *»von einigen Seelsorgern ... ganz nach seinem wörtlichen Inhalt ihrer christlichen Gemeinde von der Kanzel«* vorgelesen, was für einige *»Unlust, Langeweile und Unzufriedenheit«* unter den Gläubigen sorgte. Die Zahl der Feiertage und der beschaulichen Klöster wurde verringert, viele Bruderschaften aufgehoben, die Zahl der Seelsorgestellen hingegen erhöht. Colloredo verbot die Sonnwendfeuer, die übliche Wassertaufe der Metzgergesellen (Metzgerspringen) und das Wetterläuten ebenso wie das Böllerschießen, die österlichen Eselsritte und das Mitführen von Figuren bei Prozessionen, besonders der im Lungau noch heute beliebten Samsonfiguren (Umzugsriesen), einem Relikt der Gegenreformation. Aus dem Jahre 1779 stammt Colloredos Ausspruch über die Passionsspiele: *»Ein seltsameres Gemenge von Religion und Possenspiel kann nicht leicht erdacht oder gesehen werden!«* Das einfache Volk hatte natürlich kein Verständnis für diese Verbote und Eingriffe in seine Gewohnheiten, man spottete: *»Unser Fürst von Colloredo hat weder Gloria noch Credo.«*

Der Erzbischof war ein guter Violinspieler und liebte die Musik. Er berief berühmte Musiker wie Michael Haydn und Leopold Mozart in seinen Dienst und machte Salzburg zum Zentrum der geistlichen Musik. Wolfgang Amadeus Mozart fühlte sich von ihm allerdings eingeschränkt und verließ ihn. Im Jahr 1800 musste der Erzbischof vor den anrückenden Franzosen fliehen, 1803 wurde das Fürsterzbistum säkularisiert. Der bereits im Wiener Exil lebende Colloredo verzichtete auf alle weltlichen Herrschaftsansprüche, blieb aber bis zu seinem Tod das geistliche Oberhaupt der Erzdiözese Salzburg. Er wurde im Stefansdom beigesetzt, seine Gebeine wurden erst im Jahre 2003 nach Salzburg überführt.

## *Vom Heiligen Reich zur Heiligen Allianz*

Entstanden je nach Sichtweise am Weihnachtstag 800 mit Karl dem Großen oder am 2. Februar 962 mit Otto I., ist für das heilige Staatsgebilde der Name »Sacrum Imperium« doch erst im Jahre 1157 und der des »Sacrum Romanum Imperium« erst 1254 urkundlich belegt, der Zusatz »Nationis Germanicæ« stammt gar erst aus dem 16. Jahrhundert. Kaiser Franz II. löste das »Heilige Römische Reich deutscher Nation« am 6. August 1806 auf und legte dessen Kaiserwürde nieder. Der Schritt war übereilt und stellte einen Rechtsbruch dar, denn Franz hatte weder die Zustimmung der Kurfürsten noch die des Reichstags dazu eingeholt. Das wäre zu dem Zeitpunkt allerdings auch schwierig gewesen: Etliche Reichsstände hatten sich im Juli 1806 als Rheinbund vom Reich losgesagt und waren auf Napoleons Seite getreten. Bereits am 11. August 1804 hatte Kaiser Franz aber seine *»sämtlichen deutschen Provinzen und Reichsländer«* zusammen mit den anderen habsburgischen Kronländern (Böhmen, Ungarn etc.) zum Erbkaiserreich (Kaisertum Österreich) erhoben, als dessen Kaiser er sich nun Franz I. nannte.

Im Jahre 1809 marschierte Napoleon in Wien ein und residierte im Schloss Schönbrunn, ein Jahr später heiratete er die österreichische Kaisertochter Marie Louise. In Russland wendete sich jedoch das Schlachtenglück des Korsen, und schließlich wurde er im Oktober 1813 bei Leipzig besiegt. Der Wiener

Kongress (18. September 1814 bis 9. Juni 1815) revidierte die durch Napoleon stark veränderten Grenzen und sorgte für die Wiederherstellung der vorrevolutionären Ordnung. An die Stelle des Deutschen Kaiserreichs trat am 8. Juni 1815 der Deutsche Bund von 39 Staaten unter der Führung Österreichs. Österreich verzichtete auf Belgien, erhielt aber dafür Oberitalien, Dalmatien und Salzburg.

Unter **Heiliger Allianz** versteht man das Bündnis, das die drei Monarchen Alexander I. von Russland, Franz I. von Österreich und Friedrich Wilhelm III. von Preußen während ihres Aufenthaltes in Paris am 26. September 1815 schlossen. Sie gehörten zwar drei verschiedenen christlichen Kirchen an, verfassten die Gründungserklärung aber *»im Namen der heiligen und unteilbaren Dreieinigkeit«*. Sie bekannten sich zum Gottesgnadentum der Herrscher, betonten die christliche Religion als Fundament der herrschenden politischen Ordnung und verpflichteten sich zum gegenseitigen Beistand, um diese Ordnung vor Veränderungen zu schützen. Der Aufforderung, der Allianz beizutreten, folgten alle Staaten des Kontinents außer Großbritannien. Der Kirchenstaat, der den überkonfessionellen Charakter des Bundes ablehnte, und das muslimische Osmanische Reich wurden nicht zum Beitritt aufgefordert. Als Vollzugsorgan diente die am 20. November 1815 zwischen Russland, England, Österreich und Preußen geschlossene Quadrupelallianz, die regelmäßige Zusammenkünfte der Vertragsmächte vorsah und durch die Aufnahme Frankreichs am 15. November 1818 zum Fünfbund erweitert wurde. Es gelang der Heiligen Allianz unter Führung des österreichischen Kanzlers Metternich tatsächlich, Bürgertum und Liberalismus bis zum französischen Umsturz von 1830 zu unterdrücken. Im Herbst 1833 nahmen Russland, Österreich und Preußen die Heilige Allianz nochmals auf und setzten sie weiter fort.

Auch das Kaiserhaus selbst hatte zur Überkonfessionalität gefunden: Hatten früher protestantische Prinzessinnen ins Erzhaus eingeheiratet, so mussten sie konvertieren. Das galt noch für die erste Gattin von Kaiser Franz, Elisabeth von Württemberg, obwohl der in Religionssachen sonst so tolerante Kaiser Joseph II. sie für seinen Neffen ausgewählt hatte. Doch die schöne Henriette von Nassau-Oranien, die Frau von Erzherzog Karl, einem Bruder von Kaiser Franz, durfte schon evangelisch bleiben, ebenso wie dessen Schwiegertochter Maria Dorothea von Württemberg, die Gattin von Erzherzog Joseph. Henriette wurde übrigens als einzige Protestantin in der Kaisergruft beigesetzt.

## *Restauration und Revolution*

Als sich die Zeiten beruhigt hatten, gab es bald wieder genug Priesternachwuchs. Vom Hof- und Burgpfarrer und späteren Bischof von St. Pölten, Jakob Frint, wurde 1816 eine höhere Bildungsanstalt für Weltpriester gegründet, das **Frintaneum**, korrekt »K. u. k. höheres Weltpriesterbildungsinstitut zum Hl. Augustin«, das seinen Sitz im aufgelösten Augustinerkloster in der Wiener Hofburg und ab 1914 in der Habsburgergasse hatte. Loidl schreibt in seiner Geschichte des Erzbistums Wien: »*Die bis dreißig Jahre alten, nach sorgfältigster Auswahl durch ihren Bischof dem Kaiser für eine weitere Ausbildung empfohlenen Priester sollten unter Oberaufsicht des jeweiligen Hof- und Burgpfarrers, eines Hofkaplans als Spiritual und einiger weiterer als Studiendirektoren dem höheren Studium der Theologie an der entsprechenden Fakultät der Wiener Universität obliegen und innerhalb von drei Jahren das Doktorat der heiligen Theologie erwerben*[59].« Man wollte damit unabhängig von Rom eine hoch qualifizierte Klerikerschicht für die Monarchie heranbilden, mit der man die wichtigen kirchlichen Posten besetzen konnte. Die jungen Priester kamen aus allen Teilen der Monarchie, sie trugen ein blauseidenes Zingulum und einen schwarzen Mantel. Bis zum Ende der Monarchie bildete das Institut über tausend Priester aus.

Es gab aber noch andere theologische Lehranstalten, nämlich bei den beiden neuen Orden, die sich damals in Wien niederließen: die Mechitaristen (siehe S. 246) im heutigen 7. Gemeindebezirk und die Redemptoristen im Kloster Maria am Gestade. Letztere wandten sich gegen Aufklärung und Staatskirchentum und griffen dabei auf die barocke Prachtentfaltung der Kirche zurück, die der Volksfrömmigkeit entsprach. Sie wurden von den aufgeklärten bzw. liberal gesinnten Bürgern heftig angefeindet.

Die »Kongregation des Heiligsten Erlösers« (Congregatio Sanctissimi Redemptoris, CSsR) wurde 1732 vom früheren neapolitanischen Staranwalt Alfonso Maria de Liguori in Italien gegründet. Nach ihm werden die Brüder auch Liguorianer genannt. Im Jahre 1784 traten mit den beiden Theologiestudenten **Klemens Maria Hofbauer** (1751–1820) und Thaddäus Hübl die ersten Nichtitaliener in die Kongregation ein. Sie wirkten zuerst in Warschau, bis sie auf Befehl Kaiser Napoleons von dort vertrieben wurden. Im Jahr 1820 – unmittelbar vor Hofbauers Tod – wurde der Orden in den österreichischen Ländern anerkannt. Hofbauer wurde im Mai 1909 heiliggesprochen und 1914 zum zweiten Schutzpatron von Wien erklärt, Erinnerungsstücke sind in der geistlichen Schatzkammer in Wien zu sehen.

Dem Orden stand der Ostpreuße Friedrich Ludwig Zacharias Werner (1768–1823) nahe, ohne aber je einzutreten. Er war ursprünglich Protestant und sehr sinnesfreudig, keine seiner drei Ehen hielt jedoch lange. In Warschau trat er in eine Freimaurerloge ein und schrieb sein erstes Drama (»Die Söhne des Thals; über die Auflösung des Templerordens«). Über Berlin kam er nach Weimar, wo er mit Goethe verkehrte, der eines seiner Stücke aufführen ließ. Anlässlich einer Reise nach Rom konvertierte Werner im Jahre 1811 zum Katholizismus, 1814 wurde er zum Priester geweiht, anschließend ließ er sich in Wien nieder. Er galt während und nach dem Wiener Kongress als großer Prediger, wobei seine wunderliche Erscheinung viele Zuhörer mindestens ebenso anzog wie seine Worte. Werners mystische Dramen sind voll düsterer Dramatik und entsprachen so sehr dem Zeitgeist, dass er zu einem erfolgreichen romantischen Bühnendichter und zum Begründer des Schicksalsdramas wurde. Sein »Attila« diente als Vorlage für das Libretto von Verdis gleichnamiger Oper. Sein Nachlass im Wiener Kloster der Redemptoristen bei Maria am Gestade ging bedauerlicherweise bei der Verwüstung des Klosters 1848 verloren. Begraben liegt er in Maria Enzersdorf.

Einige Redemptoristen wurden vom Fürstbischof von Seckau, Roman Sebastian Zängerle (1771–1848), in die Steiermark gerufen, um *»dem weiteren Umsichgreifen des Protestantismus Einhalt zu gebieten«*. Dieser Kirchenmann, der wegen seiner Härte ziemlich unbeliebt war, rief 1832 auch die Jesuiten nach Graz zurück (das sie 1848 wieder verlassen mussten). Den traurigen Höhepunkt seiner Restaurationspolitik bildete im Jahre 1834 die Protestantenvertreibung aus dem Zillertal, die 427 Menschen betraf.

Für die evangelischen Kirchen waren im Vormärz also wieder härtere Zeiten angebrochen. Ihre Leitung lag beim Konsistorium, an dessen Spitze ein katholischer Präsident stand. Theologisch orientierten sie sich an Deutschland, da die Gegenreformation die Bildung einer österreichischen Tradition ja verhindert hatte. Im Jahre 1821 entstand in Wien die protestantisch-theologische Lehranstalt, die vierzig Jahre später das Promotionsrecht erhielt, aber erst 1922 in die Wiener Universität eingegliedert wurde.

Mit der Revolution im Jahre 1848 erklang auf katholischer Seite der Ruf: *»Die Kirche muss frei werden!«*, womit gemeint war, frei von staatlichem Einfluss, um ihrerseits den Staat wieder beeinflussen zu können. Die Pillersdorfsche Verfassung setzte jedoch den Josephinismus fort, indem sie die volle Glaubens- und Gewissensfreiheit und das Recht auf freie Ausübung des Gottesdienstes festschrieb. Das veranlasste den Katholikenverein von Tirol und Vorarlberg, ein regelrechtes Volksbegehren dagegen abzuhalten. Mit 125 000 Unterschriften verlangte man, es solle nur der katholische Gottesdienst erlaubt sein. Die Lehrer wiederum ersuchten dringend um die Trennung von Schule und Kirche und ein Ende der ihnen zugemuteten Organistentätigkeit bei den Messfeiern.

*Clemens Maria Hofbauer, Gedenktafel auf der Seilerstätte in Wien*

Die Gleichberechtigung der Religionen wurde erst nach der Revolution erreicht: Seit 1849 wurden die Evangelischen nicht mehr als Akatholiken bezeichnet und ihre Pfarrer erhielten das Recht, eigene Matrikel zu führen. Das bis dahin vorgeschriebene Aufgebot für evangelische Verlobte in der katholischen Kirche wurde abgeschafft. Doch die bald einsetzende Reaktion bedeutete für die Protestanten noch einmal einen Rückschritt.

# 3. Von der Revolution zur Demokratie

## *Die altkatholische Kirche*

Da ihre Vorgeschichte für den Josephinismus von Bedeutung ist, soll sie hier kurz gestreift werden. Im Jahre 1559 erhob Papst Paul IV. Utrecht zum Erzbistum (mit den Bistümern Haarlem und Deventer), das aber durch die Reformation ein Ende fand. Ab 1592 begannen die Jesuiten gegenreformatorisch zu wirken, sie negierten die alte nationalkirchliche Autonomie Utrechts und das Recht des Kathedralkapitels auf die Bischofswahl. Sie vertraten den Standpunkt, dass die Niederlande durch die Reformation zum Missionsgebiet geworden waren und daher vom Papst (durch die Jesuiten) direkt zu verwalten seien. Zum offenen Bruch kam es unter Titularbischof Petrus Codde, dem von Rom Jansenismus vorgeworfen wurde. Nach seinem Tod 1710 berief sich das Utrechter Domkapitel auf seine alten Rechte und wählte einen neuen Erzbischof, den der Papst samt seinen Anhängern sofort exkommunizierte. Mit Unterstützung der niederländischen Regierung gründeten diese daraufhin die »Römisch-katholische Kirche der alt-bischöflichen Klerisei zu Utrecht«. Gerhard van Swieten war Mitglied dieser Kirche.

Die noch bis 1889 angestrebte Verständigung mit Rom gelang ihr nicht, obwohl sie selbst sich als Teil der katholischen Kirche sah und ihre Bischöfe bis heute in der apostolischen Sukzession stehen. Nach dem Zusammenschluss mit den anderen altkatholischen Kirchen zur **Utrechter Union** gab man schließlich die Hoffnung auf die päpstliche Anerkennung auf und führte Reformen ein, durch die man sich von der katholischen Kirche völlig entfernte: die Aufhebung des Pflicht-Zölibats für Priester; den durchgehenden Gebrauch der Volkssprache im Gottesdienst; die Annäherung an das synodale Prinzip; die Anerkennung der anglikanischen Weihen; die Frauenordination. Der Erzbischof von Utrecht ist kraft seines Amtes Präsident der Internationalen Bischofskonferenz der altkatholischen Kirchen. Er hat damit den Ehrenvorsitz, aber nicht das Recht, in die Beschlüsse der altkatholischen Kirchen in anderen Ländern einzugreifen.

Auch die österreichische altkatholische Kirche ist Mitglied der Utrechter

Union. Sie entstand aus Protest gegen die Beschlüsse des 1. Vatikanischen Konzils von 1870. Damals wurden der Jurisdiktionsprimat des Papstes über die Bischöfe und die Unfehlbarkeit des Papstes in Fragen des Glaubens und der Lehre, wenn er »ex cathedra« spricht, als Dogmen[60] festgelegt. Etliche Katholiken unter Führung des Münchner Kirchenhistorikers Ignaz Döllinger sahen in diesen beiden Dogmen eine Abweichung von der alten Kirche, da sie aus unechter Tradition stammen und des Schriftbeweises nicht fähig seien. Glaubensentscheidungen könnten nur von allgemeinen Konzilien getroffen werden. Diese Haltung trug ihnen den Kirchenbann ein, worauf sie ihrerseits mit Rom brachen. Auf dem ersten Altkatholikenkongress im Jahre 1872 wurden ein eigener Kultus und eine eigene bischöfliche Organisation (ein von der Synode gewählter Bischof, Priester, Diakone) beschlossen. Auch bezüglich der Marienverehrung ist die altkatholische Kirche *»in Lehre und Lobpreis an die biblischen Grenzen gebunden«*, das Dogma der unbefleckten Empfängnis wird daher ebenfalls nicht anerkannt.

*Das Renaissance-Portal der altkatholischen Salvatorkirche in Wien*

Der Eintritt vieler Österreicher in die altkatholische Kirche erfolgte in Wellen: Die erste wurde noch während der Monarchie durch die »Los-von-Rom-Bewegung« Georg von Schönerers (1842–1921) ausgelöst (siehe S. 220). Zu einer weiteren kam es im Ständestaat, da für alle Staatsbeamten ein Religionsbekenntnis gefordert wurde. Und schließlich entdeckten etliche Katholiken die altkatholische Kirche als Ausweg, um für eine würdige Einsegnung vor ihrer Kremation zu sorgen, da die römische Kirche die Feuerbestattung von 1886 bis 1964 ablehnte und ihren Mitgliedern diesen letzten Dienst ebenso wie die Verbringung der Urne in geweihte Erde verweigerte. Die Altkatholiken verweigerten ihn nicht, da sie niemanden aus ihrer Gemeinschaft ausschließen. Jeder und jede soll willkommen sein. Heute erfreut sich ihre Kirche daher auch großen Ansehens bei gleichgeschlechtlich liebenden Menschen, die sie seelsorgerisch betreut.

*Die älteste Feuerhalle von Österreich in Wien-Simmering, erbaut von Clemens Holzmeister. Die erste Einäscherung fand 1923 statt*

Der Sitz der altkatholischen Kirche befindet sich in Wien, Schottenring 7. Es wurden bereits zwei Frauen zum Priester ordiniert. Der jetzige Bischof Mag. Dr. Johannes Ekemezie Okoro, früher römisch-katholischer Seelsorger in Dornbirn und Militärpfarrer, ein ausgebildeter Psychotherapeut, stammt aus Nigeria. Auch weitere Geistliche kommen ursprünglich aus der römisch-katholischen Kirche. Die altkatholische Kirche unterhält heute in Österreich elf Pfarren, davon vier in Wien. Die bekannte Salvatorkapelle (siehe S. 91) im Alten Rathaus, Wipplingerstraße 4, wurde ihr vom Wiener Gemeinderat im Jahre 1871 überlassen. Drei Tage später verhängte der Wiener Erzbischof Kardinal Joseph Othmar von Rauscher (1797–1875), selbst ursprünglich gar kein Freund der neuen Dogmen, das Interdikt über sie, das erst 1969 aufgehoben wurde.

## *Das Konkordat*

Die Verfassungsentwürfe der Jahre 1848/49 waren nicht einmal das Papier wert, auf dem sie geschrieben waren. Damit war die Chance zu einem friedlichen zukünftigen Zusammenleben der Völker in der »Cisleithanischen Reichshälfte« der Habsburgermonarchie vertan. Das Staatskirchentum josephinischer Prägung hatte unter dem Neoabsolutismus des Fürsten Felix Schwarzenberg im Namen des jungen Kaisers Franz Joseph ausgedient. Dem Klerus wurde der Freiverkehr mit der Kurie bewilligt, der kirchliche Einfluss auf die Schulen wurde wieder verstärkt, ebenso die Disziplinargewalt der Bischöfe. Selbst das »placetum regium« wurde aufgegeben, womit jede Kontrolle des Herrschers über kirchliche Verlautbarungen entfiel. Um das Verhältnis zwischen Kirche und Staat zu regeln, verhandelte der Wiener Kardinal zweieinhalb Jahre lang mit Rom, bis schließlich 1855 das Konkordat geschlossen wurde. Das Eherecht wurde ganz in kirchlichem Sinn geregelt, eine Scheidung war nicht vorgesehen. Das Erziehungswesen wurde katholisch-konfessionell ausgerichtet, der Religionsfonds der Kirche übergeben. Diese enge Verbindung der Kirche mit dem absoluten Staat sollte sich übrigens später als Belastung für sie herausstellen.

Auch mit der evangelischen Kirche wurde verhandelt. Kaiser Franz Joseph gewährte ihr 1861 durch das Protestantenpatent die volle Gleichberechtigung, volle Freiheit des Bekenntnisses und der öffentlichen Religionsübung. Nun waren die Evangelischen endlich berechtigt, alle ihre Angelegenheiten selbst zu ordnen, zu verwalten und zu leiten. Es wurde ihnen gestattet, überall Schulen zu errichten und Lehrer zu berufen, sie durften evangelische Vereine gründen und sich evangelischen Vereinen im Ausland anschließen. Alle früheren Verordnungen, die mit diesen Grundsätzen nicht in Einklang standen, wurden aufgehoben. Ganz anders als die römische Kirche war die evangelische jedoch sehr stark vom Staat beziehungsweise vom Kaiser abhängig, dem alle Kirchengesetze zur Bestätigung vorgelegt werden mussten. Der evangelische Vorsitzende und die Räte des k. k. Oberkirchenrates wurden vom Kaiser ernannt, der ja das Oberhaupt der Landeskirche war (Summepiscopat). Sein Aufsichtsrecht übte das Ministerium für Kultur und Unterricht aus. 1864 arbeitete die erste Generalsynode der evangelischen Kirche in Wien eine vorläufige Kirchenverfassung aus, die 1891 von der endgültigen abgelöst wurde. Sie galt – mit zeitweiser Sistierung während der Nazi-Zeit – bis 1949.

## *Bosnien und der Islam*

Seit 1718 hatten die türkischen Untertanen in den habsburgischen Ländern die volle Handelsfreiheit, womit auch das Recht auf Gründung von Niederlassungen und Manufakturen verbunden war. Ihre Religionsausübung war auf den häuslichen Bereich bzw. die Gesandtschaft beschränkt. Im Jahre 1909 wird die Zahl der in der cisleithanischen Reichshälfte ansässigen Muslime mit 1281 Personen, davon 889 in Wien, angegeben.

Mit der Okkupation von Bosnien und Herzegowina im Jahre 1878 kamen auf einen Schlag 600 000 Muslime in den Herrschaftsbereich Österreichs, auch wenn beide Provinzen bis 1908 noch formell unter der Souveränität des türkischen Sultans standen. Sie nannten sich Bosniaken, wurden aber von den Nichtmuslimen der beiden Provinzen ethnisch falsch als Türken betrachtet. Die neue österreichische Verwaltung stellte sie unter das staatliche Recht, nur die damit nicht in Widerspruch stehenden Lehren, Einrichtungen und Gebräuche sollten Schutz genießen. Für die Bosniaken ergab sich dadurch eine völlig neue Situation: Sie standen jetzt unter christlicher Herrschaft, ihr geistliches Oberhaupt war aber nach wie vor der Sultan. Die Österreicher tolerierten zwar anfänglich ihren Kontakt zu ihm, die Erwähnung seines Namens beim Freitagsgebet wurde jedoch untersagt. Schließlich wurde der Mufti von Sarajewo zum religiösen Oberhaupt ernannt und der Aufbau islamischer Strukturen analog der christlichen Kirchenverfassung versucht.

Ihre Religion wurde durch das Gesetz vom 15. Juli 1912 anerkannt, welches sich aber ausdrücklich auf die Anhänger der hanefitischen Rechtsschule bezog, zu welcher die Bosniaken gehörten. Die Gründung religiöser Stiftungen, die Errichtung von Moscheen, Religionsschulen oder Friedhöfen in den annektierten Gebieten wurde zugesichert. Im Gesetz wurde durchgehend der Begriff »Mohammedaner« verwendet, der seitens der Muslime auf Ablehnung stößt, da sie Gott und nicht den Propheten Mohammed anbeten. Phrasen im Gesetz wie *»über manches Beiwerk, das sich nicht harmonisch zur Überzeugung unseres sittlichen Kulturbewusstseins fügen will«* oder die Forderung, dass *»weder die Kultusausübung, noch die sonst auftretenden Äußerungen der religiösen Überzeugung einen Anstoß erregen oder sich in Widerspruch mit den Postulaten unseres Kultuslebens gegenwärtig setzen oder in Zukunft setzen könnten«*, klingen etwas besorgt, fast so, als ob man in Regierungskreisen noch mit dem Gedanken einer Bekehrung der Bosniaken zum Katholizismus gespielt hätte. Die Zeit von Bekehrungen durch Gewalt war jedoch längst vorüber, daher versuchte man die Bewohner des von Istanbul schon lange vernachlässigten Gebietes durch Reformen zu überzeugen, vor allem im Bildungs- und Gesundheitswesen. Da letzteres auch die Frauen betraf, die sich natürlich niemals von Männern hätten untersuchen lassen, schickte man Ärztinnen hin, so die Schwester des bekannten Schriftstellers Roda-Roda, Gisela Kuhn, geborene Rosenfeld (1867–1943), die einige Zeit als Amtsärztin in Banja Luka arbeitete. Sie hatte noch in Zürich promovieren müssen, da das Frauenstudium in Österreich nicht möglich gewesen war. Die medizinische Versorgung der muslimischen Frauen gab beim Kaiser schließlich den Anstoß, dieses zu befürworten[61].

Muslime dienten im Heer, erkennbar am türkischen Zuschnitt ihrer Hosen und am Fez. Die »Zweierbosniaken« hatten einen eigenen Imam, einen islamischen Feldgeistlichen. Der Kaiser besaß selbst eine bosniakische Leibgarde und zeigte sich den Muslimen gegenüber überaus freundlich, er wollte sogar für den Bau einer großen Moschee in Wien sorgen und sich finanziell daran beteiligen. Der Weltkrieg machte diesen Absichten ein Ende. Die Bosniaken erwiesen sich als tapfere und loyale Soldaten, ein Friedhof bei Graz erinnert an sie. Sie kamen nicht in Gewissenskonflikte, denn Österreich war damals mit der Türkei verbündet, und die Serben wurden von den Bosniaken nicht gerade als Freunde betrachtet.

Nach dem Ende der Monarchie war die Zahl der in »Rest-Österreich« lebenden Muslime wieder sehr gering (etwa eintausend in Wien). Meist waren es Personen, die nach dem Krieg in Österreich geblieben waren, sie hatten in kaiserlichen Regimentern gedient oder waren Flüchtlinge aus slawischen Gebieten, aus Albanien oder der Sowjetunion. Es gab aber auch Österreicher, die zum Islam übergetreten waren, wie der Ethnologe Umar Rolf von Ehrenfels oder der als Jude geborene Leopold Weiss (Muhammad Asad), der Autor von »Der Weg nach Mecca«. Die Muslime vereinigten sich zum **Islamischen Kulturbund**, der jedoch 1939 aufgelöst wurde. Eine muslimische Gemeinde war das allerdings nicht, obwohl das Islamgesetz von 1912 bestehen geblieben war.

## *Die Juden im 19. Jahrhundert*

Auch zu Beginn des 19. Jahrhunderts kam es zu Ausschreitungen gegen Juden, so 1809 in Innsbruck und 1819 in Wien und Graz, obwohl sie sich beim Abwehrkampf gegen die Franzosen als gute Patrioten erwiesen hatten. Im Jahre 1826 wurde der Wiener Stadttempel eröffnet und war bald ein Zentrum hochgebildeter Rabbiner und berühmter Kantoren. Die meisten jüdischen Intellektuellen waren zwar kaisertreu, doch zählten sie nicht zu Metternichs Anhängern. Ihr Anteil an der Revolution von 1848 ist als bedeutend anzusehen, es war das erste Mal, dass Juden politisch tätig wurden. Sie erwarteten sich von einer modernen Verfassung die völlige religiöse und bürgerliche Gleichstellung. Der Arzt Dr. Adolf Fischhof ging durch seine Rede im Hof des Landhauses, in der er die Gründe für die Unzufriedenheit des Volkes darlegte, in die Geschichte ein. Zu den ersten Toten in der Herrengasse zählten auch zwei Juden. Fischhof wurde im Juli 1848 als Abgeordnete in den konstituierenden Reichstag gewählt und war an der Ausarbeitung der Pillersdorfschen Verfassung vom 25. April 1848 maßgeblich beteiligt. Die Gleichberechtigung der jüdischen Bevölkerung wurde darin aufgenommen, doch trat der Entwurf wie auch der nächste nicht in Kraft. Vor kurzem wurden die Aufzeichnungen eines gewissen Benjamin Bernhard Kewall[62] entdeckt, der die Revolution aus der Sicht eines liberalen jüdischen Zeitgenossen und Journalisten beschreibt.

1852 konstituierte sich die Israelitische Kultusgemeinde Wien. In den folgenden Jahren bekamen die Juden schrittweise alle bürgerlichen Rechte zuerkannt: Ihre Berufsmöglichkeiten wurden durch die Vereinheitlichung des Gewerberechts und die Einführung der Gewerbefreiheit im Jahre 1859 erweitert, sie durften Immobilien erwerben. Das Staatsgrundgesetz von 1867 stellte schließlich alle österreichischen Bürger und Bürgerinnen gleich, die israelitische Religionsgesellschaft wurde in der österreichischen Reichshälfte anerkannt. 1890 regelte das Israelitengesetz die äußeren Rechtsverhältnisse: Alle Juden einer Region hatten sich zusammenzuschließen, und zwar unabhängig von ihrer unterschiedlichen religiösen Orientierung, Orthodoxe und Liberale.

Doch nun machte sich eine neue Art von Judenhass bemerkbar, für welche vom Kreis um den deutschen Journalisten Wilhelm Marr im Jahre 1879 der Ausdruck **Antisemitismus** geprägt wurde. Dieser zielte auf die Juden als Volk, nicht auf ihre Religion. Trotzdem zögerte man nicht, selbst uralte Propagandalügen gegen sie auszugraben. Vermeintliche Ritualmordfälle in Ungarn und Böhmen gaben Anlass zu Ausschreitungen.

Als Reaktion auf den Zeitgeist entwickelten nun auch die Juden ihren eigenen Nationalismus. Schon 1882 entstand in Österreich die erste national-jüdische Studentenorganisation Westeuropas, die »Kadima« (= vorwärts, ostwärts; gemeint ist in Richtung Palästina). Mitbegründer war der Wiener Nathan Birnbaum. In seiner Schrift »Die nationale Wiedergeburt des jüdischen Volkes in seinem Land« (1893) verlangte er als Voraussetzung für die echte Gleichberechtigung der Juden für sie einen eigenen Staat und dessen Anerkennung im modernen Völkerrecht. Er prägte den Ausdruck **Zionismus**, der zum Begriff für die jüdische Nationalbewegung wurde. In dem Sinn veröffentlichte **Theodor Herzl** (1860–1904) im Jahre 1896 sein Buch »Der Judenstaat – Versuch einer modernen Lösung der Judenfrage«. Er meinte, der Antisemitismus würde nie verschwinden, die Bemühungen um Assimilation würden ihn sogar noch verstärken. Nur ein eigenes jüdisches Land könne die Lösung sein, und daher sollten sich alle Auswanderer zu ein- und demselben Ziel begeben. Als sich 1897 zweihundert von diversen jüdischen Vereinen gewählte Delegierte in Basel zum ersten Zionistenkongress trafen, forderte er erstmals die völkerrechtlich anzuerkennende Heimstätte in Palästina.

## *Die liberale Ära und der Kulturkampf*

Das Oktoberdiplom von 1860 und das Februarpatent von 1861 brachten den liberalen Ideen den Durchbruch. Nach der Neuorganisation der habsburgischen Länder als Doppelmonarchie Österreich-Ungarn legte das »**Staatsgrundgesetz** vom 21. Dezember 1876 für die im Reichsrate vertretenen Königreiche und Länder« die Rechte der Staatsbürger in religiösen Angelegenheiten fest:

Artikel 14. *»Die volle Glaubens- und Gewissensfreiheit ist jedermann gewährleistet. Der Genuß der bürgerlichen und politischen Rechte ist von dem Religionsbekenntnisse unabhängig; doch darf den staatsbürgerlichen Pflichten durch das Religionsbekenntnis kein Abbruch geschehen. Niemand kann zu einer kirchlichen Handlung oder zur Teilnahme an einer kirchlichen Feierlichkeit gezwungen werden, in sofern er nicht der nach dem Gesetze hiezu berechtigten Gewalt eines anderen untersteht.«*

Artikel 15. *»Jede gesetzlich anerkannte Kirche und Religionsgesellschaft hat das Recht der gemeinsamen öffentlichen Religionsübung, ordnet und verwaltet ihre inneren Angelegenheiten selbständig, bleibt im Besitze und Genusse ihrer für Kultus-, Unterrichts- und Wohltätigkeitszwecke bestimmten Anstalten, Stiftungen und Fonds, ist aber, wie jede Gesellschaft, den allgemeinen Staatsgesetzen unterworfen.«*

*»Die konfessionellen Vorlagen bereiten eigentlich blos uns Liberalen große Unannehmlichkeiten,« »Kikeriki«, Jg. 1874*

[Artikel 16. *»Den Anhängern eines gesetzlich nicht anerkannten Religionsbekenntnisses ist die häusliche Religionsausübung gestattet, in soferne dieselbe weder rechtswidrig, noch sittenverletzend ist.«*]

Artikel 17. *»... Für den Religionsunterricht in den Schulen ist von der betreffenden Kirche oder Religionsgesellschaft Sorge zu tragen. Dem Staate steht rücksichtlich des gesamten Unterrichts- und Erziehungswesens das Recht der obersten Leitung und Aufsicht zu.«*

Das Gesetz gilt gemäß Artikel 149 Absatz 1 des Bundesverfassungsgesetzes als Verfassungsgesetz der Republik Österreich fort. Artikel 16 wurde durch Artikel 63/2 des Staatsvertrages von St. Germain ersetzt: *»Alle Einwohner Österreichs haben das Recht, öffentlich oder privat jede Art Glauben, Religion oder Bekenntnis frei zu üben, sofern deren Übung nicht mit der öffentlichen Ordnung oder mit den guten Sitten unvereinbar ist.«*

Da das Konkordat durch die Bevorzugung einer Kirche nicht mehr mit der Verfassung vereinbar war, wurden seine Bestimmungen durch die **Maigesetze des Jahres 1868** eingeschränkt: Die Ehegerichtsbarkeit und die Schulaufsicht wurden der Kirche entzogen. Um sie nicht ganz zu vergrämen, sah man jedoch von der Einführung einer obligatorischen Ziviltrauung für Katholiken ab und behielt den konfessionellen Religionsunterricht bei. Die Regelung der interkonfessionellen Beziehungen, darunter Religionswechsel und gemischte Ehen, wurde ebenfalls dem Staat unterstellt. Die katholische Kirche bekämpfte das Staatsgrundgesetz und die Maigesetze vergeblich, ein Memorandum der Bischöfe vergrämte sogar den Kaiser. Einzelne Bischöfe riefen den Klerus zum Widerstand gegen die Zivilehe auf und hetzten sogar gegen die Öffnung katholischer Friedhöfe für Nichtkatholiken. Die Liberalen

forderten daraufhin die völlige Aufhebung des Konkordats, und die von ihnen abgesplitterten Deutschnationalen ergingen sich in antikatholischer und antisemitischer Propaganda. Auf der anderen Seite polemisierte Papst Pius IX. († 1878) pausenlos gegen die Trennung von Kirche und Staat und gegen Demokratie und Glaubensfreiheit. Er bezeichnete die Maigesetze als verabscheuungswürdig, da sie der katholischen Lehre, den päpstlichen Rechten und dem Naturrecht (!) widersprächen. Der Kaiser versuchte nun erfolglos, das Konkordat im Einverständnis mit dem Vatikan aufzulösen. Im Juni 1870 stimmte er jedoch der einseitigen Kündigung zu, da sich das Wesen des Vertragspartners, des Papstes, durch das Unfehlbarkeitsdogma geändert habe. Die Aufhebung des Konkordats wurde von der Kirche nicht anerkannt.
Die **Maigesetze 1874** bedeuteten das Ende der konfessionellen Gesetzgebung. Durch sie wurde das Konkordat für den innerstaatlichen Bereich zur Gänze aufgehoben, die äußeren Rechtsverhältnisse der katholischen Kirche und der Religionsfonds neu geregelt und die Bedingungen für die gesetzliche Anerkennung von Religionsgesellschaften und deren prinzipielle Gleichbehandlung festgelegt. Nach dem Tod des Papstes glätteten sich die Wogen. Kleine Zugeständnisse an die Kirche bei der Novellierung des Reichsvolksschulgesetzes und die maßvolle Handhabung der Maigesetze ließen diese den Bischöfen zwar noch immer als unerfreuliche, mit der Zeit aber als akzeptable Bestimmungen erscheinen. Der

*»Eines ist gewiß! Wenn so ein Bischof verheiratet wär' und eine große Familie hätte – er würde viel weniger Zeit haben, über den modernen Rechtsstaat losziehen zu können.«*
*»Kikeriki«, Jg. 1874*

Kulturkampf sollte wegen der sozialen Frage jedoch bald in den Hintergrund treten, denn die Mehrheit der Bevölkerung hatte wahrlich andere Sorgen als die Auseinandersetzung zwischen den regierenden Liberalen und dem Klerus.

Das Schlagwort »Los von Rom!« wurde während der Revolution von 1848 geprägt und später von den Deutschnationalen, an deren Spitze seit 1879 **Georg Ritter von Schönerer** stand, aufgenommen. Den unmittelbaren Anlass zur Radikalisierung der »Alldeutschen« bot die tschechenfreundliche Sprachenverordnung des österreichischen Ministerpräsidenten Kasimir Badeni im Jahre 1897, die zu heftigen Demonstrationen in Wien, Graz und Prag und zu einer schweren Staatskrise führte. Schönerers Partei forderte die Eingliederung aller Deutschen in das Deutsche Kaiserreich und ihren Abfall von der katholischen Religion: *»Deutsch sein heißt lutherisch sein«*, lautete die Devise. Ihr ging es allerdings nicht um die Hinwendung zum Evangelium oder zur evangelischen oder altkatholischen Kirche, sondern um reine politische Agitation gegen Habsburg und die katholische Kirche, unterstützt vom reichsdeutschen Gustav-Adolf-Verein, der in Österreich Kirchen- und Gemeindehäuser für die Protestanten baute. Der 1886 in Erfurt gegründete »Evangelische Bund zur Wahrung der deutsch-protestantischen Interessen« entsandte sogar Vikare, die zu Recht von den österreichischen Behörden als politische Agitateure eingestuft und verhaftet wurden – sofern man ihrer habhaft werden konnte. Sowohl die evangelische wie auch die altkatholische Kirche verzeichneten einen merkbaren Zustrom von neuen »deutschen« Gläubigen. Die Alldeutschen waren betont antisemitisch eingestellt, wobei sie die jüdische »Rasse« zu ihrem Feindbild machten. Adolf Hitlers Weltbild wurde stark von ihnen geprägt.

## *Die soziale Frage*

Durch die wirtschaftlichen, politischen und technischen Veränderungen und das rasche Wachstum der Städte war die Arbeiterschaft in tiefstes Elend geraten und konnte selber keinen Ausweg aus dieser Lage finden. Weder die Kirche noch die Liberalen fühlten sich für eine Lösung des Problems zuständig. Einzelne Katholiken begannen aber auf eine Sozialreform hinzuarbeiten. Freiherr Karl von Vogelsang und Prinz Aloys Liechtenstein gründeten und leiteten die »Freie Vereinigung katholischer Sozialpolitiker«, 1892 entstand unter Leopold Kunschak der »Christlichsoziale Arbeiterverein«. Die katholische Soziallehre griff auf die 1893 unter der Führung von **Dr. Karl Lueger** (1844–1910) gegründete (antiliberal und antisemitisch eingestellte) Christlichsoziale Partei über, die maßgeblich an der Verbesserung der Lebensbedingungen des Arbeiterstandes beteiligt sein sollte. Von den Bischöfen wurde sie heftig angegriffen, doch der »Arbeiterpapst« Leo XIII. (Vincenzo Gioacchino Pecci, † 1903) stellte sich 1895 auf ihre Seite. Er wertete durch die Sozialenzyklika »Rerum Novarum« die christliche Soziallehre auf und versuchte, die Kirche aus ihrer selbst gewählten Isolation herauszuführen und sich den neuen gesellschaftlichen und politischen Entwicklungen zu stellen. Unter ihm fanden Kaiser und Kirche zur alten Harmonie zurück, wie sich beim Internationalen Eucharistischen Kongress im Jahre 1912 mit seiner großartigen, neobarocken Prachtentfaltung zeigte.

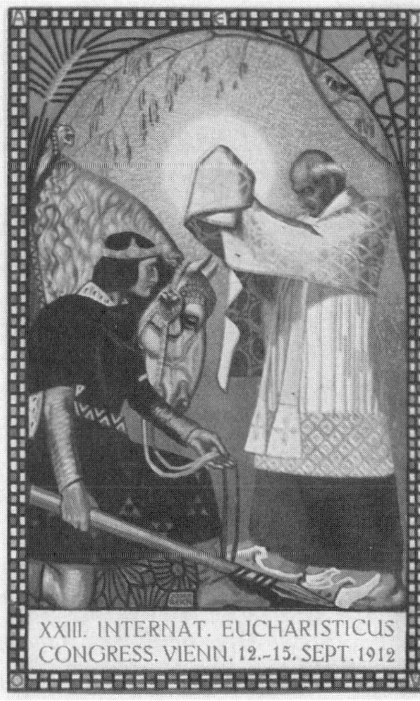


*Der Eucharistie-Kongress 1912 betonte die Einheit von Vielvölkermonarchie und Kirche*

Ein weiterer Gegner des Liberalismus war die österreichische Arbeiterbewegung, die keine einheimische Erfindung war, sondern als Ableger der (reichs) deutschen Sozialdemokratie aus den Arbeitervereinen entstand. Die Gründung der Sozialdemokratischen Arbeiterpartei (SDAP) fand im niederösterreichischen Hainfeld um das Jahresende 1888/1889 statt, nachdem es dem Armenarzt **Dr. Viktor Adler** (1852–1918) gelungen war, die recht unterschiedlichen marxistischen Gruppen zu vereinen. Ursprünglich stand Adler den Deutschnationalen um Schönerer nahe, deren Antisemitismus und Mangel an sozialer Begeisterung ihn jedoch zwangen, von ihnen Abstand zu nehmen. Der aus großbürgerlichem, jüdischem Milieu stammende Adler trat nicht für Revolution und Gewalt, sondern stets für ein gemäßigtes Vorgehen ein. Am Untergang der Monarchie hatte er kein Interesse, er wollte sie umgestalten und modernisieren. So erklärte er auf einem internationalen Sozialistenkongress in Paris 1889: *»Abgesehen von Frankreich und England hat Österreich in ganz Europa die freisinnigsten Gesetze, so sehr, dass es einer Republik ähnelt, die statt eines Präsidenten eine Majestät an der Spitze hat.«* Er setzte das allgemeine Wahlrecht für Männer auf dem Verhandlungsweg durch, und nach den ersten freien Wahlen 1907 zogen die Sozialdemokraten mit 87 Mandaten als stärkste Partei in den Reichsrat ein.

## *Für Kaiser, Gott und Vaterland*

Zwei Jahre nach dem Eucharistischen Weltkongress, bei dem die Verbundenheit des Hauses Habsburg mit der katholischen Kirche wieder eindrucksvoll zelebriert wurde, brach der 1. Weltkrieg aus. Kardinal Friedrich Gustav Piffl (1864–1932) brachte die wieder hergestellte Harmonie zwischen Kirche und Staat in seinem »Kriegshirtenbrief« deutlich zum Ausdruck. Wieder einmal rüstete man sich im Namen Gottes zu organisiertem Mord und Totschlag: *»Mit vollem Vertrauen auf die gerechte Sache unseres Vaterlandes ziehen unsere Söhne und Brüder in den Kampf. Wir aber, die wir zurückbleiben, wollen in diesen Tagen ernster Prüfung vor allem unser Auge und Herz zu dem Herrn der Heerscharen empor heben und im Geiste demütiger und opferwilliger Buße bitten, die Waffen unserer Streiter zu segnen.«* Zehn Wochen später beschwor der Kardinal die Soldaten im Stefansdom: *»Stets und unverrückbar muss uns der Gedanke vor Augen stehen: Wir kämpfen für Wahrheit und Recht, wir kämpfen für Gott und unseren heiligen Glauben, wir kämpfen für unseren Kaiser und unsere heimatliche Scholle. In diesem Kampfe für unsere heiligsten Güter ist Gott mit uns!«* Und wieder einmal schickten auch die Geistlichen der Gegenseite ihre Krieger mit ähnlichen Worten zum Morden oder Sterben. So kämpfte jede Seite gegen die andere einen gerechten Krieg und für die gerechte Sache, Gott sollte dann wohl beiden den verdienten Sieg verleihen. Gott vernahm jedoch die vielen frommen Worte und Gebete nicht oder er hatte ganz einfach keine Lust zu einem Gottesurteil, denn vier Jahre später waren beide Seiten die Verlierer. Nach dem verfrühten Sterben von insgesamt 20 Millionen Menschen konnte ein Frieden diktiert werden, der den Keim des nächsten Krieges bereits in sich trug.

# IV.

# KIRCHE UND REPUBLIK

# 1. Die erste Republik

Eben noch für Gott und Vaterland ins Gebet versunken, fand sich die Kirche sehr rasch mit dem Übergang zur Republik zurecht, nur der Vatikan zögerte ein Jahr lang mit ihrer Anerkennung. Im Versuch, den Kaiser zu unterstützen, hatten die Bischöfe zwar noch eine Volksabstimmung über die zukünftige Staatsform angeregt, sahen die Neuordnung aber als rechtmäßig an, nachdem Kaiser Karl[63] selbst der Bevölkerung Österreichs das Recht zur Selbstbestimmung eingeräumt und die Volksvertreter mit der Neuordnung der staatlichen Verhältnisse betraut hatte. Dabei erwies sich **Dr. Karl Renner** (1870–1950) als federführend, dem der Kaiser noch 1918 vergeblich das Amt eines Ministerpräsidenten angeboten hat. Als Parteivorsitzender der stimmenstärksten Partei leitete er als Staatskanzler und Befürworter des Anschlusses an Deutschland, auf den er bei der Vertragsunterzeichnung in St. Germain verzichten musste, bis 1920 die junge Republik. Der Staatsrat erklärte das Recht des Kaisers, die Bischöfe von Wien, St. Pölten und Linz zu ernennen, für erloschen, wozu er genau genommen gar nicht befugt war. Renner reiste nach Rom und legte dort ohne Wissen von Kardinal Piffl dar, wie man sich in Wien die Neuordnung der Diözesen innerhalb der Grenzen der Republik vorstellte. Schließlich wurde noch ein Relikt aus der Vergangenheit im Jahre 1921 beseitigt: Der Papst erklärte das Konkordat von 1855 endlich für erloschen, das Österreich ja schon 1870 aufgekündigt hatte (siehe S. 219).

Der Professor für Moraltheologie und Prälat **Ignaz Seipel** (1876–1932) war bald nach dem Zerfall der Monarchie an die Spitze der Christlichsozialen Partei getreten. An seiner Seite zog 1919 als deren erste weibliche Abgeordnete **Hildegard Burjan** (geb. Freund, 1883–1933) in den Nationalrat ein, was ihr den Beinamen »Gewissen des Parlaments« eintrug. Sie war 1909 nach der Heilung von schwerer Krankheit vom jüdischen zum katholischen Glauben übergetreten, setzte sich mit der Forderung »Gleicher Lohn für gleiche Arbeit«

besonders für Frauen ein und gründete 1912 in Wien den »Verband der christlichen Heimarbeiterinnen«, 1918 den Verein »Soziale Hilfe« und im Oktober 1919 mit der Hilfe von Prälat Ignaz Seipel die religiöse Schwesterngemeinschaft »Caritas Socialis« (CS), die sich bis heute für die Ausbildung des Nachwuchses in Sozialberufen engagiert und Pflegeheime und ein Hospiz führt. 2005 wurde ihr Leichnam in die Hildegard-Burjan-Kapelle im Stammhaus der Caritas Socialis in Wien-Alsergrund überführt, ihre Seligsprechung soll demnächst erfolgen.

## *Der Kulturkampf, Neuauflage*

Die Zusammenarbeit der Parteien im Parlament der neuen Republik sollte jedoch nicht lange währen. Zwischen Sozialdemokraten, Deutschnationalen und den Christlichsozialen kam es bald zur Neuauflage des Kulturkampfes, der eine parlamentarische Zusammenarbeit praktisch unmöglich machte und tiefe Gräben aufriss, die später zum Untergang Österreichs führen sollten. Die Sozialdemokraten versuchten mit parlamentarischen Mitteln, bei den drei heiklen Themen Schule, Ehe sowie Kirchenfinanzen Änderungen herbeizuführen. Die katholische Kirche und ihr verlängerter Arm, die Christlichsoziale Partei, sahen darin eine Kampfansage.

Sie setzten zwar vorerst durch, dass die Ehe dem Gesetz nach unlösbar blieb, ausgenommen im Burgenland. Dort galt nämlich das überkommene ungarische Eherecht, das die obligatorische Zivilehe vorsah. Aber die sozialdemokratischen Verwaltungsbehörden von Wien begannen, vom Ehehindernis des bestehenden Ehebandes laufend zu dispensieren. Die Dispense häuften sich, 1934 gab es bereits fünfzigtausend Dispensehen (die durch das reichsdeutsche Ehegesetz später legalisiert wurden). Die christlichsozialen Landesregierungen erteilten ihren Bürgern keinen Dispens. Beim zweiten Streitpunkt, den Gehältern der Priester, verweigerten die sozialdemokratischen Abgeordneten deren Angleichung an diejenigen der Beamten mit der Begründung, dass ihre Ausbildung mit moderner Bildung und Wissenschaft nichts zu tun hätte. Die Priester seien nur Agitatoren der Christlichsozialen Partei und die Kirche und ihre Vertreter seien Feinde des arbeitenden Volkes.

Als aber – durchaus im Einklang mit den Gesetzen – der sozialdemokratische Unterstaatssekretär für Unterricht Ottokar Keller die bestehende Verpflichtung zur Teilnahme am Religionsunterricht durch einen Erlass aufhob, wuchs auf beiden Seiten der Fanatismus. Die Kirche betrachtete den verpflichtenden Religionsunterricht in den Schulen als ihr Gewohnheitsrecht. Kardinal Piffl lenkte zwar ein und wollte den Eltern die freie Wahl zwischen katholischer und freier Schule überlassen, Prälat Seipel vertrat hingegen den Grundsatz, dass für katholische Kinder auch katholische Schulen geschaffen werden müssten. Die Sozialdemokraten legten sich im Linzer Parteiprogramm 1926 auf die endgültige Trennung von Kirche und Staat fest und erklärten die Religion für Privatsache, jeder Religionsunterricht sollte auf privater Basis außerhalb der Schule erfolgen, selbst die theologischen Fakultäten sollten aus dem Verband der Universitäten herausgelöst werden.

Die entschiedene Ablehnung der katholischen Kirche und ihrer Vertreter von Seiten der Sozialdemokraten machte Ignaz Seipel langsam aber sicher zu deren erbittertem Gegner, er löste die Koalition und ging ein Bündnis mit den beiden deutschnationalen Parteien, der Großdeutschen Volkspartei und dem Landbund, ein, den antimarxistischen »Bürgerblock«. Als Bundeskanzler schuf er die Grundlage zur Sanierung der Staatsfinanzen, indem er die Gewährung einer Völkerbundanleihe erreichte. Die Einführung des Schillings führte jedoch zu einem starken Rückgang des Realeinkommens der Bevölkerung, die Arbeiterschaft litt schwer unter der Teuerungswelle, der Konsumrückgang führte zu Produktionsrückgängen und diese ihrerseits zu einer Erhöhung der Arbeitslosenrate. Nachdem Seipel von den Folgen des Attentats von 1924 genesen war, richtete sich sein innenpolitischer Kurs scharf gegen die österreichische Sozialdemokratie. Dadurch wurde er zum Feindbild der Sozialdemokraten, die ihn als »Prälat ohne Gnade« bezeichneten, besonders nach dem Julimassaker beim Brand des Justizpalasts im Jahre 1927, bei dem 89 Arbeiter (und fünf Polizisten) getötet und Hunderte verletzt worden waren. Die Arbeiterschaft reagierte mit einer Welle von Kirchenaustritten, Bürgerkriegsstimmung kam auf. Fritz Brügel (1897–1955) schuf ein Kampflied:

*»Wir sind das Bauvolk der kommenden Welt,*
*wir sind der Sämann, die Saat und das Feld.*
*Wir sind die Schnitter der kommenden Mahd,*
*wir sind die Zukunft und wir sind die Tat.*

*So flieg, du flammende, du rote Fahne,*
*voran dem Wege, den wir ziehn.*
*Wir sind der Zukunft getreue Kämpfer,*
*wir sind die Arbeiter von Wien.«*

Seipel förderte nach der Revolte die Bewegung der Heimwehr und kritisierte öffentlich die Schwächen des parlamentarischen Parteienstaates. Die Linke verbreiterte ihrerseits die Kluft durch ihren Republikanischen Schutzbund. Bald war das Straßenbild durch die Aufmärsche von Heimwehr und Schutzbund gekennzeichnet – und durch Heere von Arbeitslosen. Die Gräben wurden immer tiefer. Dies empfand auch Papst Pius XI. (Achille Ambrogio Damiano Ratti, 1857–1939), der in seiner Enzyklika »Quadragesimo anno«[64] 1931 sagte: *»Der Gegensatz zwischen sozialistischer und christlicher Gesellschaftsauffassung ist unüberbrückbar.«*

## *Der Ständestaat*

Inzwischen hatte der Nationalsozialismus bereits breitere Volksschichten erfasst, und Österreichs deutschnationales Lager stand im Zeichen des Hakenkreuzes, die Übergriffe nahmen zu. 1925 wurde der Dichter und Journalist Hugo Bettauer ermordet. Sein Roman »Die Stadt ohne Juden« schilderte prophetisch, wie sich Wien nach der Auswanderung aller Juden entwickeln würde. Auch während des 14. Zionisten-Kongresses in Wien kam es zu antisemitischen Demonstrationen. Die Zionisten setzten sich danach erstmals bei den Wahlen der israelitischen Kultusgemeinde durch.

Die neuen Anführer der Christlichsozialen Partei waren **Dr. Kurt Schuschnigg** (1897–1977) und **Engelbert Dollfuß** (1892–1934), der im Mai 1932 ein neues Kabinett bildete. Als am 4. März 1933 bei einer Abstimmung alle drei Nationalratspräsidenten zurücktraten, um als Abgeordnete mitstimmen zu können, schaltete er den Nationalrat kurzerhand aus und regierte auf Grund des kriegswirtschaftlichen Ermächtigungsgesetzes von 1917, das nie außer Kraft gesetzt worden war, sich aber eigentlich nur auf Wirtschafts- und Versorgungsfragen bezogen hatte. Die Regierung löste den Republikanischen Schutzbund sofort auf, aber auch alle anderen sozialdemokratisch orientierten Gruppierungen, darunter die jüdischen Vereine. Selbst unter dem immer größer werdenden Druck des Nationalsozialismus von Deutschland aus (1000-Mark-Sperre) und einiger zögerlicher Annäherungsversuche der Sozialdemokraten, vor allem Renners, der vergeblich den Geist der Koalition von 1918/1919 beschwor, kam es zu keiner Verständigung der beiden Lager mehr.

Eine Woche nach der Ausschaltung des Nationalrats hielt der Wiener Erzbischof **Theodor Innitzer** (1875–1955) in Rom einen Vortrag, worin er den Anbruch einer neuen Zeit in seiner Heimat ankündigte. Der eucharistische und der marianische Gedanke müssten jetzt wie in der Zeit der Gegenreformation den Glauben und die Hoffnung stärken, lautete seine Forderung. Und auf dem in Wien stattfindenden »Allgemeinen Deutschen Katholikentag« nützte Bundeskanzler Dollfuß seine Begrüßungsansprache für die Ankündigung des autoritären Ständestaates: *»Wir werden ständische Formen und ständische Grundlagen, wie sie die Enzyklika Quadragesimo anno uns so schön verkündet, zur Grundlage des Verfassungslebens nehmen. Wir haben den Ehrgeiz, das erste Land zu sein, das dem Ruf dieser herrlichen Enzyklika im Staatsleben Folge leistet. Die Zeit marxistischer Volksführung und Volksverführung ist vorüber! Die Zeit der Parteiherrschaft ist vorüber, wir lehnen Gleichschalterei und Terror ab, wir wollen den sozialen, christlichen deutschen Staat Österreich auf ständischer Grundlage unter starker, autoritärer Führung …«*

Die Bischöfe lobten die neue österreichische Regierung für ihren antimarxistischen und kirchenfreundlichen Kurs, sie waren wieder einmal von der Rechtmäßigkeit einer Staatsgewalt überzeugt und setzten ihre Hoffnung auf das autoritäre System als Schutzschild gegen den Nationalsozialismus. Dollfuß liebte die Kirche, und dafür liebte die Kirche Dollfuß. Er persönlich erhoffte sich vom **Konkordat**[65] von 1933 den Segen des Himmels für seinen autoritären Ständestaat, der bei der Bevölkerung allerdings nie sehr populär wurde. Der enge zeitliche Konnex und die Verflechtung des Konkordats mit der ständischen Staatsverfassung, vor allem aber die völkerrechtliche Untersagung der obligatorischen Zivilehe provozierte die inzwischen verbotene und in die Illegalität getriebene Sozialdemokratie noch weiter. Selbst der unvorhergesehene Tod des Kanzlers im Kampf mit dem Nationalsozialismus führte auf keiner Seite zum Umdenken, womit der Untergang Österreichs vorgezeichnet war.

# 2. Glaube und Widerstand

## *Kardinal Innitzer und der Anschluss*

Am 11. März 1938 verabschiedete sich Dr. Kurt Schuschnigg in der berühmten Rundfunkrede von den Österreichern mit den Worten, dass die Regierung *»vor der Gewalt weiche«*, er aber kein *»deutsches Blut«* vergießen wolle. Er endete mit den Worten *»Gott schütze Österreich«*. Um Mitternacht läuteten in der Stadt Salzburg die Glocken. Um vier Uhr früh wurden im erzbischöflichen Palais von Salzburg die Fenster eingeschlagen, ein Trupp von SA-Leuten verlangte johlend Einlass, Erzbischofs Sigismund Waitz wurde für ein paar Tage unter Hausarrest gestellt. Am 12. März überschritten die ersten deutschen Truppen die Grenze und fanden keinen Widerstand. Am 13. März wurde der Anschluss per Gesetz vollzogen. Am Sonntag, den 13. März, wurde der Bischof von Graz-Seckau, Ferdinand Stanislaus Pawlikowski, der schon tags zuvor unter Hausarrest gestellt worden war, von einer SA-Eskorte in das Grazer Gefangenenhaus eingeliefert, jedoch nach vierundzwanzig Stunden wieder entlassen. Die Wiener Tageszeitung »Reichspost« brachte am selben 13. März den Aufruf des Wiener Kardinals Innitzer: *»Die Katholiken der Wiener Erzdiözese werden ersucht, Sonntag zu beten, um Gott dem Herrn zu danken für den unblutigen Verlauf der großen politischen Umwälzung und um eine glückliche Zukunft für Österreich zu bitten. Selbstverständlich muss allen Anordnungen der Behörden gern und willig Folge geleistet werden.«* Wieder einen Tag später hieß Kardinal Innitzer den deutschen Führer durch einen Telefonanruf in Österreich willkommen und ließ ihn wissen, dass bei seiner Ankunft in Wien auf seine Weisung hin alle Kirchenglocken läuten würden.

Das katholische Lager Österreichs war gespalten, die »Brückenbauer« propagierten sogar eine Koalition der Christlichsozialen mit den Nationalsozialisten. Hingegen hatte schon der Linzer Bischof Johannes Maria Gföllner († 1941) in einem Hirtenbrief im Jahre 1929 als erster österreichischer Bischof vor dem

*Erstkommunion, in der Mitte der spätere Kardinal Innitzer*

Nationalsozialismus gewarnt. Er nannte darin Hitler und seine Trabanten *»falsche Propheten«* und stellte mehrmals fest, es sei unmöglich, gleichzeitig guter Katholik und echter Nationalsozialist zu sein. Und bereits im Jahre 1932 hatten die Bischöfe gemeinsam auf die außerordentlich feindselige Einstellung des Nationalsozialismus der katholischen Kirche gegenüber hingewiesen.

Der abrupte Wechsel vom katholisch-ständischen zum nationalsozialistischen Regime verunsicherte jetzt natürlich alle Katholiken. Doch als der »Völkische Beobachter« am 28. März den Aufruf *»aus innerster Überzeugung«* der österreichischen Bischöfe brachte[66], am 10. April bei der Volksabstimmung als *»nationale Pflicht«* mit Ja für den Anschluss zu stimmen, waren die meisten beruhigt oder resignierten. Dass die Erklärung von Gauleiter Joseph Bürckel verfasst worden war, wussten nur die Eingeweihten. Innitzer, der schon am 15. März einen Besuch bei Hitler im Wiener Hotel Imperial gemacht hatte, hatte zusammen mit den österreichischen Bischöfen unterzeichnet, auf dem Begleitbrief schrieb er noch eigenhändig in Kurrentschrift die Worte *»... und Heil Hitler«* hinter seine Unterschrift. Die Erklärung wurde zusammen mit dem Gruß ohne vorherige Zustimmung der Bischöfe im ganzen Reich verbreitet.

Theodor Innitzer war 1902 zum Priester geweiht worden, hatte 1906 an der Theologischen Fakultät der Universität Wien promoviert, war ab 1911 Professor und im Studienjahr 1928/1929 Rektor. Da er sich sozial engagierte, berief ihn Bundeskanzler Schober im Jahre 1929 als Bundesminister für soziale Verwaltung in sein Kabinett, das jedoch schon im darauf folgenden Jahr gestürzt wurde. Während der nun folgenden Staatskrise wurde Innitzer 1932 als Nachfolger von Kardinal Pfiffl zum Erzbischof von Wien ernannt, wenige Monate später erfolgte seine Erhebung zum Kardinal (Titelkirche San Crisogono). Der Abschluss des lang ersehnten Konkordats zwischen Österreich und dem Heiligen Stuhl im Juni 1933 war einer der Gründe für seine positive Haltung den Christlichsozialen gegenüber. Er unterstützte den Ständestaat ziemlich kritiklos, weil sich dieser ja auf die Worte des Papstes in der Sozialenzyklika berief. Nur den Heimwehren stand er skeptisch gegenüber.

Bei einem solchen Mann wirkt die »feierliche Erklärung« zumindest befremdlich. Wie wir aber von vielen anderen Zeugen wissen, hatte Hitler im direkten Gespräch eine ungeheure Ausstrahlung, was möglicherweise eine Rolle beim Zustandekommen gespielt hatte. Oder hoffte der Erzbischof vielleicht gar auf einen kirchenfreundlichen Kurs des neuen Regimes, vertrauend auf Hitlers Worte und denen seines Botschafters Franz von Papen? Innitzer kannte die Enzyklika »Mit brennender Sorge« ganz genau, in der Pius XI. am 14. März 1937, also fast ein Jahr vor dem Einmarsch, den Nationalsozialismus klar und deutlich verurteilt hatte, er hatte also keinerlei Grund zu einer solchen Annahme. Oder wollte der Kardinal Feindseligkeiten von Katholiken den Nationalsozialisten gegenüber verhindern, aus Angst um das Leben seiner Schutzbefohlenen und aus Angst vor Repressalien? Oder wollte er als Repräsentant der Kirche deren legale Existenz retten und einen typisch österreichischen Weg der äußerlichen Anbiederung und der inneren Distanz gehen? Wie dem auch sei: Der Papst war entsetzt und zitierte ihn nach Rom. Wie Innitzer später seinem Sekretär erzählte, soll er ihm gesagt haben: »*Eminenz! Haben Sie auch schon rosarote Brillen auf?*« Der Erzbischof musste eine Klarstellung unterschreiben, die im »Osservatore Romano« veröffentlicht wurde: »*Die feierliche Erklärung … wollte selbstverständlich keine Billigung dessen aussprechen, was mit dem Gesetze Gottes, der Freiheit und den Rechten der katholischen Kirche nicht vereinbar war und ist. Außerdem darf jene Erklärung von Staat und Partei nicht als Gewissensbindung der Gläubigen verstanden und propagandistisch ver-*

*wertet werden ...«* Doch nach seiner Rückkehr aus Rom wies Innitzer den Wiener Klerus an, deutsche Fahnen an die Kirchen zu hängen und am Vorabend der Volksabstimmung die Glocken zu läuten. Die Brückenbauer überreichten ihm den »Schmerzfreitagbrief«, in dem sie vor einer Opposition der Kirche gegen den Staat warnten. Am Abend des 9. April wurde Innitzer ein zweites Mal von Hitler empfangen. Dieser ließ ihn wissen, dass er nach der Erklärung von Rom nun keine Garantien bezüglich der katholischen Kirche abgeben werde. Am 10. April betrat der Kardinal sein Wahllokal mit dem deutschen Gruß.

Den Ruf des Nazikardinals wurde Innitzer sein Leben lang nicht mehr los, daran änderte auch sein späteres Verhalten nichts. Er stand übrigens nicht alleine. Der neue Präsident des evangelischen Oberkirchenrates, Dr. Robert Kauer, begrüßte Hitler am 13. März 1938 gar *»im Namen der mehr als 350 000 evangelischen Deutschen in Österreich als Retter aus fünfjähriger schwerster Not«*. Und Bischof und Synodalrat der altkatholischen Kirche Deutschösterreichs erließen am 15. März die Verfügung, *»im Kanon des heiligen Amtes von nun an die Fürbitte für unseren Führer Adolf Hitler einzufügen«*.

Hitler erklärte am 22. Mai das österreichische Konkordat für erloschen, das deutsche Reichskonkordat wurde nicht auf Österreich ausgedehnt. Damit konnte wieder einmal ein Kulturkampf beginnen. Am 7. Oktober lud Innitzer die katholische Jugend Wiens zum Rosenkranzfest in den Stefansdom. Neuntausend oder mehr junge Menschen kamen, viel mehr, als man erwartet hatte. Innitzer predigte zu ihnen im überfüllten Dom, forderte sie auf, ihren Glauben gerade jetzt fest und standhaft zu bekennen, sich *»zu Christus zu bekennen, unserem Führer und Meister, unserem König und seiner Kirche ...«* Vor dem erzbischöflichen Palais sangen die jungen Leute Kirchenlieder und riefen in Sprechchören *»Wir wollen unsern Bischof sehen«*, und das klang in den Ohren der Hitlerjugend ganz nach einer Verspottung ihres Abgottes Hitler. Einige junge Katholiken wurden rasch von der Polizei verhaftet. Am nächsten Tag kam die Revanche: Gruppen der HJ stürmten das Palais, zertrümmerten alles, was ihnen unter die Hände kam, suchten vergeblich nach Innitzer, wollten dafür den Weihbischof Weinbacher aus dem Fenster werfen und taten dies mit dem Domkuraten. Diesmal dauerte es länger als am Vortag, bis die Polizei einschritt.

Am 13. Oktober veranstaltete die NSDAP dann eine offizielle Protestveranstaltung gegen *»die Pfaffen«*. Die in Wien für jedwede Art von Kundgebung leicht zu mobilisierenden 200 000 Menschen forderten auf Transparenten *»Innit-*

*zer nach Dachau«* und *»Pfaffen an den Galgen«*. Der betrunkene Bürckel, nun gar nicht mehr Innitzer-freundlich, hielt eine Rede gegen die »Staatsfeinde« und erzielte damit den erwarteten Beifall. Die Menge formierte sich anschließend zu einem Demonstrationszug zum erzbischöflichen Palais und brüllte in Sprechchören: *»Zwei, drei, vier – Innitzer krepier!«* Es dauerte nicht lange, bis die neuen Machthaber die kirchliche Presse einstellten und kirchliche Vereine auflösten. Die Ziviltrauung wurde eingeführt, was jedoch selbst von vielen Katholiken als längst überfällige Modernisierung des Eherechts begrüßt wurde. Die Hitlerjugend sorgte dafür, dass möglichst wenig junge Leute zur Kirche gingen, und wieder einmal stieg die Zahl der Kirchenaustritte rasant.

Beim Einmarsch der deutschen Truppen war es bereits zu pogromartigen Übergriffen gekommen. Während des Novemberpogroms wurden die Synagogen zerstört, zahlreiche Geschäfte demoliert, jüdische Männer verhaftet und verschleppt. 1941 wurde die Kennzeichnungspflicht für Juden eingeführt und ihnen die Ausreise verboten. Im April 1942 befahl Himmler die vollständige Deportation aller europäischen Juden in die nun fertig gestellten osteuropäischen Vernichtungslager.

Der Antisemitismus zog sich damals in Österreich quer durch alle Kreise, auch durch die kirchlichen, in denen der Antijudaismus ja eine lange Tradition hatte. Noch kurz vor dem Anschluss unterschied sich ein Teil der geistlichen Hetzreden nicht wesentlich von der Nazipropaganda. Der schon erwähnte Linzer Bischof Gföllner etwa prangerte 1933 in einem Hirtenbrief das *»entartete Judentum«* und dessen *»überaus schädlichen Einfluß auf fast allen Gebieten des modernen Kulturlebens«* an. Der Kampf dagegen wäre daher die *»strenge Gewissenspflicht eines jeden überzeugten Christen«*. Er war nicht der Einzige, die Liste lässt sich fortsetzen. Innitzer selber war jedoch in keiner Weise antisemitisch eingestellt, auch an der Universität nahm er wiederholt Juden gegen Anfeindungen in Schutz. 1940 richtete er für Christen jüdischer Abstammung in seinem Palais die »Erzbischöfliche Hilfsstelle für nichtarische Katholiken« ein und rettete damit zahlreiche Menschen. Die Stelle, von deren 23 Mitarbeitern zwölf im Sinne der Nürnberger Gesetze selbst jüdischer Herkunft waren, half bei der Ausreise aus Österreich und bei der Beschaffung von Dokumenten, sie gab Beratung in Rechtsfragen oder vermittelte ärztliche Hilfe. Sie stand allen Hilfesuchenden, nicht nur Katholiken, offen. Nach der Verordnung aus dem Jahr 1941, nach der alle Juden öffentlich den Judenstern zu tragen hatten, schrieb er einen Hirtenbrief, in dem er alle Katholiken zur *»Liebe ohne Grenzen«* ermahnte. Zwar durfte der Brief auf Anordnung der Gestapo nicht verlesen werden, sein Text wurde aber trotzdem in katholischen Kreisen bekannt.

Um die Gunst der häufig antisemitisch eingestellten Muslime buhlten die Nazis natürlich, obwohl es in Österreich nur relativ wenige gab. Während des Krieges wurde für sie dem Stefansdom gegenüber die »Islamische Gemeinschaft zu Wien« gegründet. 1943 erging im »Völkischen Beobachter« der Aufruf an *»die in Wien und in den Alpen- und Donaureichsgauen wohnhaften Muselmanen ohne Unterschied der Volkszugehörigkeit«*, ihre Anschrift bekannt zu geben. Vorgesehen waren die Errichtung einer Moschee, eines Studentenheimes und einer Bibliothek. Der Verein löste sich 1948 auf, da sich einzelne leitende Mitglieder politisch kompromittiert hatten. Es gab aber auch Muslime, die nichts mit den Nazis im Sinn hatten, vor allem Türken. Etliche wurden in Konzentrationslager verschleppt und kamen um.

Nach Kriegsende gab Kardinal Innitzer seinem Klerus die Weisung, nicht zu weltlichen oder politischen Fragen Stellung zu nehmen, sondern Caritas und Seelsorge in den Vordergrund ihrer Tätigkeit zu rücken, auch setzte er sich für NSDAP-Mitläufer ein. Die Kirche wollte ihre früheren Mitglieder zurückgewinnen und nicht die Vergangenheit aufarbeiten, ganz so, wie es damals auch die politischen Parteien machten. 1948 feierte Innitzer zusammen mit der Bevölkerung die Wiedereröffnung des Stefansdoms. Seit 1950 stand ihm Dr. Franz Jachym († 1984) als Koadjutor zur Seite, der nunmehr de facto die Diözese leitete. Innitzer wurde nach seinem Tod 1955 im Dom begraben.

## *Konfessioneller Widerstand*

Doch nochmals zurück zur NS-Zeit: Das Gesetz über die Erhebung von Kirchenbeiträgen beendete 1939 das bisherige System der Kirchenfinanzierung. Es galt für die katholische, die evangelischen Kirchen A. B. und H. B. sowie für die altkatholische Kirche. Damit wollte man die Kirchen finanziell aushungern. Die Caritas wurde in die staatliche Wohlfahrtspflege übergeführt, die Arbeit von Seelsorgern in den Spitälern eingestellt. 26 große Stifte und Klöster (darunter Kremsmünster) wurden aufgehoben, 188 Männer- und Frauenklöster samt

Filialen verwüstet, 1400 katholische Privatschulen, Heime und Bildungsstätten geschlossen, wobei sich Hitler durchaus an Kaiser Joseph II. als Vorbild orientierte. Trotz dieser Eingriffe und trotz ihrer eigenen Ablehnung der NS-Ideologie zogen die Bischöfe aber nicht den Schluss, dass die Kirche zum aktiven Widerstand berechtigt sei. Man hatte in Österreich durch Jahrhunderte hindurch gelernt, der legitimen Obrigkeit zu gehorchen, und tat dies auch jetzt, obwohl diese nun Hitler hieß. Die Nazis – bekanntermaßen Meister der Propaganda – schafften es sogar, ihre Partei der Kirche und den Gläubigen als Bollwerk gegen den »mit dem Weltjudentum verbündeten Bolschewismus« hinzustellen und sie für den Krieg zu mobilisieren.

Wenn Einzelne gegen den Nationalsozialismus Widerstand leisteten, so taten sie das auf eigene Initiative. Der Widerstand erfolgte sozusagen von unten, von Laien und von Priestern, von denen gar nicht wenige verfolgt wurden: Zwischen 1938 und 1945 wurden insgesamt 724 österreichische Priester eingekerkert, sieben von ihnen starben. 110 Priester kamen in Konzentrationslager, davon haben 20 nicht überlebt. 15 wurden zum Tod verurteilt und hingerichtet. Mehr als 300 Priester wurden des Landes verwiesen, und über etwa 1500 Priester wurde ein Predigt- und Unterrichtsverbot verhängt. Die Kirchenführung verteidigte sie nicht einzeln gegenüber der Obrigkeit, die Bischöfe Deutschlands und Österreichs protestierten allerdings geschlossen im Hirtenbrief vom 22. Mai 1942 gegen die Bestrafung von Seelsorgern und Geistlichen durch Landesverweisung oder Internierung im KZ ohne vorausgehendes gerichtliches Verfahren, gegen die Enteignung der Orden und deren Verdrängung aus dem Unterricht und gegen die Beschlagnahmung von kirchlichen Schulen, Konvikten und Priesterseminaren.

Dem Einzelnen riet die Kirche nach Möglichkeit vom aktiven Widerstand ab. Als Beispiel ist hier Schwester Restituta Helene Kafka zu nennen. Ihr Widerstand war nicht von langer Hand geplant, sondern entstand aus der sie belastenden Situation, dass sie die Kruzifixe aus den Krankenzimmern im Krankenhaus Mödling hatte entfernen müssen. Von Ordensseite hatte man ihr zu Demut geraten, was sie aber nicht befolgte. Sie wurde in einem öffentlichen Prozess im Oktober 1942 zum Tode verurteilt, damit sollte ein Exempel statuiert werden, um Proteste und Widerstände in der katholischen Kirche zu brechen. Im März 1943 wurde sie im Wiener Landesgericht trotz eines Gnadengesuchs Innitzers hingerichtet. 1998 erfolgte ihre Seligsprechung, sie gilt als erste Märtyrerin der Erzdiözese Wien.

Anders der ziemlich unkonventionelle Innviertler Pfarrer **Martin Spannlang**: Er hatte schon im Jahre 1930 in Zeitungsartikeln vor den Nationalsozialisten gewarnt und wurde gleich nach dem Anschluss nach Dachau und später Buchenwald deportiert. Dort starben er und der Pfarrer **Otto Neururer** aus Götzens nach der Aussage eines Mithäftlings im Jahre 1940 unter furchtbaren Qualen: *»Wie uns von maßgebender Seite versichert wurde, von einer Seite, die es wissen kann, wurden beide gekreuzigt. Und zwar mit dem Kopfe, geknebelt, nach unten.«* Auch der Fall des Augustiner-Chorherrn **Karl Roman Scholz** gehört hierher, der sich mit einer von ihm gegründeten Freiheitsbewegung um die *»Wiederherstellung eines freien, selbständigen Österreich«* bemühte. Er wurde vom Burgschauspieler Otto Hartmann[67] verraten und im Mai 1944 hingerichtet. Kardinal Innitzers Telegramm an Hitler mit der Bitte um Begnadigung wurde nicht einmal beantwortet.

Die Bischöfe nahmen zwar nicht für, aber auch nie gegen katholische Priester oder Laien im Widerstand Stellung. Erst als die Nazis damit begannen, »unwertes Leben« aus dem eigenen Volk in großem Stil zu vernichten, erwachten sie und protestierten dagegen. Sie verboten den katholischen Pflegeanstalten ausdrücklich, aktiv bei der Verbringung ihrer Insaßen zwecks Vernichtung mitzuwirken. Gegen den Völkermord und die Gräueltaten an den Juden trat die Kirche hingegen nicht öffentlich auf, wenn sie auch bestrebt war, im Geheimen möglichst viele Menschenleben zu retten. Da sie sich nicht offen deklarierte und stets nur defensiv handelte, machte sie sich letztlich zum Partner und Mitschuldigen des Regimes. Selbst nach Kriegsende ließ die besondere Würdigung der katholischen Priester und Christen, die während der NS-Zeit Widerstand geleistet oder dabei gar ihr Leben verloren hatten, sehr lange auf sich warten.

## *Die evangelische Kirche*

Das Verhalten der evangelischen Kirche war noch schlechter, denn Luthers spätere Schriften mit ihrer Forderung nach Vertreibung und Verfolgung der Juden lieferten ihr die religiöse Begründung für den Antisemitismus. Superintendent Dr. Hans Eder begrüßte Hitler am 9. April 1938 mit den Worten: *»So grüßt Sie, mein Führer, die evangelische Kirche Österreichs zu Ihrer Befreiungstat als das Werkzeug in der Hand des Allmächtigen, und es entspricht daher nicht bloß* *der Sprache unseres Blutes, sondern auch unserer Glaubensüberzeugung als evangelische Christen, wenn wir Ihnen namens der evangelischen Kirche das Gelöbnis einsatzbereiter Treue zu Ihrem Werk überbringen.«* Nach der Volksabstimmung am 10. April ordnete Präsident Kauer die Vereidigung der Pfarrer auf den Führer und das Absingen des Horst-Wessel-Liedes beim Festgottesdienst an. Eine beeindruckend große Zahl von Pfarrern gab sich als illegale Parteimitglieder zu erkennen. Trotzdem traten viele evangelische Christen ebenfalls aus ihrer Kirche aus.

Je länger das NS-Regime währte, umso deutlicher erkannten etliche Protestanten sein wahres Gesicht und leisteten im Geheimen oder sogar öffentlich Widerstand gegen das 3. Reich und seine Ideologie. In Graz sammelten sich evangelische Studenten zu einer Widerstandsgruppe unter der Leitung des Peggauer Pfarrers **Wolfgang Pommer**. Überzeugte Widerstandskämpfer waren auch der Ramsauer Pfarrer **Jakob Ernst Koch** und **Erwin Kock** aus Voitsberg. Als er seine Gemeinde aufforderte, falschen Führern nicht zu folgen, wurde er wenig später von der Gestapo vorgeladen, kam jedoch mit einer Verwarnung davon. Kurz danach hielt er eine Ansprache, wurde verhaftet und wegen dieses *»krassen Falls einer aufwiegelnden Rede«* verurteilt. Ohne sich verteidigen zu dürfen, wurde er vom steiermärkischen evangelischen Senioratsausschuss seines Amtes entsetzt und vom Oberkirchenrat in Wien aus dem kirchlichen Dienst entlassen. Im Jänner 1942 wurde er zur Wehrmacht eingezogen, wo er als Übersetzer und Sekretär arbeitete. Als er ein Telegramm zu übersetzen hatte, in dem berichtet wurde, dass französische Kriegsgefangene im Lager Gneixendorf bei Krems eine illegale Zeitung herausgaben, verbrannte er die Nachricht und rettete damit ihr Leben. Bei der Verschwörung rund um den 20. Juli 1944 ließ er belastendes Material verschwinden, um seinen Vorgesetzten zu entlasten. Kock überlebte den Krieg und arbeitete ab 1945 wieder im Kirchendienst.

Schlimmer erging es dem Ungarn **Zsigmond Varga** (1919–1944) aus Debrecen, damals Student an der Wiener Evangelisch-Theologischen Fakultät. Er erhielt den Auftrag, die ungarische reformierte Kolonie in Wien seelsorgerisch zu betreuen. Bei einer seiner Predigten in der Kirche in der Dorotheergasse 16 (H. B.) war ein in Zivil auftretender Gestapo-Agent anwesend, der vergeblich versuchte, ihm das Wort zu entziehen. Wenige Tage später, am 19. Oktober 1944, wurde er von der Gestapo verhaftet. Nach einigen Monaten Haft in der Rossauerkaserne, wo er an Typhus erkrankte, wurde er ins Konzentrationslager Mauthausen und später nach Gusen gebracht, wo er am 5. März 1945 starb. Die Gestapo vermerkte als Todesursache Herzmuskelschwäche-Pneumonie. Das war die übliche Umschreibung der Todesursache, wenn jemand im KZ direkt oder indirekt ermordet worden war. Insgesamt wurden fünf evangelische Geistliche verhaftet, ein weiterer zu Konzentrationslager, einer zu Zuchthaus verurteilt, neun aus Österreich ausgewiesen, gegen fünfzehn wurden polizeiliche oder gerichtliche Untersuchungen geführt und einer erhielt beschränktes Redeverbot.

Im Jahre 1941 wurde den evangelischen Christen jüdischer Abstammung der Besuch der Gottesdienste verboten: »… *Es ist daher notwendig, dass auch Judenchristen ihren Gottesdienst halten, aber es ist nicht not, dass dieser gemeinsam mit den Deutschen evangelischen Glaubens begangen wird. Die evangelische Kirche in Deutschland will deutsche Volkskirche sein. Als solche kann sie nicht übersehen, dass der gegenwärtige Krieg so wie der Weltkrieg in ursächlichem Zusammenhang mit dem Weltjudentum steht …*« Zu diesen »Weltjuden« gehörte auch das Ehepaar Ernst und Gisela Pollak, denen wie Varga eine Gedenktafel in der Kirche H. B. gewidmet ist. Sie waren konvertierte Juden und hatten sich stets besonders für Arme und Benachteiligte eingesetzt. 1942 kamen sie in Theresienstadt ums Leben. In Gumpendorf durften die Juden mit dem Stern die Kirche nun zwar laut Gesetz nicht mehr betreten, einige wurden aber über der Kanzel versteckt. Da natürlich alle judenchristlichen Pfarrer entlassen wurden, musste auch Professor Karl Beth von der Evangelisch-Theologischen Fakultät emigrieren. In Deutschland formierte sich wegen des Ausschlusses der Judenchristen vom evangelischen Gottesdienst übrigens die »Bekennende Kirche« um den lutherischen Theologen Dietrich Bonhoeffer als Widerstand.

Nach dem Ende des Krieges wurde bereits 1945 die Israelitische Kultusgemeinde neu gegründet und die Synagoge wieder geöffnet. In den Folgejahren wurde Österreich zur Zwischenstation für unzählige osteuropäische Juden auf dem Weg in eine neue Zukunft. Der österreichische Staat dachte lange nicht daran, seine nationalsozialistische Ära gründlich aufzuarbeiten. Simon Wiesenthal forderte die Öffentlichkeit zwar wiederholt auf, ehemalige Mitglieder der NSDAP aus führenden Positionen zu entfernen, doch abgesehen von einigen Alibihandlungen geschah nicht viel. Noch im Jahre 1986 fand Bundespräsident Waldheim nicht die richtigen Worte, als seine Mitläuferschaft diskutiert wurde. Erst fünf Jahre später erklärte Bundeskanzler Franz Vranitzky, dass die österreichische Bevölkerung sehr wohl am Nationalsozialismus beteiligt gewesen war. Das bedeutete endlich den Bruch mit der österreichischen Opferlegende.

## *Der Widerstand der Zeugen Jehovas*

Abseits der Kirchen gab es eine religiöse Gruppe, die während der Nazizeit die Selbstachtung nicht verlor: die Zeugen Jehovas, damals Bibelforscher genannt. 1938 lebten in Österreich etwa 550 Zeugen Jehovas, von denen 445 während der NS-Zeit unterschiedlich lange in Haft waren. Fünfzig von ihnen wurden hingerichtet, dreizehn wurden entweder erschlagen, vergast oder starben auf Grund von perversen medizinischen Versuchen. Mindestens 81 weitere starben in Gefängnissen und Konzentrationslagern an Krankheit oder Erschöpfung. Dabei hätte jeder von ihnen die Gelegenheit gehabt, durch eine einfache Unterschrift seiner Gewissensüberzeugung abzuschwören und damit frei zu sein. In den Konzentrationslagern waren die Bibelforscher am violetten Dreieck, dem Lila Winkel, erkennbar. Ihre Verbrechen waren die Verweigerung des Hitlergrusses, die Ablehnung der Arbeit in der Rüstungsindustrie und die Verweigerung des Wehrdienstes. Als Erster wurde schon 1939 Anton Streyczek aus St. Pölten durch das Fallbeil hingerichtet. Ebenso starb im Jänner 1940 Rudolf Redlinghofer aus Krems. Sein Todesurteil wurde übrigens im Oktober 1998 vom Wiener Landesgericht aufgehoben, womit seine Gewissensentscheidung endlich gewürdigt und sein Schicksal der Vergessenheit entrissen wurde. Franz Oswald wurde 1943 hingerichtet und Hubert Stanzl kam ebenso wie Ferdinand Köck im Mai 1945 ums Leben, als die Cap Arcona und zwei weitere Schiffe durch britische Flugzeuge versenkt wurden. An Bord der Arcona befanden sich 4600 KZ-Häftlinge, doch das Hissen von weißen Fahnen war dem Kapitän verboten worden. Nur 450 Menschen überlebten. Köcks Frau Therese wurde im KZ Ravensbrück vermutlich schon 1942 erschlagen.

Diese Menschen, die für ihre Überzeugung ganz bewusst den Tod in Kauf nahmen, waren ganz gewöhnliche Leute, kleine Leute aus dem Arbeiter- und Bauernstand, deren Bereitschaft zum Märtyrertod für ihre Überzeugung entfernt an die Waldenser und die Täufer erinnert. Sie waren keine Intellektuellen, aber sie glaubten an die Worte des Evangeliums. Da ihr Wille zum Widerstand in der Hitler-Zeit so außergewöhnlich war, soll hier auf diese Gruppe, die heute in Österreich etwa 23 000 Mitglieder zählt, näher eingegangen werden.

Die Lehre hat ferne Wurzeln im Kalvinismus, wie er von John Knox und Charles Melville in Schottland vertreten wurde. Charles Taze Russell (1852–1916), ein Kaufmann aus Pittsburgh, war als Presbyterianer[68] erzogen worden und war dann Mitglied der Kongregationalistenkirche[69] geworden, die in vielen Punkten mit den Täufern (Baptisten) übereinstimmt, z. B. durch die Verweigerung des Kriegsdienstes. Er gestaltete die Lehre der Adventisten von der baldigen Wiederkunft Christi zu einer biblisch begründeten Endzeitlehre um, gründete 1879 eine Zeitschrift, die heute »Der Wachtturm« heißt, und rief eine Gesellschaft ins Leben, die seine Botschaft in freiwillige Leserkreise aus allen Kirchen hineintragen sollte. Seine Anhänger erwarteten die Endzeit und die Auferstehung der Toten für das Jahr 1914 und hatten sich darauf vorbereitet. Sie waren dann sehr enttäuscht, als nichts weiter passierte als der Ausbruch eines sehr großen Krieges, der prompt umgedeutet wurde. Das daraufhin drohende Auseinanderbrechen der Bewegung wurde durch Joseph Franklin Rutherford (1869–1942) verhindert, der aus den Ernsten Bibelforschern die heute noch bestehende theokratische Organisation der Zeugen machte, in der nur Gott herrscht und die sich weltweit ausbreitete. Das Datum der Endzeit wurde noch einige Male verlegt, doch auch der letzte apokalyptische Termin von 1975 ging vorüber und die Welt besteht noch immer in ihrer alten Art. In der Endzeit sollen nicht nur die »Geistgesalbten« gerettet werden, sondern möglichst viele Menschen. Die Zeugen bekamen daher den Auftrag zu missionieren. Von Haus zu Haus bemühen sie sich um ihre Mitmenschen, was ehrlich gemeint ist. Aber wie seinerzeit die Täufer, so sind auch sie Außenseiter und anderen Menschen oft unheimlich. Durch ihre Abschottung und religiöse Intoleranz gegenüber anderen Meinungen, durch die Ablehnung von Staat, Kunst, Kultur und Kriegsdienst (heute ist ihnen der Zivildienst bereits gestattet) als teuflische Dinge, durch ihre (wenn es um Kinder geht) bedenkliche Verweigerung von lebensrettenden Bluttransfusionen, durch die Erwachsenentaufe (oft in recht jungen Jahren), ihren Missionierungsdrang bis zur psychischen Belästigung, ihre eigenartige chiliastische Lehre und ihre amerikanisch anmutende Naivität im Umgang mit der Geschichte werden sie oft angefeindet. Das betrifft leider auch ihre Kinder, deren wenig kindgemäßes Verhalten in der Schule auffällt. Da sie von frühestem Alter an von ihren Eltern religiös geschult werden, spielen sie nicht wie andere Kinder.

In jedem Fall sind die Zeugen Jehovas Menschen guten Willens, Idealisten und Sucher, gehorsam gegenüber Gottes Willen (in dessen Auslegung durch die Wachtturm-Gesellschaft), die nach dem Heil streben und unter denen es praktisch keine Verbrecher gibt. Seit 1998 sind die Zeugen Jehovas in Österreich als religiöse Bekenntnisgemeinschaft registriert. Da ihre Anerkennung als Religionsgesellschaft, für die alle Voraussetzungen bereits erfüllt sind, auf sich warten lässt, wurde der Europäische Gerichtshof von ihnen angerufen. Er warf im Jahre 2008 der Republik Österreich vor, das Menschenrecht der Religionsfreiheit verletzt und nicht für ein faires Verfahren gesorgt zu haben. Vor dem Gesetz sind jedoch alle Menschen gleich, auch wenn es manchen Entscheidungsträgern nicht gefällt. Mit der Anerkennung ist also demnächst zu rechnen. Auch die Baptisten und die Hindus warten derzeit auf ihre Anerkennung.

# 3. Die zweite Republik

## *Der Islam in der 2. Republik*

Nach dem 2. Weltkrieg strömten mehrere tausend Muslime aus den Arbeits- oder Konzentrationslagern und als Flüchtlinge aus Ost- und Südosteuropa nach Österreich, das für viele nur Zwischenstation auf ihrem Weg nach Übersee, Amerika oder Australien, war. Viele blieben auch hier, denn sie wurden in ihrer Religion nicht behindert. 1951 entstand der unpolitische »Verein der Muslims Österreichs«, seine Aufgaben waren religiöser, kultureller, sozialer und karitativer Natur. Die Mehrheit der Muslime war nämlich sozial bedürftig, und jede Hilfe von Behörden oder christlichen Pfarrgemeinden wurde dankbar angenommen. In den Sechziger- und Siebzigerjahren kamen Gastarbeiter nach Österreich, aus Jugoslawien und aus der Türkei und brachten mit ihren Familien ihre fremde Lebensweise, Kultur und Religion mit. Seit der Gründung bzw. Verlegung internationaler Behörden kamen auch islamische Diplomaten, hohe Beamte und Geschäftsleute nach Wien. Anfangs der Sechzigerjahre gab es ungefähr 3000 Muslime in Österreich, die ein buntes Völkergemisch darstellten und auch religiös durchaus keine Einheit bildeten: Türken und Bosnier, aber auch Albaner, Perser, Kurden, Mazedonier

*Muslimische Wiener beim Spaziergang*

und Araber. Es kamen auch sehr viele Studenten nach Wien, meist Anhänger des »hanefitischen Ritus« des sunnitischen Islams, der auch als »Islam der Nichtaraber und Euro-Muslime« bezeichnet wird (siehe S. 214).

Nach dem kurzen Zwischenspiel einer Betreuung durch die internationale Vereinigung »Jami'at al Islam« wurde 1962 auf Initiative bosnischer Intellektueller unter Führung von Dr. Smail Balic der »Moslemische Sozialdienst« in Wien gegründet, der sich der sozialen, religiösen und kulturellen Betreuung der Muslime Österreichs widmete. Er bemühte sich auch um die Aktualisierung des alten Islamgesetzes, sodass 1979 die »Islamische Glaubensgemeinschaft« (IGGIÖ)[70] als Körperschaft öffentlichen Rechts anerkannt wurde. Sie umfasst nicht nur – wie seinerzeit in der Monarchie – die Anhänger des hanefitischen Ritus, sondern bestimmt, dass ihr *»alle Anhänger des Islams angehören, welche in der Republik Österreich ihren Aufenthalt haben«*. Die sunnitischen und schiitischen Rechtsschulen stehen gleichberechtigt nebeneinander. In den letzten Jahren wird jedoch zunehmend der alleinige Vertretungsanspruch für alle Muslime durch die Glaubensgemeinschaft in Frage gestellt, da sie sunnitisch dominiert ist. Sie hat ihren Sitz im 7. Bezirk, Bernardgasse 5, an ihrer Spitze steht seit 1999 der gebürtige Syrer **Anas Schakfeh**. Sie ist unter anderem zuständig für die Ernennung ihrer Geistlichen, der Imame, und den islamischen Religionsunterricht in den Schulen. Die Ausbildung der Lehrer erfolgt an einer eigenen Islamischen Religionspädagogischen Akademie in der Wiener Neustiftgasse. 1979 wurde in der Nähe der UNO-City die bis zu 1000 Personen

*Der Yunus-Emre-Brunnen im Wiener Türkenschanzpark wurde 1991 als Zeichen der österreichisch-türkischen Freundschaft vom türkischen Botschafter gestiftet. Er ist mit Versen des großen türkischen Mystikers und Volksdichters aus dem Mittelalter verziert, der als ein Wegbereiter des Alevitentums anzusehen ist*

fassende Moschee des »Vienna Islamic Center« eröffnet, die aber für viele MuslimInnen zu abgelegen ist. Es gibt in Wien daher über sechzig weitere muslimische Gebetsstätten (in ganz Österreich über zweihundert), die meist in Privathäusern untergebracht sind. Sie sind nicht nur Orte des Gebets, sondern auch Treffpunkt und Anlaufstelle bei allen möglichen Problemen. Muslime haben in Österreich bereits etliche Vereine gegründet, die den Interessen einzelner Gruppen ebenso wie der Integration und der Kommunikation mit Andersgläubigen dienen.

Laut der Volkszählung von 2001 bekannten sich 338 998 Personen zum Islam, das waren damals 4,2 Prozent der Bevölkerung, etwas mehr als ein Drittel davon lebten in Wien (7,8 Prozent der Wiener Bevölkerung). Damit hatte sich die Zahl gegenüber 1991 etwas mehr als verdoppelt (1991: 2,0 Prozent), gegenüber 1971 mehr als verzehnfacht (1971: 0,3 Prozent). Heute schätzt man die Zahl auf 400 000, also fast 5 Prozent der Bevölkerung, Tendenz steigend.

## *Weitere nichtchristliche Religionen*

Zu den anerkannten nichtchristlichen Religionsgesellschaften zählt der **Buddhismus**, der aus unterschiedlichen Traditionen besteht und sich von Seiten der Österreicher eines hohen Zuspruchs erfreut. Die **Hinduistische Religionsgesellschaft** ist hingegen seit 1998 erst eine eingetragene religiöse Bekenntnisgemeinschaft und nur eine der hinduistischen Gruppen[71]. Insgesamt leben in Österreich ungefähr elftausend Hindus, die zum Großteil in diese Religion hineingeboren wurden.

Bei der **Bahá'i Religionsgemeinschaft** handelt es sich um eine unabhängige monotheistische Religion nach den Lehren Bahá'u'lláhs (1817–1892), der von seinen Anhängern als vorläufig letzter in einer Reihe von Gottesboten (nach Moses, Christus, Buddha, Mohammed) angesehen wird und dessen Schriften das Wort Gottes vermitteln. Die ersten Anhänger kamen im Jahre 1911 nach Wien, in der Zwischenkriegszeit gab es bereits eine kleine Gemeinde. Die Religion wurde von den Nazis verboten, etliche ihrer Gläubigen, die jüdischer Abstammung waren, kamen in Konzentrationslagern um. 1948 wurde der Geistige Rat in Wien neu gebildet, es folgten Graz, Linz, Salzburg und Innsbruck. Die Anhänger setzen sich für den interreligiösen Dialog und den Abbau von Vorurteilen ein. 1998 erhielt die »Bahá'í-Religionsgemeinschaft Österreich« die staatlich eingetragene Rechtspersönlichkeit zuerkannt.

## Katholische Ostkirchen

Als Unierte Kirchen oder **Katholische Ostkirchen** bezeichnet man jene Ostkirchen, die mit Kirche und Papst in Glaubens-, Gebets- und Sakramentengemeinschaft stehen, in Österreich sind das die Mechitaristen und die Griechisch-Unierten.

Die **Mechitaristen** kamen 1805 von Triest nach Wien und gründeten im Jahre 1810 im 7. Wiener Gemeindebezirk das Mechitaristenkollegium. Es ist berühmt für seine Druckerei, in der Werke in 41 verschiedenen orientalischen Sprachen gedruckt werden können, seine Bibliothek mit 2600 Manuskripten, rund 160 000 Büchern und 170 000 Zeitschriftenbänden und das Museum armenischer Kunst. Die Brüder sind auch missionarisch tätig und gründeten noch zur Zeit der Monarchie Kirchengemeinden in Budapest, Cambridge (Mass.) und Los Angeles. In Wien unterhielten sie eine Schule, heute erhalten sie je eine Oberschule in Istanbul und Beirut. Die Wiener Mechitaristenkirche Maria Schutz in der Neustiftgasse wurde im Jahre 1874 erbaut. Seit 1889 stellen die Mönche den Kräuterlikör Mechitharine her, dessen Rezept aus dem Jahr 1680 stammen und vom Ordensgründer Mechitar (= Tröster, sein Name war Manuk) von Sebasteia (1676–1749) selbst aus Istanbul mitgebracht worden sein soll. Er hatte 1701 in Istanbul die armenisch-katholische Kongregation gegründet, die 1711 von Papst Clemens XI. anerkannt wurde und 1717 auf der Insel San Lazzaro bei Venedig eine neue Heimat fand.

Als **Unierte Griechen** (Uniaten) bezeichnet man die 1595 mit der römisch-katholischen Kirche wiedervereinigten griechischen Christen, die ihre eigene Kirchenverfassung und Sprache beim Gottesdienst, ferner das Abendmahl in beiderlei Gestalt und die Priesterehe beibehalten haben, jedoch den Primat des Papstes und das »Filioque« (siehe S. 30) anerkennen. In der Österreichisch-Ungarischen Monarchie lebten drei Millionen Unierte in Galizien, das unter Maria Theresia an Österreich gefallen war und heute zur Ukraine und zu Polen gehört. Weitere zwei Millionen leben in Polen und in der Türkei. Ethnisch handelt es sich bei den Mitgliedern der »griechisch-katholischen Kirche« meist um

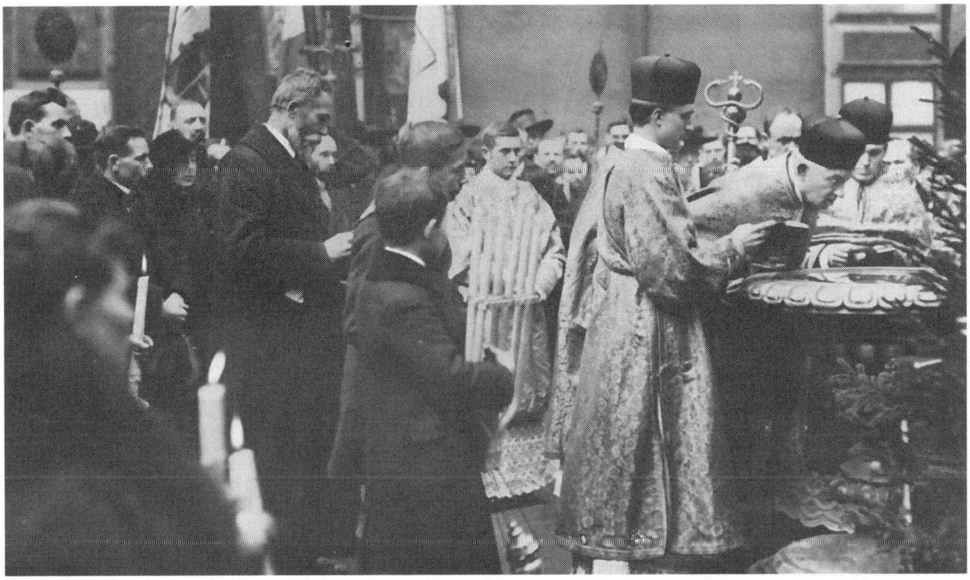

*Messfeier der Unierten vor der Barbarakapelle in der Postgasse, Wien 1918*

Ruthenen des Bauernstandes. Die ruthenische Oberschicht trat nämlich meist zum lateinischen Ritus über, um die Privilegien der römisch-katholischen Aristokratie genießen zu können. Die Habsburger förderten die Uniaten durch die Errichtung eines eigenen Erzbistums im Jahre 1808, da sie in ihnen eine gewisse Schranke gegen die Expansionspläne des russisch-orthodoxen Nachbarn im Osten und des katholischen Nachbarn im Norden sahen. Nach dem Zerfall der Monarchie wurde die Kirche zum Träger des ruthenischen Nationalbewusstseins in der Ukraine, daher nennt sie sich heute »ukrainisch-katholische Kirche«. Ihre kleine Wiener Gemeinde feiert den Gottesdienst in der Barbarakapelle in der Postgasse, die Salzburger in der Markuskirche. Weitere Gemeinden befinden sich in Kufstein, Linz und Innsbruck.

## *Die kanonischen orthodoxen Kirchen*

Im Jahre 1868 lebten in der Monarchie 3,2 Millionen orthodoxe Christen, in der Republik heute ungefähr 350 000, wobei die »altorientalen« Christen mitgezählt sind. Die kanonischen orthodoxen Kirchen stehen miteinander in vollständiger Kirchengemeinschaft. Sie verstehen sich als unmittelbaren Ausdruck des einen und einzigen richtigen Glaubens. Sie stimmen – abgesehen von den sprachlichen Unterschieden – in Lehre und Kult weitgehend überein und orientieren sich dogmatisch nur an den Beschlüssen der sieben ökumenischen Konzile zwischen 325 und 787. Die gegenseitigen Verurteilungen der Katholiken und der Orthodoxen als Häretiker gehören bereits der Vergangenheit an: Im Jahre 1964 hoben Papst Paul VI. und der Patriarch Athenagoras von Konstantinopel den gegenseitigen Kirchenbann von 1054 auf, das Schisma blieb allerdings bestehen. Es war die Folge eines langen innerkirchlichen Streits um den Primat des Papstes und das »Filioque«(siehe S. 30). Die Geschehnisse während des Lateinischen Kreuzzugs mit der schändlichen Eroberung Konstantinopels durch die Kreuzfahrer vertieften die Kluft so sehr, dass die Orthodoxen von einer Wiedervereinigung der Kirchen nichts mehr wissen wollten. Der Patriarch von Konstantinopel genießt bis heute den Ehrenvorrang vor allen anderen orthodoxen Patriarchen.

**Griechen** kamen schon im Gefolge der Herzoginnen Theodora Komnena, Theodora Angelina und Sofia Laskaris nach Wien, was einen gewaltigen Kulturimport bedeutete. Was für den Herzog galt, ahmte der Adel nach und knüpfte ebenfalls familiäre Beziehungen zu vornehmen griechischen Familien. Da es in Konstantinopel – vor und nach dessen Fall – ständig politische Wirren gab, flohen immer wieder etliche Griechen in den Westen. Dann kamen Kaufleute, die Untertanen des Sultans waren, und nahmen den österreichischen Levantehandel in ihre Hand. Ihre Bruderschaft »Zum Heiligen Georg«, die vorher in den Gebäuden der Gesandtschaft der Hohen Pforte zum Gebet zusammenkam, richtete 1709 in einem Privathaus in der Seitenstettengasse eine kleine griechische Kapelle ein. 1723 erhielt sie auf Ersuchen von Prinz Eugen von Savoyen von Karl VI. mit kaiserlichem Dekret das Recht, eine Kirche zu errichten, was ihr aber erst 1730 im Steyrerhof in der Griechengasse gelang. Die Bruderschaft kämpfte lange um ihre juristische und geistige Unabhängigkeit vom serbischen Erzbistum Karlowitz. Als zu Beginn des Österreichisch-Russischen Krieges gegen die Türkei (1735–1739) alle Untertanen des Sultans, auch die Griechen und ihre Geistlichen, ausgewiesen wurden, blieb an der Kirche nur ein serbischer Mönch zurück, der neben den Serben auch die Russen betreute (siehe S. 250). Unter Maria Theresia kehrten die Griechen zurück, sie verlangte aber 1774 von ihnen einen Treueeid. Wer ihn verweigerte, durfte sich zwar in Wien aufhalten, war aber auf den Handel mit Waren aus dem Osmanischen Reich beschränkt. Wer ihn leistete, wurde den österreichischen Kaufleuten gleichgestellt, durfte Grundbesitz erwerben und mit allen Waren handeln – und bezahlte mehr Zölle und Abgaben. Dieser Versuch der Einbürgerung erwies sich als nicht zielführend, weshalb die Wiener Börsendeputation 1798 vorschlug, *»daß künftighin den türkischen Untertanen, die sich in den kaiserlich-königlichen Staaten seßhaft machen wollen, die angesuchte Naturalisation nicht erteilt werde, als wenn sie glaubwürdig erwiesen haben werden, ihr ganzes Vermögen hierüber gebracht, von ihren türkischen Handelsgenossen förmlich sich getrennt zu haben und mit selben in keinem anderen Verhältnisse als jenem zu stehen, in welchem ein österreichischer Trafikant mit Türken allfällig sich finden könnte.«* Das Toleranzpatent von Kaiser Joseph II. verbesserte die Situation. Aus der Bruderschaft wurde die griechische Kirchengemeinde **Zum Heiligen Georg** (für die osmanischen Griechen, Kirche in der Griechengasse, 1804), für die eingebürgerten Griechen und Rumänen wurde die Gemeinde **Zur Heiligen Dreifaltigkeit** (Kirche von Theophil Hansen am Fleischmarkt 13) neu gegründet. Die beiden Gruppen konnten sich nicht auf eine gemeinsame Kirche einigen, sie blieben bis heute getrennt. Etliche Griechen spielten gesellschaftlich und wirtschaftlich eine bedeutende Rolle, wie die Bankiersfamilie Sina, die Familie Karajan, Nikolaus Dumba, und andere. Wien wurde zu Beginn des 19. Jahrhunderts zum Zentrum der griechischen Diaspora (mit einer griechischen Druckerei in der Rotenturmstraße 21) und des griechischen Freiheitskampfes.

*Die griechische Kirche zur Heiligen Dreifaltigkeit am Fleischmarkt in Wien*

Durch das Orthodoxengesetz von 1967 wurden beide griechische Kirchen gesetzlich als Religionsgesellschaften anerkannt. Sie unterstehen der Jurisdiktion des ökumenischen Patriarchats von Konstantinopel. Dieses errichtete im Jahre 1963 für die Länder Österreich und Ungarn die »Griechisch-Orientalische Metropolis von Austria« mit Sitz in Wien, Fleischmarkt 13. Derzeitiger Metropolit von Austria und Exarch von Ungarn und Mitteleuropa ist

Erzbischof Michael Staikos. Zu den beiden Kirchen zählen heute in Österreich ungefähr 18 000 Gläubige.

Die **rumänische Kirche** ist eine selbstständige Kirche, die sich 1885 von der griechischen Kirche aus sprachlichen Gründen löste. Die Gläubigen hatten seit 1906 eine Wohnung in der Löwelstrasse 8 gemietet, die zur Kapelle umgebaut wurde. Seit 2003 verfügen sie über eine neu erbaute Kirche in der Simmeringer Hauptstraße 161. Weitere Pfarren gibt es in Salzburg, Graz, Linz und Knittelfeld, daneben zehn Filialen. Die Kirche ist in Österreich als Vikariat organisiert und gehört zur rumänisch-orthodoxen Metropolie von Deutschland und Zentraleuropa.

**Russen** lebten ebenfalls schon seit Jahrhunderten in Wien. Der Großteil von ihnen waren Diplomaten und Handelsvertreter. Seit 1701 gibt es ständige diplomatische Beziehungen mit Russland. Da die in Wien lebenden orthodoxen russischen Gläubigen damals keine eigene Kirche hatten, wurden sie von serbischen Mönchen (Erzbistum Karlowitz) in der Kapelle der Griechen betreut (siehe S. 248). Nach der Ausweisung der Griechen besoldete Russland den dort verbliebenen serbischen Mönchspriester namens Simeon und dessen Nachfolger Michail. Als letzterer nach Kiew zog, kam ein russischer Priester nach Wien. Die Kirche wurde nun in der Botschaft untergebracht. Die Gottesdienste wurden auch von Wienern besucht, wie Boschafter Fürst Golizyn an Kaiserin Katherina II. 1776 schrieb: *»Nicht nur für die Personen griechischen Glaubens, die in recht großer Zahl zu den Gottesdiensten in diese Kirche kommen, sondern auch für die hiesige Bevölkerung, die aus reiner Neugier den Gottesdienst besucht, scheint es mir unumgänglich, größere Räumlichkeiten für den Gottesdienst zu haben.«*

Von 1842 bis 1884 war der Erzpriester Michail Rajewskij Vorsteher der Wiener Botschaftskirche. Er machte sie zum geistlichen Zentrum aller Slawen, die auf dem Territorium der damaligen Österreichisch-Ungarischen Monarchie lebten. Er träumte vom Bau einer schönen Kathedrale und begann dafür zu sammeln. Das Geld reichte aber nur zum Bau der Friedhofskirche zum Heiligen Lazarus auf dem Wiener Zentralfriedhof, die 1895 eingeweiht wurde. Erst Erzpriester Alexander Nikolajewskij aus Reval konnte mittels finanzieller Unterstützung aus Russland den Traum seines Vorgängers im Garten der russischen Botschaft in der Jaurèsgasse verwirklichen, die Bauarbeiten wurden nach dem Entwurf des Akademiemitglieds Grigorij Kotov unter der Leitung des italienischen Architekten Luigi Giacomelli durchgeführt und im Jahre 1899 beendet.

Die russisch-orthodoxe Kirche neben der russischen Botschaft in der Wiener Jaurèsgasse

Bei der Einweihung der Kirche zum Heiligen Nikolaus waren, abgesehen von den Honoratioren, neben den russischen auch die Priester der griechischen und serbischen Kirche in Wien und die Geistlichen der bosnischen Regimenter anwesend, jedoch kein Mitglied des Kaiserhauses. Der Kaiser empfing den russischen Erzbischof ein paar Tage danach in der Hofburg. Im Jahre 1914 wurde die Kirche geschlossen, um erst 1945 wieder eröffnet zu werden. Seit Dezember 1997 ist Erzpriester Niko laj Orlov als Pfarrer tätig. Das Oberhaupt der russisch-orthodoxen Kirche ist der »Patriarch von Moskau und ganz Russland«.

Als Oberhaupt der **serbisch-orthodoxen Kirche** fungiert der Patriarch von Belgrad, Österreich gehört zur Diözese Mitteleuropa. 1893 erfolgte die Einweihung ihrer Kirche zum Heiligen Sava in der Veithgasse 3. Der Heilige, der ursprünglich Rastko hieß und aus dem Fürstengeschlecht der Nemanjiden stammte, lebte ein langes und ausgefülltes Leben um 1200. Im Alter von sechzehn Jahren ging der ursprünglich römisch-katholische Prinz auf den Berg Athos, wo er als Mönch den Namen Sava erhielt. Es gibt viele Geschichten und Legenden über den Heiligen, der als Kulturschöpfer und Lehrer seines Volkes, als Wundertäter und Helfer aller Kranken, Armen und Notdürftigen verehrt wird. Als Erzbischof gründete er die autokephale serbische Kirche und krönte seinen Bruder Stefan Nemanja zum König.

Schon unter Kaiser Leopold I. siedelten orthodoxe Serben auf österreichischem Boden (siehe S. 166). Das Toleranzpatent Kaiser Josephs II. brachte die Gleichstellung der Bekenntnisse, wobei in ihrem Fall aber alte Privilegien verloren gingen. Im heutigen Österreich wurde die Wiener serbisch-orthodoxe Kirchengemeinde

1967 als Körperschaft des öffentlichen Rechts anerkannt. 1974 wurde ein Zentrum für Gastarbeiter dieses Bekenntnisses geschaffen, das sich um die geistliche Betreuung ebenso kümmert wie um soziale und kulturelle Angelegenheiten. Die serbisch-orthodoxe Kirche Wien und Umgebung zählt zwischen 80 000 und 100 000 Gläubige, die über mehrere Gotteshäuser verfügen.

Die im 19. Jahrhundert in Wien ansässigen **Bulgaren** widmeten sich vor allem dem Gemüseanbau und Gemüsehandel. Die bulgarisch-orthodoxe Kirchengemeinde zum Heiligen Iwan von Rila wurde aber erst 1967 gegründet und zwei Jahre später anerkannt. Der Heilige war der erste bulgarische Einsiedler und der Gründer des bedeutenden Rila-Klosters. Er wird als Patron der Bulgaren und ihr wichtigster Heiliger auch in anderen orthodoxen Kirchen verehrt. Seit 1990 wird die bulgarische Kirche in Österreich von Bischofsvikar Iwan Petkin vertreten, der die Pfarre Wien leitet. Die Kirche am Kühnplatz im 4. Wiener Gemeindebezirk ist für die vielen Gläubigen längst zu klein geworden, daher baut man derzeit an einer größeren in der Nähe der U-Bahn-Station Längenfeldgasse. In Österreich leben rund 35 000 Bulgaren, davon 10 000 in der Hauptstadt. Ihr geistliches Oberhaupt ist Patriarch Maksim von Bulgarien. Anzumerken ist, dass es der bulgarischen Kirche und dem Vize-Parlamentschef Dimitar Peschew gelang, während des 2. Weltkriegs den bulgarischen Juden die Deportation zu ersparen.

## *Die altorientalischen Kirchen*

Sie zählen zu den von den Aposteln gestifteten Urkirchen und haben die Beschlüsse des Konzils von Chalzedon im Jahre 451 nicht angenommen. Sie haben in Gebieten überlebt, die vom Islam überrollt worden sind.

Die **armenisch-apostolische Kirche** führt ihre Gründung auf die Apostel Judas Thaddäus und Bartholomäus zurück. In Österreich lebten seit dem 17. Jahrhundert vereinzelt Armenier als Kaufleute im Dienst der Habsburger, sie fielen nicht weiter auf, außer durch die Gründung der ersten Kaffeehäuser. Heute ist die Gemeinde auf ungefähr fünftausend Personen angewachsen, davon dreitausend in Wien, viele Migranten aus Armenien und dem Iran zählen dazu. Das Oberhaupt der Kirche wird Katholikos genannt (seit 1999 Karekin II. Nersissian).

Die österreichische Gemeinschaft wurde 1972 anerkannt und hat ihre Kirche St. Hripsime im 3. Wiener Gemeindebezirk, Kolonitzgasse 11. Die Heilige war eine Prinzessin aus dem römischen Kaiserhaus, die lieber Nonne als Königin sein wollte und deshalb getötet wurde. Durch ihr Martyrium bekehrte sie die Armenier zum Christentum. Über die Stiftung »Pro Oriente« unterhalten die Armenier besonders gute Beziehungen zur römisch-katholischen Kirche. Derzeit ist Mesrob Krikorian ihr Bischof.

Die **koptisch-orthodoxe Kirche** ist die erste und älteste Kirche in Afrika und führt ihre Entstehung auf den Apostel Markus im 1. Jahrhundert zurück, dessen Gebeine bekanntlich von den Venezianern in Afrika gestohlen und in den eigenen Dom gebracht wurden. Der Sitz des Patriarchats war früher Alexandria, jetzt ist es Kairo. Seit 1976 gibt es einen koptisch-orthodoxen Priester in Österreich, der die rund 5000 Gläubigen seelsorgerisch betreut. Die Kirche wurde im Jahre 2003 staatlich anerkannt.

Auch die **syrisch-orthodoxe Kirche** ist eine der christlichen Urkirchen, sie führt ihre Entstehung auf die Missionstätigkeit der Apostel Paulus, Barnabas und Petrus in Antiochien sowie auf die der Apostel Taddäus und Thomas in Edessa zurück. Die Liturgie wird bis heute hauptsächlich in aramäischer, fallweise auch in türkischer und arabischer Sprache gefeiert. In Österreich leben etwa 4000 Gläubige, die meisten davon in Wien. Sie werden in ihrer Pfarre St. Ephräm, der ehemaligen Lainzer Pfarrkirche im 13. Wiener Gemeindebezirk betreut, die im Jahre 1974 durch Bischofsvikar Emanuel Aydin gegründet und seither von ihm geleitet wird. Ephräm der Syrer († 373) lebte vor den Konzilien und wurde 1920 von der katholischen Kirche als Kirchenlehrer anerkannt, viele seiner Werke sind erhalten. Die staatliche Anerkennung der syrisch-orthodoxen Kirche erfolgte im Februar 1988, ihr Oberhaupt ist Patriarch Mar Ignatius Zakka I. mit Sitz in Damaskus (Patriarchat Antiochia).

## *Weitere evangelische Kirchen und religiöse Gruppen*

Die **anglikanische Gemeinde** zählt in Österreich nur ungefähr 500 Gläubige, sie untersteht dem Erzbischof von Canterbury. Ihre im 19. Jahrhundert erbaute Kirche ist zugleich Botschaftskirche der Briten und befindet sich in der Wiener

Jaurèsgasse. Die anglikanische Gemeinde steht in voller Kirchengemeinschaft mit der altkatholischen Kirche Österreichs. Sie ist in Österreich nicht staatlich anerkannt, aber seit über 25 Jahren Vollmitglied des Ökumenischen Rates der Kirchen in Österreich.

Etwas größer ist die **evangelisch-Methodistische Kirche in Österreich (EmK)** mit derzeit etwa 1500 Gläubigen, die im Jahre 1951 staatlich anerkannt wurde. Die methodistische Arbeit begann in Wien aber bereits im Jahr 1870 durch den Prediger Christian Dieterle. Die inneren Angelegenheiten der Kirche werden durch die Konferenzen geregelt, die ihre beratenden und gesetzgebenden Körperschaften sind. Der für Österreich zuständige Bischof hat seinen Sitz in Zürich und wird in Österreich von Superintendent Lothar Pöll vertreten. Die Methodisten sind Gründungsmitglied des »Ökumenischen Rates der Kirchen in Österreich«.

Es wird oft diskutiert, ob und wieweit die **Baptisten** direkt auf die Täufer zurückzuführen sind. Die Geschichte der Täufer wurde bereits ausführlich geschildert (siehe S. 127). Die erste neue Baptistengemeinde entstand im Jahre 1869 in Wien, seit 1988 gibt es auch eine Gemeinde in Steyr, dem historischen Ort der religiösen Verfolgung. Heute finden sich in fast allen Landeshauptstädten und an einigen anderen Orten insgesamt 21 Baptistengemeinden mit knapp über 1400 getauften Erwachsenen, die einzelnen Gemeinden sind in ihren Entscheidungen autonom. Viele schlossen sich 1953 zu einem Bund zusammen (Sitz Wien 3, Krummgasse 4), um sich gegenseitig zu unterstützen und bei ihrer Arbeit zu fördern. Seit Juli 1998 ist der Bund eine staatlich eingetragene religiöse Bekenntnisgemeinschaft und damit auch Rechtspersönlichkeit. Er ist Mitglied der »Evangelischen Diakonie«, der evangelischen Dachorganisation von Hilfswerken, und hat den Status eines Beobachters beim »Ökumenischen Rat der Kirchen Österreichs«.

Die **Heilsarmee** begann ihr Werk im Mai 1927 in Wien, zehn Jahre danach wurde sie auch in Linz tätig. In anderen Ländern spielt sie eine wesentlich größere Rolle als in Österreich, wo sie derzeit ungefähr 30 Mitglieder zählt, die seit 1952 als »Verein der Heilsarmee« registriert sind. Sie machen sich um Obdachlose verdient. Der Verein ist Mitglied der »Evangelischen Diakonie« und der »Evangelischen Allianz«, einer Arbeitsgemeinschaft aus verschiedenen christlichen Gemeinschaften und Kirchen. Sie hat den Status eines Beobachters beim »Ökumenischen Rat der Kirchen Österreichs«.

Die **Kirche Jesu Christi der Heiligen der Letzten Tage** (Mormonen) wurde 1820 von Joseph Smith gegründet, einer der interessantesten Persönlichkeiten der amerikanischen Geschichte. Er empfing eine Parallel-Bibel als Ergänzung zu den bekannten Texten, daher bleibt offen, ob die Mormonen überhaupt zu den christlichen Kirchen zu zählen sind. Nach abenteuerlichem Lebensweg kandidierte er für die Präsidentschaft der USA und wurde im Wahlkampf ermordet. Seit 1883 gibt es Mormonen in Österreich, seit 1901 eine erste österreichische Gemeinde in Haag am Hausruck und derzeit insgesamt 18 Gemeinden. Am 27.September 1955 wurde die Kirche von der Republik Österreich als Religionsgesellschaft staatlich anerkannt. Sie widmet sich der humanitären Nothilfe.

Zur **Neuapostolischen Kirche** bekennen sich in Österreich etwas mehr als 5000 Gläubige. Die Lehre geht zurück auf Bet- und Bibelkreise zu Beginn des 19. Jahrhunderts, die um erneute »Ausgießung des Heiligen Geistes« und um erneute Sendung von Aposteln beteten. Als erster Apostel wurde John Bate Cardale im Jahre 1832 in England gerufen, bis 1835 folgten elf weitere Rufungen. Die zwölf Apostel zogen ab 1840 durch die Welt, um das Evangelium neu zu verkünden. Seit 1895 wird die Gemeinschaft von einem Stammapostel als gewähltem Oberhaupt geleitet. Die ersten Österreicher schlossen sich dieser Kirche bereits 1921 an. Der gegenwärtige Kirchenpräsident der Neuapostolischen Kirche Österreichs ist Rudolf Kainz. Die Kirche hat das soziale Hilfswerk »Humanitas« eingerichtet.

## *Ökumenischer Rat, Bischofskonferenz und evangelischer Rat*

*»Der Ökumenische Rat ist die Stimme, mit der die Kirchen dann sprechen, wenn deutlich zum Ausdruck kommen soll, dass trotz aller konfessioneller Unterschiede und Kontroversen die christlichen Kirchen durch eine gemeinsame und tragfähige Basis verbunden sind.«* Er ist das Gremium, in dem vierzehn christliche Kirchen zusammenkommen, um Themen zu beraten, die alle gemeinsam betreffen, und nach Antworten zu suchen. Diese Themen sind: die Fragen der Welt von heute; das Bild der Kirchen in unserer Gesellschaft; die jüdischen Wurzeln des christlichen Glaubens; die Kontakte zu anderen Religionsgemeinschaften; und schließlich überregionale ökumenische Veranstaltun-

gen. Die vierzehn Mitglieder sind die altkatholische und anglikanische Kirche, die beiden evangelischen Kirchen A. B., H. B. und die Methodistenkirche, die armenisch-apostolische, koptisch-orthodoxe und die syrisch-orthodoxe Kirche, ferner die griechisch-, rumänisch-, bulgarisch-, russisch- und serbisch-orthodoxe Kirche und selbstverständlich die römisch-katholische Kirche. Den Status von Beobachtern haben die Baptistengemeinde, das Diakonische Werk für Österreich, die Heilsarmee, der Ökumenische Jugendrat, die Österreichische Bibelgesellschaft, der Evangelische Missionsrat, das Ökumenische Forum Christlicher Frauen in Europa, die Stiftung »Pro Oriente«, Servitas – Dienst am Nächsten, der Weltgebetstag der Frauen – Ökumenisches Nationalkomitee Österreich.

Die Österreichische Bischofskonferenz ist dagegen auf die katholische Kirche beschränkt. Sie ist eine auf das Jahr 1849 zurückgehende Körperschaft öffentlichen Rechts, der alle katholischen Diözesanbischöfe, die Weihbischöfe und der Abt der Territorialabtei Wettingen-Mehrerau, der direkt dem Papst untersteht, angehören. Sie vertritt die Kirche dem österreichischen Staat gegenüber und ist Mitglied im Rat der europäischen Bischofskonferenzen.

# 4. Heute

## *Religionszugehörigkeit und rechtlicher Status der Glaubensvereinigungen*

Laut Volkszählung von 2001 zählten sich noch fast drei Viertel der Österreicher zur traditionellen römisch-katholischen Kirche (74 Prozent, Tendenz leicht fallend); zu den beiden evangelischen Kirchen A.B. und H.B. hingegen nur 4,7 Prozent, es gibt aber geografische Schwerpunkte (Kärnten, Burgenland) mit höherem Anteil; zur islamischen Glaubensgemeinschaft rechneten sich damals 4,2 Prozent der Einwohner (siehe S. 245); zur Jüdischen Glaubensgemeinschaft als traurige Folge des Holocausts nur mehr 0,1 Prozent; zu den kanonischen orthodoxen Kirchen 2,2 Prozent, meist Immigranten aus dem ehemaligen Ostblock; zu anderen christlichen Kirchen 0,9 Prozent und zu anderen nichtchristlichen Kirchen 0,2 Prozent. 12 Prozent der Bevölkerung bezeichneten sich als Atheisten und 2 Prozent machten keine Angaben bezüglich ihrer Religion.

Vom Bundesministerium oder durch eigene Gesetze **anerkannte Kirchen und Religionsgesellschaften** sind in Österreich: die katholische Kirche (mit ihren lateinischen, griechischen und armenischen Riten), die evangelischen Kirchen A. B. und H. B., die griechisch-orientalische (= orthodoxe) Kirche mit ihren Kirchengemeinden (Griechisch-orientalische Kirchengemeinde zur Hl. Dreifaltigkeit, griechisch-orientalische Kirchengemeinde zum Hl. Georg, Serbisch-griechisch-orientalische Kirchengemeinde zum Hl. Sava, Rumänisch-griechisch-orientalische Kirchengemeinde zur Hl. Auferstehung, Russisch-orthodoxe Kirchengemeinde zum Hl. Nikolaus, Bulgarisch-orthodoxe Kirchengemeinde zum Hl. Iwan Rilski), die Israelitische Religionsgesellschaft, die Islamische Glaubensgemeinschaft, die orientalisch-orthodoxen Kirchen (Armenisch-apostolische, Syrisch-orthodoxe und Koptisch-orthodoxe Kirche), die altkatholische Kirche, die Evangelisch-methodistische Kirche (EmK), die Kirche Jesu Christi der Heiligen der Letzten Tage (Mormonen), die Neuapostolische Kirche, die Österreichische Buddhistische Religionsgesellschaft und – allerdings derzeit ohne Gemeinde – die Herrnhuter Brüdergemeinde (ihre Anerkennung von 1880 wurde nie widerrufen, siehe S. 104).

Mit diesem Status verbunden sind besondere Rechte, vor allem das Recht auf öffentliche Religionsausübung, ferner das Ausschließlichkeitsrecht (Namensschutz, Anspruch auf exklusive religiöse Betreuung der eigenen Mitglieder), verschiedene Rechte finanzieller und arbeitsrechtlicher Natur, die selbstständige Ordnung und Verwaltung der inneren Angelegenheiten, der Schutz der Anstalten, Stiftungen und Fonds gegenüber Säkularisation, das Recht auf Errichtung konfessioneller Privatschulen und die Erteilung des Religionsunterrichts an öffentlichen Schulen. Sie genießen erhöhten strafrechtlichen Schutz, die Herabwürdigung ihrer Lehren oder die Störung ihrer Religionsausübung oder die Beschädigung ihrer dem Gottesdienst gewidmeten Räumlichkeiten ist strafbar.

Weniger Rechte genießen die **anerkannten Bekenntnisgemeinschaften**, sie sind jedoch Rechtspersönlichkeiten und stellen die (bisher) nötige Vorstufe zur Anerkennung als Kirche dar, um die sie nach zehnjährigem Bestehen ansuchen können. Dem Ansuchen muss jedoch (auch ohne Angabe von Gründen) nicht stattgegeben werden, was nach dem Urteil des Europäischen Gerichtshofs im Jahre 2008 gegen die Europäische Menschenrechtskonvention verstößt. Angerufen wurde er durch die Zeugen Jehovas. Auf ihre Anerkennung als Religionsgesellschaft warten derzeit neben ihnen und den Hindus auch die Aleviten, um ihren Kindern in den öffentlichen Schulen Religionsunterricht erteilen zu dürfen. Sie wurden bisher von der Islamischen Glaubensgemeinschaft vertreten, fühlen sich aber zum Teil gar nicht als Muslime und sind besonders gut integriert.

Das Bundesministerium für Unterricht hat folgenden Gruppen nach genauer Überprüfung den Status einer Bekenntnisgemeinschaft zuerkannt: der Bahá'i Religionsgemeinschaft, dem Bund der Baptistengemeinden, dem Bund evangelikaler Gemeinden, der Christengemeinschaft-Bewegung für religiöse Erneuerung, den ELAIA Christengemeinden (ECG), der Freien Christengemeinde/Pfingstgemeinde, Jehovas Zeugen, der Kirche der Siebenten-Tags-Adventisten, der Hinduistischen Religionsgesellschaft, der Mennonitischen Freikirche und der Pfingstkirche Gemeinde Gottes.

## *Nicht anerkannte religiöse Gruppen*

Glaubensgemeinschaften, welche die gesetzlichen Bedingungen von eingetragenen Bekenntnisgemeinschaften nicht erfüllen, können sich als **Vereine** konstituieren und unterliegen dem Vereinsrecht. Manche haben sich als solche organisiert, während sie gleichzeitig die Anerkennung als Religionsgesellschaften beantragten. Zu ihnen gehört die **Scientology Church**, gegründet von L. Ron Hubbard.

Einige dieser Vereine gelten in der breiten Volksmeinung als **Sekten**. Bei der Verwendung des Wortes geht es jedoch um die Definition. Den religiösen »Sekten« gemeinsam sind durch alle Zeiten hindurch grundsätzlich zwei Charakteristika: Sie sind vom Staat nicht als Bekenntnisgemeinschaften oder Religionsgesellschaften bzw. Kirchen anerkannt, und sie sind eine Minderheit. Damit endet die Gemeinsamkeit aber auch schon wieder. Zu einer Zeit, als in Österreich nur die katholische Kirche anerkannt wurde, waren daher, die Juden ausgenommen, alle Nichtkatholiken automatisch Sektierer und Häretiker. Dies sollte man bedenken, bevor man vorschnell neue Bibelrunden oder fremde, aber christliche Kulte in die Sektiererecke stellt. Nicht unter den Sektenbegriff fallen esoterische Kulte oder gar destruktive Gruppen oder Satanisten, denn sie haben mit Religion nichts zu tun. Auf der anderen Seite fallen auch Untergruppen einer Bekenntnisgemeinschaft mit besonderen Religionspraktiken nicht darunter, wie beispielsweise das Opus Dei, denn es hat den Boden der katholischen Kirche nicht verlassen.

Das Wort Sekte wird im allgemeinen Sprachgebrauch aber häufig abwertend verwendet. Da wir im Zeitalter der Religionsfreiheit leben, hat der Staat jedoch jede Beurteilung der richtigen oder falschen Religion seiner Bürger zu unterlassen und jedem Einzelnen die Ausübung seines eigenen Kultes innerhalb der gesetzlichen Rahmenbedingungen zu gewähren.

Anders ist es jedoch bei einer möglichen Gefährdung der rechtlich geschützten Interessen der Bürger durch weltanschauliche Gruppen. Die Bestimmungen des Strafgesetzbuches reichen an sich völlig aus, um Gesetzesbrechern das Handwerk zu legen, ausgenommen allerdings im Bereich des Internets. Gegen religiös gefärbte Kriminalität ist hart vorzugehen und etwaigen Opfern beizustehen. Die Informationsarbeit über religiöse Gruppen darf aber nicht den Charakter einer generellen Warnung vor »Sekten« oder als bedrohlich empfundenen Gruppen annehmen, sondern muss sachlich und fair bleiben und Fakten statt Vorurteile liefern[72]. Ermittlungsergebnisse von Polizei und Staatsanwaltschaft sind korrekt und allgemein zugänglich (auch im Internet) zu vermitteln, um eine mögliche Gefahr transparent zu machen und Entscheidungshilfen zu bieten. Besonders gut hinterfragen sollte man Gruppen, die behaupten, alleine im Besitz der Wahrheit zu stehen und/oder solche, die von einem Guru autoritär geleitet werden.

Weit verbreitet ist die Vorstellung, »Sekten« würden die Persönlichkeit ihrer Mitglieder verändern. Ist es aber nicht vielleicht umgekehrt so, dass Menschen mit bereits vorhandenen Persönlichkeitsstörungen anfällig sind für religiöse Propaganda und die Zugehörigkeit zu einer Gruppe suchen, die sich um sie bemüht? Wenn diese Gruppe keine kriminellen Ziele verfolgt, kann sie durchaus Lebenshilfe sein. Missbraucht sie die psychische Störung des Suchenden aber, so kann sie ihn im schlimmsten Fall fanatisieren oder gar zu ungesetzlichen Handlungen anstiften. Genau das haben jedoch auch die anerkannten Religionen im Laufe ihrer Geschichte immer wieder gemacht, man denke dabei nur an die Kreuzzüge (siehe S. 72). Der Nationalsozialismus als Ersatzreligion steht ebenfalls in dieser Reihe.

Durch eine allgemeine Dämonisierung der »Sekten« wird man der Thematik sicher nicht gerecht. Einerseits drängt man harmlose Leute in die Sektiererecke und wirft sie mit gefährlichen Gruppen in einen Topf, andererseits wiederholt man Pauschalurteile, ohne sie wissenschaftlich zu hinterfragen. Eine objektive Ausgewogenheit bei der Berichterstattung über Neue Religiöse Bewegungen (NRB) wäre also wünschenswert. Da in Österreich die Sektenarbeit jedoch weitgehend konfessionellen Stellen überlassen wurde, haben diese – nolens volens – ihre eigene fest gefügte Weltanschauung häufig in ihre Tätigkeit eingebracht, ihre Verdienste sollen ihnen deshalb nicht abgesprochen werden. Zu einer objektiven Darstellung gehören jedoch zu allererst Fakten, ermittelt durch breit angelegte Erhebungen, wie dies bisher erst ganz vereinzelt, z. B. bei steirischen Schülern[73], geschehen ist.

An die Stelle von Verteufelungen und Polarisierungen sollten neben korrekter Information verstärkte Bemühungen treten, brauchbare moderne Auffangbecken für die Religiosität und die Suche nach spirituellen Gemeinschaften zu entwickeln und zu unterstützen. Denn eines ist ganz sicher und hat sich auch im Zeitalter des Internets nicht geändert: Religion gehört zu den Grundbedürfnissen des Menschen.

# V.

# ANLAGEN

# Die Wiener Judenstadt

*Aus dem Reisediarium des J. J. Müller aus Weimar von 1660*

Sonnabend den 14. (24.) Aprilis Früh Morgens in die vor den Rothen-Thurm über der Schlag-Brücken absonderlichen gelegene / und mit ihren Thoren und Mauer ziemlich verwahrte Jüden-Stadt gefahren / und erstlich die also genannte alte dann neue Synagogen oder Kirchen besehen / welche ein Jude / auf erhaltene Kayserl. allergnädigste Concession, auf seine Kosten bauen lassen / und wegen Erlangung solcher Freyheit / dem Kayser zwey Regimenter eines zu Ross / daß ander zu Fuß mit aller Zugehör mundiren und kleiden müssen / in beyden stehen die Weibs-Personen oben auf einen vergitterten Chor / die Manns-Personen aber unten / fast ein jeder vor sich auf einen hohen Pult ein Hebräisch Buch habend; In der alten waren unterschiedliche hengende klein und grosse messingene Leuchter und Lampen / darunter zwo kleine brennend / wie auch in der neuen Synagog eine brennende Lampe; In der Mitte ist ein etwa drey Ellen hoch erhabener steinerner Chor / darauf die von Ihnen also genanten Musicanten sitzen / in der alten sung damahls nur ein Altlist und Bassist, welcher letztere öfters in der Kayserl. Capelle mit aufwarten muss / der Altiste in beyden Synagogen schrie über die Massen sehr / darinnen ihre Devotion am meisten bestehen mag; Die zehen Gebot / welche schon abgelesen / hielte der Aeltiste in Armen eingewickelt / waren an großen silbernen Sceptern / darüber silberne Schilde / und ob denen wie eines Hohen Priesters Hut;

In der neuen Synagog wurde das 16. Capitel des 3. Buchs Mosis und das 8te Cap. Esaiae Hebräisch gesungen / so wohl ein Gebett / auf ihren Sabath gerichtet / abgelesen. Weil ihr Rabbi neulich verstorben / und ihn 4 Wochen lang betrauern müssen / hatten sie vor dießmahl keine Instrumental-Music, welche sonsten mit dem blossen Maul, wie auf Zincken und Posaunen / von ihnen verrechteten Singen / wurden die zehen Geboten durch den Aeltisten / welcher sie / wie bereits oben erwehnet / in den Armen eingewickelt hielte / und auf obgedachten steinernen Chor saß / wiederum aufgehoben / und in einen in die Mauer etwas erhöheten gemachten Schranck geleget / und vor die Thür ein Vorhang von rothen Sammet und gelben Atlaß gezogen; Oben an den Vorhange hiengen etliche weiße Quasten / und drey Hüte fast dem Bischöflichen gleich. Die zehen Geboth / so in ein weißleinen Tuch und Taffend gewickelt / wurden von denen Kindern / und wer sonst / indem es ziemlich voll und etwas Gedränge war / darzu kommen könte / im hin und durchtragen geküsset / auch von denen allen angerühret; Als nun die zehen Geboth verschlossen / trat einer von denen Aeltisten / vor einen bey obigen Schranck stehenden Tisch oder Altar / sunge und murmelte etwas / darin der gantze Haufe mit einstimte und ein groß Geschrey machten / mit den Köpfen nickend und in die Höhe hüpfend. Die Manns-Persohnen tragen auf ihren Sabath über den gewöhnlichen Talar-Habit weißwöllene Tücher / daran ein langer weiß gedreheter und theils geknüpfter Faden / den alle / wann sie in die Synagog gehen / bey sich / wie auch unter den Kleidern einen Latz haben müssen / ...

Sonsten saßen sie mit schwartzen breiten Barreten bedeckt / giengen zum theil in langen Röcken von schwartzen Sammet / und andere seidene Gegeng / wie denn unter andern ihr Medicus, und zugleich auch ein Chymicus, den auch die vornehmsten Cavalliers und andere in der Stadt Wien consultieren / in solchen habit. Welche obige weiße wöllene Tücher tragen / sollen dem Bericht nach Juristen seyn. Derjenige Jud / welcher die neue Synagog gestiftet / wird allezeit / wie auch ietzo geschehen / in der Synagog von denen Juden nebst seiner gantzen Familie gesegnet / welcher dann nahe an dem Orte / wohin die zehen Gebote geleget / seinen Sitz hatte ...

Anmerkung der Autorin: Die Judenstadt bestand 1670 aus 132 Häusern, die Zahl ihrer Bewohner wird auf 1250 bis 1500 Personen geschätzt. Sie könnte durch die Einwanderungswellen von 1660 und 1670 noch wesentlich gestiegen sein. Die „Neue Synagoge" wurde vom Hofjuden Zacharias Mayr erbaut, an ihrer Stelle befindet sich seit 1724 die Leopoldskirche (2., Alexander- Poch-Platz). Ein Toravorhang hat sich erhalten und ist im Jüdischen Museum Prag zu sehen. Bei dem erwähnten verstorbenen Rabbiner handelte es sich um Schabtai Scheftel Horowitz, einen bekannten Kabbalisten (Grab in der Seegasse). Die Erste oder „Alte Syngagoge" stand in der Oberen Gasse (heute 2., Große Pfarrgasse 12).

(In: Tietze Hans, Ein Besuch in Wien beim Regierungsantritt Kaiser Leopolds I., in: Berichte und Mitteilungen des Wiener Altertumsvereins, 1917)

# Anmerkungen

[1] Synkretismus bedeutet die Vermischung von religiösen Ideen oder Philosophien zu einem neuen System oder Weltbild.

[2] Bei den Prozessionen wird eine Statue der Hemma um die Kirche getragen. Von den Stellen, wo diese niedergesetzt wird, wird Erde genommen und auf den heimischen Äckern verstreut. Näheres bei Walter Schmid, Die Noriker, in: Blätter für Heimatkunde (Graz) 4. Jahrgang Nr. 3–6, S. 35 f.

[3] Die Wulfila-Bibel ist die früheste Bibelübersetzung in eine germanische Sprache. Eine Abschrift aus dem 6. Jahrhundert, der prachtvolle Codex Argenteus, befindet sich in Uppsala.

[4] Näheres auf http://de.wikipedia.org/wiki/Arianischer_Streit

[5] Der Übertritt der arianischen Langobarden zum Katholizismus erfolgte im 7. Jahrhundert, und zwar aus politischen Gründen.

[6] Huber, Nikolaus, Fromme Sagen und Legenden, Salzburg 1880, S. 36 ff, zit. nach Petzold, Leander, Sagen aus Salzburg, München 1993, S. 255.

[7] Verlassen des (fränkischen) Heeres ohne Erlaubnis (Pippins, des Sohnes Karls).

[8] 843 wurde das Frankenreich im Vertrag von Verdun geteilt.

[9] Neue Zeitung. Ungarndeutsches Wochenblatt, 5. Oktober 2007.

[10] Zitiert nach Kühnel, Harry, Alltag im Spätmittelalter. Verlag Styria, Graz, Wien, Köln 1990.

[11] Posselt Alfred: Geschichte des chazarisch-jüdischen Staates. Verlag des Vereins zur Förderung des Reformjudentums, Wien 1982, S. 116.

[12] Der Codex lat. 14.410, Saec. IX befindet sich heute in München, er wurde von Jos. M. Heer publiziert (Bibl. und Patrist. Forschungen, 1. Heft, Herder, Freiburg 1911).

[13] Der Begriff der Simonie ist aus der Apostelgeschichte hergeleitet. Der Magier Simon bot den Aposteln materielle Werte für die Überlassung ihrer wundertätigen Fähigkeiten an, was von Petrus als Anmaßung verurteilt wurde.

[14] Der Kaiser wurde von Gregor und dessen Nachfolgern insgesamt viermal gebannt, sein Sohn löste ihn postum vom letzten Bann.

[15] Quellen zur Geschichte Kaiser Heinrichs IV., Wiss. Buchgemeinschaft, Darmstadt 1968 (Ausgewählte Quellen zur deutschen Geschichte des Mittelalters, Freiherr vom Stein-Gedächtnisausgabe 12), S. 289.

[16] In diese Zeit fiel auch die Vernichtung des Templerordens.

[17] Patschovsky, Alexander, Der Passauer Anonymus. Ein Sammelwerk über Ketzer, Juden, Antichrist aus der Mitte des 13. Jahrhunderts. Stuttgart 1968 (MGH, Schriften 22).

[18] Auf http://eeo.uni-klu.ac.at/index.php/Bogomilen bietet Stefan Kube einen kurzen und objektiven Einblick in die Bewegung der Bogomilen und ihre Geschichte.

[19] Bewegung in Oberitalien mit dem Ziel des einfachen Lebens und der Laienpredigt. Sie wurde 1201 als Orden wieder in die Kirche eingegliedert, etliche Anhänger schlossen sich daraufhin den Waldensern an. Der männliche Humiliaten-Orden wurde 1571 aufgehoben, der weibliche besteht noch immer.

[20] Arnold von Brescia forderte die Abschaffung des weltlichen Besitzes der Kirche und wurde 1155 in Rom hingerichtet.

[21] Echte Wandlung von Brot und Wein in Christi Fleisch und Blut.

[22] Anonymi auctoris brevis narratio de nefanda haeresi Adamitica in variis Austriae locis saeculo XIV grassante: Pez, SS. rer. Austri. II, 533–536, in deutscher Übersetzung bei Tomek I, S. 215 ff., als Anhang I aufgenommen.

[23] Um 1600 betrug die Einwohnerzahl von Österreich unter der Enns inklusive Wiens ca. 580 000 Personen, von Österreich ob der Enns ca. 380 000 Personen. Die Schätzung auf 800 000 Menschen in beiden Ländern für die Zeit um 1400 dürfte daher realistisch sein.

[24] Preger, Wilhelm: Beiträge zur Geschichte der Valdesier im Mittelalter. In: Abhandlungen der historischen Classe der königlich-bayerischen Akademie der Wissenschaften 13 (1875), S. 232.

[25] Der Bann wurde erst 1965 von Papst Paul VI. und Patriarch Athenagoras aufgehoben.

[26] Albert of Aachen, Historia Ierosolimitana, ed. S. Edgington (Oxford: Oxford Medieval Texts, 2007). Englischer Text siehe http://thelatinlibrary.com/albertofaix.html

[27] Dazu Maalouf Amin: Der Heilige Krieg der Barbaren. Die Kreuzzüge aus Sicht der Araber. Kreuzlingen 2001.

[28] Das Fleisch wurde durch Kochen von den Knochen getrennt und vor Ort begraben, die Knochen nach Hause mitgenommen.

[29] Dies waren Frauen, die ohne bestimmte Regel in Gemeinschaften zusammenlebten. Die meisten Beginen waren Witwen, selbstständige Frauen und Adlige, sie waren finanziell unabhängig und demokratisch organisiert, sie legten ihre Gelübde nur auf Zeit ab. Sie traten vor allem in den Niederlanden auf. Die Nachrichten über ihr Auftreten in Österreich sind spärlich.

[30] Beim Universalienstreit ging es um die Frage der Allgemeinbegriffe. Für die älteren Realisten waren sie primär und wirklich (universalia ante res), für die Nominalisten entstanden sie als bloße Namen im Kopf der Menschen (universalia post res).

[31] Zitiert nach Dinzelbacher, Reliquienverehrung, 1990, S. 225, Anm. 155.

[32] In Faksimile hgg. durch das k. k. österr. Museums für Kunst und Industrie, Wien 1882.

[33] Auch Hus gilt als Vorreformator, der vierte ist Savonarola.

[34] In der Übersetzung von J. Bujnich, in: Die Hussiten, Die Chronik des Laurentius von Brezová 1414–1421, Slavische Geschichtsschreiber 11, Graz 1988.

[35] Siehe dazu Ehrlich A., Hexen, S. 38 f.

[36] Ein Dukaten wog etwa 3,5 Gramm, der Feingehalt war 986/1000, er war die stabilste Währung in Spätmittelalter und Früher Neuzeit, hatte international Geltung und wurde in Venedig mehr als fünfhundert Jahre lang geprägt. Das »Ehrengeschenk« bestand demnach aus ungefähr 100 Kilogramm Gold (heutiger Preis ca. 2 Millionen Euro). Zum Vergleich: Das kleine Ägypten zahlte dem Sultan damals einen Tribut von jährlich 600 000 Dukaten.

[37] Mit dem alljährlich zu entrichtenden Hurenzins erkaufte sich der Kleriker das Recht, eine Beischläferin zu halten. Ursprünglich mussten diesen Zins nur jene entrichten, die tatsächlich mit einer Konkubine zusammenlebten, Papst Sixtus IV. vereinfachte die

Abrechnung durch die Annahme, dass dies bei allen Priestern und Mönchen der Fall sei.

[38] Siehe dazu auch Ehrlich A., Hexen, S. 84. Gedenktafel in der evangelischen Kirche A. B. in der Dorotheergasse 18.

[39] Die näheren Umstände siehe Ehrlich A., Hexen, S. 85.

[40] Text auf http://www.vom-glauben.de/r-vaeter/doku.php?id=lied_des_taeuferbischofs_leonhard_schiemer

[41] Eigentlicher Titel: »Geschicht-Buch und kurzer Durchgang von Anfang der Welt, wie Gott sein Werk in seinem Volk auf Erden angericht, gehandelt und getrieben hat; demnach: Unser Gemein Geschicht=-Buch.« Publikation u. a. durch Zieglschmied, A. J. F. (hgg.), Die älteste Chronik der Hutterischen Brüder. Ein Sprachdenkmal aus frühneuhechdeutscher Zeit, Ithaca, NY 1943.

[42] Edward Brown, M. D., Auf genehmgehaltenes Gutachten und Veranlassung der Könl.-Engell. Medicinischen Gesellschafft in London Durch Niederland / Teutschland / Hungarn / Serbien / Bulgarien / Macedonien / Thessalien / Oesterreich / Steiermark / Kärnthen / Carniolen / Friaul / etc. gethane gantz sonderbare Reisen (...). Nürnberg 1686, S. 219.

[43] Siehe Ehrlich A., Hexen, S. 118 f.

[44] Siehe Ehrlich A., Hexen, S. 119 f.

[45] Die beiden Buchstaben Alef und Schin für Aisen-Stadt bildeten diesen Namen.

[46] = Ebenbild, man vermied damit das Wort Kreuz.

[47] Quelle: Archiv für die Geschichte der Soziologie in Österreich (Graz), Nachlass Georg Grausam, Signatur 48. Transliteration Reinhard Müller.

[48] Siehe Ehrlich A., Hexen, S. 94.

[49] Siehe Ehrlich A., Hexen, S. 115.

[50] Zitiert von http://www.historisches-franken.de/auswanderer/schaitberger/exulantenlied.htm

[51] Näheres siehe http://www.jm-hohenems.at/

[52] Siehe Ehrlich A., Hexen, S. 122.

[53] Siehe Ehrlich A.: Hexen, S. 122.

[54] Siehe dazu http://www.verwandt.at und http://www.etb.at. Namensträger mit nicht-christlichen Vornamen sind keine Nachkommen der Beutetürken.

[55] Näheres über die Landler von Neppendorf siehe http://www.dr.klima.de.vu/

[56] Pribram, Urkunden I, Nr. 199. Pribram, Alfred Francis: Urkunden und Akten zur Geschichte der Juden in Wien. Erste Abteilung, Allgemeiner Teil 1526–1847(1849), 2 Bde, Wien-Leipzig 1918.

[57] Reingrabner, G.: Protestanten in Österreich. Geschichte und Dokumentation. Böhlau, Wien u. a. 1981.

[58] Hier ist bewusst die männliche Form gewählt, da ihre Funktion die eines Landesfürsten, und nicht die einer Landesfürstin (= Gattin eines Landesfürsten) war. In Ungarn wurde sie folgerichtig mit dem Titel Rex (királ) als Herrscherin angenommen.

[59] Franz Loidl, Geschichte des Erzbistums Wien, 1983.

[60] Die katholische Kirche hat im 1. Vatikanischen Konzil im Jahre 1870 definiert, dass ein Dogma ein Satz göttlichen und katholischen Glaubens ist, der durch das allgemeine und ordentliche Lehramt (affirmativ) oder durch konziliare oder päpstliche Definition definitiv als von Gott offenbarte und zu glaubende Wahrheit verkündet wird.

[61] Näheres siehe Ehrlich, A., Ärzte, S. 246.

[62] Die Publikation von Wolfgang Gasser und Gottfried Glaßner wird 2009 beim Oldenburg-Verlag erwartet.
[63] Er wurde im Jahre 2004 wegen seines christlichen Lebens und seinem Friedenswillen von der katholischen Kirche selig gesprochen.
[64] Text siehe http://www.uibk.ac.at/theol/leseraum/quelltext/319.html
[65] Wortlaut mit Änderungen bis 1968 siehe http://www.verfassungen.de/at/konkordat33.htm
[66] »Heldentat haben wir Bischöfe keine vollzogen«, vermerkt Erzbischof Waitz selbstkritisch drei Tage später in seinem Tagebuch.
[67] Siehe Ehrlich A., Hexen, S. 224 f.
[68] Charakteristikum: Ein in kürzeren Abständen gewählter Kirchenvorstand leitet die Gemeinde.
[69] Charakteristikum: Sie besteht auf der völligen Autonomie der einzelnen Gemeinde.
[70] Näheres siehe Website www.derislam.at
[71] Siehe www.mandir.at
[72] Als Beispiel für schlechte Informationsarbeit, Angstmache und Diskriminierung ist die Publikation des Bundesministeriums für Jugend und Familie aus dem Jahre 1999: »SEKTEN – Wissen schützt!«, zu werten. Verfasser nicht angegeben.
[73] E. Gugenberger; R. Schweidlenka; B. Strimitzer; H.P. Wassermann (Hg.): Esoterik, Okkultismus und Satanismus in den Lebenswelten steirischer Jugendlicher. Graz 1999.

# Herrscherliste

## *Mittelalter*

### Babenberger:

Leopold VI., Herzog 1198–1230
Friedrich II.., Herzog 1230–1246
Przemysl Ottokar II., Herzog 1251–1278, König von Böhmen
Habsburger:
(Rudolf I., dt. König 1273–1291)
Albrecht I., öst. Herzog 1282–1308, dt. König 1298–1308
Rudolf III., öst. Herzog 1298–1307
Friedrich d. Schöne, öst. Herzog 1298–1330, dt. Gegen- bzw. Mitkönig 1314–1330
Albrecht II., öst. Herzog 1330–1358
Rudolf IV. d. Stifter, öst. Herzog 1358–1365
Albrecht III., öst. Herzog 1365–1395
Leopold III., Hzg. in Stmk, Tirol, etc. 1365–1386
Wilhelm, Hzg. in Stmk, etc. 1386–1406
Leopold IV., Hzg. in Tirol, Vorlande 1386–1411, öst. Regent 1406–1411
Albrecht IV., öst. Herzog 1395–1404
Albrecht V., öst. Herzog 1404–1439, als Albrecht II. dt. König 1438–1439
Ernst d. Eiserne, Hzg. in Stmk., etc. 1402–1424
Friedrich IV., Hzg. in Tirol, Vorlande 1406–1439
Ladislaus Postumus (Laszla), öst. Herzog 1440–1457, Kg. v. Böhmen u. Ungarn
Friedrich V. (III.), Inneröst. ab 1424, öst. Herzog 1458, dt. König 1440, Kaiser 1452–1493
Albrecht VI., Erzherzog, bis 1463
Sigismund, Erzherzog, Tirol, 1446–1496
Maximilian I., Erzhzg. 1493, dt. König 1486, Kaiser 1508–1519

## *Neuzeit*

### Habsburger:

Karl V., Erzhzg. 1519–1521, dt. König, Kaiser bis 1556, König v. Spanien
Ferdinand I., Erzhzg. 1521– 1564, dt. Kaiser 1556– 1564, Kg. v. Böhmen u. Ungarn
Maximilian II., dt. Kaiser 1564–1576, Kg. v. Böhmen u. Ungarn

Ferdinand II., Tirol, 1564–1595
Karl II., Inneröst., 1564–1595
Rudolf II., dt. Kaiser, 1576–1612, Kg. v. Böhmen u. Ungarn
Matthias, dt. Kaiser, 1612–1619, Kg. v. Böhmen u. Ungarn
Ferdinand II., dt. Kaiser, (1595) 1619–1637, Kg. v. Böhmen u. Ungarn
Ferdinand III., dt. Kaiser, 1637–1657, Kg. v. Böhmen u. Ungarn
Leopold I., dt. Kaiser, 1657–1705, Kg. v. Böhmen u. Ungarn
Joseph I. , dt. Kaiser, 1705–1711, Kg. v. Böhmen u. Ungarn
Karl VI., Erzhzg., dt. Kaiser 1711–1740, Kg. v. Böhmen u. Ungarn
Maria Theresia, Erzherzogin, 1740–1780, Kgin v. Böhmen u. Ungarn

## Habsburg-Lothringen:

Franz I. Stephan, Mitregent, dt. Kaiser 1740–1765
Joseph II., Erzhzg. Mitregent 1765–1780, Alleinreg. 1780–1790, dt. Kaiser 1765–1790, Kg. v. Böhmen u. Ungarn
Leopold II., dt. Kaiser 1790–1792, Kg. v. Böhmen u. Ungarn
Franz II. (I.), dt. Kaiser 1792–1806, öst. Kaiser 1804–1835, Kg. v. Böhmen u. Ungarn
Ferdinand I., öst. Kaiser 1835–1848, Kg. v. Böhmen u. Ungarn
Franz Joseph I., öst. Kaiser 1848–1916, Kg. v. Böhmen u. Ungarn
Karl I., öst. Kaiser 1916–1918, Kg. v. Böhmen u. Ungarn

# Quellen- und Literaturverzeichnis


Bauer, Dieter R. u. Dinzelbacher, Peter (Hg.): Heiligenverehrung in Geschichte und Gegenwart, Ostfildern 1990.

Beck, Josef (Hg.): Die Geschichts-Bücher der Wiedertäufer in Oesterreich-Ungarn, Wien 1883 (Fontes Rerum Austriacarum II, 43).

Bled, Jean Paul: Franz Joseph, Böhlau Verlag, Wien-Köln-Graz 1988.

BM für Jugend und Familie: „Sekten – Wissen schützt!“, 1999.

Brezová, Laurentius: Die Chronik des Laurentius von Brezová 1414–1421 (Ubers. J. Bujnich), in: Die Hussiten, Slavische Geschichtsschreiber 11, Graz 1988.

Brown, Edward, M. D.: Auf genehmgehaltenes Gutachten und Veranlassung der Könl.-Engell. Medicinischen Gesellschafft in London Durch Niederland / Teutschalnd / Hungarn / Serbien / Bulgarien / Macedonien / Thessalien / Oesterreich / Steiermark / Kärnthen / Carniolen / Friaul / etc. gethane gantz sonderbare Reisen (...), Nürnberg 1686.

Brugger, Eveline: Von der Ansiedlung bis zur Vertreibung – Juden in Österreich im Mittelalter, in: Geschichte der Juden in Österreich, Verlag Carl Ueberreuter, Wien 2006, S. 123–338.

Csendes, Peter: Die Rechtsquellen der Stadt Wien, Böhlau Verlag, Wien-Köln-Weimar 1986.

Czeike, Felix: Historisches Lexikon Wien, 5 Bde., Wien 1992–1997.

Detmers, Achim: Reformation und Judentum. Israel-Lehren und Einstellungen zum Judentum von Luther bis zum frühen Calvin, Judentum und Christentum 7. Kohlhammer, Stuttgart u. a. 2001.

Ehrlich, Anna: Ärzte, Bader, Scharlatane, Amalthea Verlag, Wien 2007.

Ehrlich, Anna: Hexen, Mörder, Henker, Amalthea Verlag, Wien 2006.

Feigl, Helmuth: Der niederösterreichische Bauernaufstand 1596/97, Militärhistorische Schriftenreihe, 22 (Wien 1987).

Freimaurer. Solange die Welt besteht. Ausstellungskatalog Museen der Stadt Wien, 1993.

Friedberg, Aemilius (Hg.): Corpus iuris canonici, Text des Edikts Ad Abolendam (1184), Band 2. Leipzig 1879 (fotomech. Nachdruck Graz 1955).

Herrmann, Horst: Martin Luther – Eine Biographie, Aufbau-Taschenbuch-Verlag, Berlin 2003.

Huber, Nikolaus: Fromme Sagen und Legenden, Salzburg 1880.

Keil, Martha: Gemeinde und Kultur – Die mittelalterlichen Grundlagen jüdischen Lebens in Österreich, in: Geschichte der Juden in Österreich, Verlag Carl Ueberreuter, Wien 2006, S. 15–122.

Klueting, Harm (Hg.): Der Josephinismus. Ausgewählte Quellen zur Geschichte der theresianisch-josephinischen Reformen, Wiss. Buchges., Darmstadt 1995.
Koller, Gerda: Princeps in Ecclesia. Untersuchungen zur Kirchenpolitik Herzog Albrechts V. von Österreich, in: Archiv für österreichische Geschichte 124, Wien 1964.
Krauss, Samuel: Die Wiener Geserah vom Jahre 1421, Braumüller Verlag 1920.
Kühnel, Harry: Alltag im Spätmittelalter, Verlag Styria, Graz/Wien/Köln 1990.
Leeb, Rudolf: Der Streit um den wahren Glauben – Reformation und Gegenreformation in Österreich, in: Geschichte des Christentums in Österreich, Verlag Carl Ueberreuter 2003, S. 145–280.
Lichtblau, Albert: Integration, Vernichtungsversuch und Neubeginn – Österreichisch-jüdische Geschichte 1848 bis zur Gegenwart, in: Geschichte der Juden in Österreich, Verlag Carl Ueberreuter, Wien 2006, S. 447–565.
Liebmann, Maximilian: Von der Dominanz der katholischen Kirche zu freien Kirchen im freien Staat – vom Wiener Kongreß 1815 bis zur Gegenwart, in: Geschichte des Christentums in Österreich, Verlag Carl Ueberreuter 2003, S. 281–456.
Lind, Christoph: Juden in den habsburgischen Ländern 1670–1848, in: Geschichte der Juden in Österreich, Verlag Carl Ueberreuter, Wien 2006, S. 339–446.
Loidl, Franz, Geschichte des Erzbistums Wien 1983.
Loserth, Johann: Doctor Balthasar Hubmaier und die Anfänge der Wiedertaufe in Mähren, Verlag Rohrer, Brünn.
Maalouf, Amin: Der Heilige Krieg der Barbaren. Die Kreuzzüge aus Sicht der Araber, Kreuzlingen 2001.
May, Gerhard: Die evangelische Kirche in Österreich. Vandenhoeck & Ruprecht, Göttingen u. a. 1962.
Moos, Reinhard: Die Rehabilitierung von Kriegsdienstverweigerern am Beispiel der Zeugen Jehovas, in: Rundbrief. Verein zur Erforschung nationalsozialistischer Gewaltverbrechen und ihrer Aufarbeitung. Verein zur Förderung justizgeschichtlicher Forschungen, Nr. 2, Dezember 1999.
Österreich zur Zeit Kaiser Josefs II., Katalog des NÖ Landesmuseums, Neue Folge Nr. 95, 1980.
Papasov, Katja: Christen oder Ketzer – Die Bogomilen, Verlag am Goetheanum 1983.
Patschovsky, Alexander: Der Passauer Anonymus. Ein Sammelwerk über Ketzer, Juden, Antichrist aus der Mitte des 13. Jahrhunderts, Stuttgart 1968 (MGH, Schriften 22).
Plöchl, Willibald M.: Die Wiener orthodoxen Griechen, Verlag des Verbandes der Wissenschaftlichen Gesellschaften Österreichs, Wien 1983.
Posselt, Alfred: Geschichte des chazarisch-jüdischen Staates, Verlag des Vereins zur Förderung des Reformjudentums, Wien 1982.
Pribram, Alfred Francis: Urkunden und Akten zur Geschichte der Juden in Wien, Erste Abteilung, Allgemeiner Teil 1526-1847(1849), 2 Bde, Wien-Leipzig 1918.
Prinz Eugen und das barocke Österreich. Ausstellungskatalog des NÖ. Landesmuseums, Neue Folge, 170. Wien 1986.
Reimann, Viktor: Zu groß für Österreich. Seipel und Bauer im Kampf um die 1. Republik, Fritz Molden Verlag, Wien/Frankfurt/Zürich 1968.

Reimann, Viktor: Innitzer – Kardinal zwischen Hitler und Rom, (Überarb. Neuausgabe) Amalthea Verlag, Wien/München 1988.

Reingrabner, Gustav: Protestanten in Österreich. Geschichte und Dokumentation, Böhlau, Wien u. a. 1981.

Ritter, Adolf Martin: Arianismus, in: Theologische Realenzyklopädie (TRE) Bd. 3, Leipzig 1978, S. 692–719.

Scheibelreiter, Georg: Das Christentum in Spätantike und Mittelalter – von den Anfängen bis in die Zeit Friedrichs III., in: Geschichte des Christentums in Österreich, Ueberreuter Verlag Wien 2003, S. 13–144.

Schmid, Walter: Die Noriker, in: Blätter für Heimatkunde (Graz) 4. Jahrgang Nr. 3–6, S. 35 f.

Šmahel, František: Die Hussitische Revolution I–III (MGH-Schriften 43/I–III, Hannover, 2002).

Tomek, Ernst: Kirchengeschichte Österreichs, 3 Bde., Tyrolia Verlag Innsbruck/Wien/München 1935, 1949, 1959.

Vancsa, Max: Geschichte Nieder- und Oberösterreichs, 2 Bde., Stuttgart und Gotha 1927.

Wassermann, H.P. (Hg.); Gugenberger E.; Schweidlenka R.; Strimitzer B.: Esoterik, Okkultismus und Satanismus in den Lebenswelten steirischer Jugendlicher. Graz 1999.

Weinzierl-Fischer, Erika: Die österreichischen Konkordate von 1855 und 1933, Oldenbourg Verlag 1960.

Windischhofer, Martin: Die Waldenser in Österreich. Aufbruch, Verfolgung und Wandel der frühen Bewegung bis 1315. Diplomarbeit, Universität Wien 2006.

Winkle, Stefan: Das Blutwunder als mikrobiologisches und massenpsychologisches Phänomen, in: Das Medizinische Laboratorium, 7. Jg./Vol. 7 (1983), Nr. 9, S. 143–149.

Winner, Gerhard: Die Klosteraufhebungen in Niederösterreich und Wien. Herold Verlag, Wien 1967.

Wolfsgruber, Cölestin: Kirchengeschichte Österreich-Ungarns, Verlag Kirsch, Wien/Leipzig 1909.

Zieglschmied, A. J. F. (Hg.): Die älteste Chronik der Hutterischen Brüder. Ein Sprachdenkmal aus frühneuhochdeutscher Zeit, Ithaca, NY 1943.

Zöllner, Erich: Geschichte Österreichs von den Anfängen bis zur Gegenwart, Wien 1990.

# Bildnachweis

Kikeriki, Humoristisches Volksblatt, Jahrgang 1874: S. 57, 185, 218, 219
Krones Franz, Geschichte Österreichs, R. v. Waldheim Verlag, Wien 1879: S. 100
Münzkabinett KHM, Zeichnung von K. Siegl: S. 133, 168, 193
http://de.wikipedia.org/w/index.php?title=Bild:Steyr_Bummerlhaus.jpg&filetimestamp=20051218233031: S. 69
http://de.wikipedia.org/w/index.php?title=Datei:J%C3%BCdischesMuseumHohenems1.JPG&filetimestamp=20070819201328: S. 164
Herbert Ortner: S. 191
Johann Jaritz: S. 16, 17
Dr. Dorothea Witter-Rieder: S. 204
Sämtliche anderen Abbildungen: Archiv der Autorin

# Personenverzeichnis